AF269529

EL PODER CURATIVO DE LOS SALMOS

RABI AHARÓN SHLEZINGER

EL PODER CURATIVO DE LOS SALMOS

EDICIONES OBELISCO

Si este libro le ha interesado y desea que le mantengamos informado de nuestras publicaciones, escríbanos indicándonos qué temas son de su interés (Astrología, Autoayuda, Ciencias Ocultas, Artes Marciales, Naturismo, Espiritualidad, Tradición), y gustosamente le complaceremos, o consulte nuestro catálogo en: www.edicionesobelisco.com

Colección Cábala y judaísmo
EL PODER CURATIVO DE LOS SALMOS
Rabi Aharón Shlezinger

1.ª edición: noviembre de 2023
2.ª edición: marzo de 2025

Corrección: *Elena Morilla*

© 2023, Aharón Shlezinger
(Reservados todos los derechos para la presente edición)

© 2023, Ediciones Obelisco, S. L.
(Reservados todos los derechos para la presente edición)

Edita: Ediciones Obelisco, S. L.
Collita, 23-25. Pol. Ind. Molí de la Bastida
08191 Rubí - Barcelona - España
Tel. 93 309 85 25
E-mail: info@edicionesobelisco.com

ISBN: 978-84-1172-070-0
DL B 18254-2023

Impreso en los talleres gráficos de Romanyà/Valls S. A.
Verdaguer, 1 - 08786 Capellades - Barcelona

Printed in Spain

PRÓLOGO

El Libro de los Salmos contiene plegarias, alabanzas y palabras de agradecimiento al Creador. Es un libro que acompaña a la persona en cualquier edad, ya que lo leen niños pequeños desde la edad más temprana, también jóvenes, adultos y ancianos. Pues todos saben que los Salmos tienen un vínculo directo con el Creador.

Es un libro sublime inspirado en la santidad suprema, como está escrito: «Y éstas son las últimas palabras de David: ha hablado David, hijo de Ishai, y ha hablado el varón que fue levantado en alto, el ungido del Dios de Jacob, y el compilador de cantos agradables de Israel: "el espíritu de El Eterno habló por mí, y Su palabra estuvo en mi lengua"» (II Samuel 23:1-2).

El canto de los levitas

Respecto a lo que fue mencionado: «y el compilador de cantos agradables de Israel», el exégeta Rashi explicó: los miembros de Israel no cantan en el Templo Sagrado sino sus cantos y sus alabanzas. Tal como fue enseñado: dijo Rabí Yehuda en el nombre de Rabí Akiva: el primer día de la semana, ¿qué decían —los levitas en el Templo Sagrado—? Decían: «Salmo de David: de El Eterno es la Tierra y lo que hay en ella; el mundo, y los que en él habitan […]» (Salmos, capítulo 24). Porque en ese día El Eterno creó el mundo y lo dispuso para los que lo habitaran, y gobernó en Su mundo.

El segundo día de la semana, ¿qué decían? «Cántico, Salmo de los hijos de Koraj. Grande es El Eterno, y merecedor de ser alabado en gran manera, en la ciudad de nuestro Dios, en Su santo monte [...]» (Salmos, capítulo 48). Porque en el segundo día –de la Creación– separó Sus obras y reinó sobre ellas, y dispuso su residencia en los cielos.

El día tercero decían: «Salmo de Asaf. Dios está en la asamblea de los jueces [...]» (Salmos, capítulo 82). Porque reveló la Tierra con Su sabiduría (como está escrito: Y dijo Dios: "Reúnanse las aguas que están debajo de los Cielos en un lugar, y véase lo seco"; y así fue [...]. Y fue tarde, y fue mañana, día tercero –Génesis 1:9-13–). Y preparó al mundo para Su asamblea.

El cuarto día decían: «Dios de las venganzas es El Eterno [...]» (Salmos, capítulo 94). Porque –en el cuarto día de la Creación– El Eterno creó al sol y a la luna, y en el futuro se cobrará de aquellos que los adoren.

El quinto día decían: «Al músico principal, sobre –instrumento musical– guitit, por Asaf. Ensalzad a Dios, nuestra fortaleza; loemos jubilosamente al Dios de Jacob [...]» (Salmos, capítulo 81). Porque –en el quinto día de la Creación– creó a las aves y a los peces, para alabar Su nombre.

El sexto día decían: «El Eterno reina; se vistió de excelsitud [...]» (Salmos, capítulo 93). Porque –en el sexto día de la Creación– culminó Su obra y reinó sobre ellos.

El séptimo día decían: «Un canto, una alabanza, para el día de Shabat» (Salmos, capítulo 82). Para el día que será totalmente Shabat –en el Mundo Venidero– (Talmud, tratado de Rosh Hashana 31a).

Los Salmos en el libro de oraciones

Ese orden de Salmos mencionado fue incluido en los libros de oraciones, denominados *Sidur,* para recitar en la plegaria matutina. Y, además, antes de cada Salmo, aparece una introducción: «Hoy es el primer día –contando– a partir del Shabat, en el cual los levitas pronunciaban en el Templo Sagrado», y a continuación consta el Salmo correspondiente para recitar el primer día de la semana, o sea, domingo. Para el segundo día de la semana, o sea lunes, consta esta introducción: «Hoy es el segundo día a partir del Shabat, en el cual los levitas pronunciaban en el Templo Sagrado». Y a continuación consta el Salmo correspondiente. Y así para cada uno de los días de la semana.

Además del Salmo del día, hallamos muchos otros versículos de los Salmos, y Salmos completos, en diferentes sectores de la plegaria matutina, y lo mismo en la plegaria vespertina, y en la plegaria nocturna.

En la plegaria matutina aparecen varios Salmos en los cánticos de alabanza que se denominan *Pesukei Dezimbra* y se pronuncian al comienzo de esa plegaria. Y no sólo eso, sino que, para abrir con esas alabanzas, se pronuncia una bendición en la que se manifiesta: «Y con los cánticos de Tu siervo David te alabaremos». Esa bendición se denomina *Baruj Sheamar,* y ésta es su traducción: «Bendito es El que habló y el mundo existió. Bendito es Él. Bendito es El que habla y hace. Bendito es El que decreta y cumple. Bendito es El Hacedor de la Creación. Bendito es El que se apiada de la Tierra. Bendito es El que se apiada de las criaturas. Bendito es El que retribuye buena recompensa a los que le temen. Bendito es El que vive por siempre, y existe por la eternidad. Bendito es El que rescata y salva. Bendito es Su Nombre. Bendito eres Tú, El Eterno, Dios nuestro, Rey del universo, El Poderoso, Padre misericordioso, que es alabado por la boca de su pueblo, ensalzado y glorificado por la lengua de sus piadosos y sus siervos. Y con los cánticos de Tu siervo David te alabaremos, El Eterno, Dios nuestro, con alabanzas y cánticos. Te exaltaremos y Te Alabaremos, y Te ensalzaremos, y Te proclamaremos nuestro Rey. Y recordaremos Tu Nombre, Rey nuestro, Dios nuestro, El Único, El que vivifica a los mundos; Rey alabado, y ensalzado, Su gran Nombre perdurará por siempre. Bendito eres Tú, El Eterno, Rey loado con alabanzas». Después de esta bendición se pronuncia el capítulo 100 de los Salmos, y a continuación, más Salmos y alabanzas.

Después, se recita la sección de la plegaria denominada «Oye, Israel», que contiene el pasaje bíblico que comienza con la declaración: «Oye, Israel, El Eterno es nuestro Dios, El Eterno es Uno» (Deuteronomio 6:4)». Y a continuación, se pronuncia la sección de la plegaria de las 18 bendiciones, denominada *Amidá.* En la misma se pide al Creador todo lo que se necesita, también por salud: «Sánanos, El Eterno, y seremos sanados; sálvanos, y seremos salvados, pues nuestra alabanza eres Tú; y trae restablecimiento y sanación completa para todas nuestras enfermedades, y todos nuestros dolores, y todas nuestras heridas, pues Tú eres El Poderoso Rey, Curador fiel y misericordioso [...]».

Resulta, pues, que los Salmos que se recitan antes de esta importante sección de la plegaria denominada *Amidá,* abren las puertas para llegar al Creador con esta petición tan importante. Y a continuación, se pronuncian las siguientes etapas de la plegaria matutina que incluyen también numerosos versículos de los Salmos.

Salmos en la bendición por comer pan

Asimismo, en la bendición que se recita para después de comer pan, hallamos numerosos versículos de los Salmos. Y como en este libro hablaremos del poder curativo de los Salmos, es apropiado mencionar que los sabios han enseñado que el pan es medicina para el cuerpo, y evita enfermedades, principalmente el pan que se come por la mañana (véase Talmud, tratado de Baba Metzía 107b).

Y en el Talmud se enseñó que bendecir después de comer pan es un precepto bíblico, como está escrito: «Comerás y te saciarás, y bendecirás a El Eterno, tu Dios, por la Tierra buena que te dio» (Deuteronomio 8:10). Y fue estudiado: lo que está escrito: «y bendecirás», alude a la primera bendición de la serie de bendiciones que se recitan después de comer pan: «Bendito eres Tú, El Eterno, Dios nuestro, Rey del universo, Quién alimenta al mundo entero con Su benevolencia [...]».

Lo que está escrito: «a El Eterno, tu Dios», se refiere a la invitación para bendecir cuando comen juntos tres o más hombres. Lo que está escrito: «por la Tierra», alude a la segunda bendición de la serie de bendiciones que se recitan después de comer pan: «El Eterno, Dios nuestro, Té agradecemos porque has dado en heredad a nuestros ancestros una tierra deseable, buena y amplia [...]». Lo que está escrito: «buena», alude a la tercera bendición de la serie de bendiciones que se recitan después de comer pan: «Y construye a Jerusalén, la ciudad sagrada, pronto en nuestros días [...]». Lo que está escrito: «que te dio», alude a la cuarta bendición de la serie de bendiciones que se recitan después de comer pan: «Bendito eres Tú, El Eterno, Dios nuestro, Rey del universo, El Poderoso, nuestro Padre, nuestro Rey, nuestro Soberano, nuestro Creador; nuestro Redentor, nuestro Formador, nuestro Santo, el Santo de Jacob, nuestro Pastor, el Pastor de Israel, el Rey bueno y bondadoso con todos [...]» (Talmud, tratado de Berajot 48b).

Esas bendiciones están aludidas en el texto bíblico, pero el texto de éstas fue establecido en el momento apropiado por cuatro hombres importantes de los Hijos de Israel. Como se enseñó en el Talmud:

Moshé estableció para los Hijos de Israel la primera bendición de la serie de bendiciones que se recitan después de comer pan cuando descendió el maná.

Josué estableció para ellos la segunda bendición de la serie de bendiciones que se recitan después de comer pan cuando entraron a la Tierra de Israel.

David y Salomón establecieron la tercera bendición de la serie de bendiciones que se recitan después de comer pan: «construye a Jerusalén». David, que conquistó Jerusalén, estableció el comienzo de la bendición: «El Eterno, Dios nuestro, ten misericordia de Tu pueblo Israel, y de Tu ciudad, Jerusalén [...]».

David estableció que se orara por la paz de Jerusalén, la ciudad que Dios eligió en sus días. Pues en la Torá está escrito: «Solamente en el lugar al que El Eterno, tu Dios, ha de elegir de entre todas vuestras tribus para colocar Su Nombre allí, buscaréis Su Presencia y vendréis allí. Y allí traeréis vuestras ofrendas ígneas y ofrendas festivas, vuestros diezmos [...]» (Deuteronomio 12:6-7). Y no dice cuál es esa ciudad, y en los días de David fue elegida Jerusalén, de entre todas las ciudades de Israel (*Abudarham*).

Y Salomón, que edificó el Templo, estableció la continuación de la bendición: «y de la Casa grande y sagrada que fue llamada a Tu Nombre [...]».

La cuarta bendición de la serie de bendiciones que se recitan después de comer pan: «Bueno y Bondadoso», fue establecida en Yavne, en correspondencia con los muertos de Betar. Pues Rav Amuna dijo: «ese día que los muertos de Betar fueron enterrados, fue establecida en Yavne la bendición: "Bueno y Bondadoso". "Bueno", porque los cuerpos no hedieron. Y "Bondadoso", porque les fue dada sepultura» (Talmud, tratado de Berajot 48b).

Los Salmos en las bendiciones

Para elaborar las 4 bendiciones que se recitan después de comer pan, fueron seleccionados numerosos versículos de los Salmos, como fue enseñado: la primera bendición comienza así: «Bendito eres Tú, El Eterno, Dios nuestro, Rey del universo, Quién alimenta al mundo entero con Su benevolencia, con gracia, bondad y misericordia».

La expresión: «Quién alimenta», está fundamentada en el versículo que manifiesta: «Y a su padre le envió esto: diez asnos cargados de lo mejor de Egipto, y diez asnas cargadas de grano, pan y alimento, para su padre en el camino» (Génesis 45:23).

La expresión: «al mundo entero», está fundamentada en el versículo que manifiesta: «Él proporciona alimento a todos los seres vivientes» (Salmo 136:25).

La expresión: «con Su benevolencia», está fundamentada en el versículo que manifiesta: «Y tomaron ciudades fortificadas y tierra fértil, y heredaron casas llenas de todo bien, cisternas abiertas, viñas y olivares, y multitud de árboles frutales; comieron, se saciaron, y se deleitaron con Tu gran benevolencia» (Nehemías 9:25).

La expresión: «con gracia», está fundamentada en el versículo que manifiesta: «Y le respondió: "Yo haré pasar todo mi bien delante de tu rostro, y proclamaré el Nombre de El Eterno delante de ti; y agraciaré a quien agraciaré, y tendré misericordia de quien tendré misericordia"» (Éxodo 33:19).

La expresión: «bondad», está fundamentada en el versículo que manifiesta: «Alabad a El Eterno, porque es bueno; pues eterna es Su bondad» (Salmo 136:1).

La expresión: «y misericordia», está fundamentada en el versículo que manifiesta: «Bueno es El Eterno para con todos, y sus misericordias sobre todas sus obras» (Salmo 145:9).

A continuación, se menciona en la primera bendición, esta declaración: «Él proporciona alimento a todos los seres vivientes, porque Su bondad es eterna. Y por Su gran bondad nunca nos faltó alimento ni nos faltará jamás. Por Su gran Nombre, pues Él es El Dios que alimenta y sustenta a todos, y beneficia a todos, y dispone alimento para todas las criaturas que creó».

La expresión: «Él proporciona alimento a todos los seres vivientes, porque Su bondad es eterna», es un versículo del libro de los Salmos (Salmo 136:25).

La expresión: «Y por Su gran bondad nunca nos faltó alimento», está fundamentada en el versículo que manifiesta: «Los sustentaste cuarenta años en el desierto, no les faltó nada; sus vestidos no se envejecieron, ni se hincharon sus pies» (Nehemías 9:21).

La expresión: «ni nos faltará jamás», es una solicitud basada en el versículo que declara: «Y no le faltará su alimento» (Isaías 51:14).

La expresión: «Por Su gran Nombre», está fundamentada en el versículo que declara: «Porque El Eterno no desamparará a su pueblo, por Su gran Nombre; pues El Eterno ha deseado haceros un pueblo para Él» (I Samuel 12:22).

La expresión: «Pues Él es El Dios que alimenta y sustenta a todos [...]», está estructurada sobre la base de lo mencionado previamente.

La primera bendición del Birkat Hamazón culmina con esta manifestación: «Bendito eres Tú, El Eterno, que alimenta a todos». Esta declaración está fundamentada en el versículo que manifiesta: «Los ojos de todos esperan en Ti, y Tú les das su alimento a su tiempo» (Salmo 145:16). (*Véase* la explicación completa en el libro 10 *Pasos Para Atraer La Abundancia*).

Y así con las cuatro bendiciones que se pronuncian después de comer pan. En la totalidad de éstas hay una notoria presencia de contenido elaborado sobre la base de versículos de los Salmos.

La presencia constante de los Salmos

De igual manera hay versículos de los Salmos en la ceremonia denominada *Kabalat Shabat*, que se pronuncia para recibir al Shabat. Y también en la ceremonia de la santificación del Shabat que se realiza sobre un vaso de vino antes de la cena.

Asimismo, hay versículos de los Salmos en la plegaria que se recita antes de acostarse a dormir. También aparecen los Salmos en la alabanza denominada *Halel*, que se pronuncia en las festividades y en los comienzos de mes. También aparecen Salmos y versículos de éstos en la plegaria especial que se denomina *Selijot* y se pronuncia en los días previos a Rosh Hashaná y el Día del Perdón. También aparecen los Salmos en la Hagadá de Pésaj, que es el texto que se lee en esa festividad.

También en la ceremonia de la festividad de Sucot que se denomina «La alegría de la extracción de las aguas», estaban presentes los Salmos. Esa era una celebración muy alegre, que era celebrada con gran entusiasmo y santidad, como fue enseñado: «Todo aquel que no vio la alegría de la extracción, no vio alegría en su vida» (Mishná, tratado de Suca 5:1).

En el Talmud de Babilonia se enseñó que se denomina «La alegría de la extracción», por lo que está escrito: «Y extraerán agua con alegría» (Isaías 12:3). Y en el Talmud de Jerusalén se dijo que de allí extraían espíritu de santidad, ya que la Presencia Divina se posa en medio de la alegría, como está escrito: «Y ahora, traedme un músico; y ocurrió que cuando el músico tocó, la mano de El Eterno vino sobre Eliseo» (II Reyes 3:15). Y en la exégesis denominada Metzudat David se explicó que Eliseo dijo: «traedme un músico», para que lo alegrara con su música. Porque debido a su enojo con Yehoram (Joram) no se posaba sobre él la profecía; pues la profecía no se posa sino en medio de alegría, y el enojo viene por la congoja; y ocurrió que cuando el músico comenzó a tocar, se posó el espíritu de la profecía sobre él.

A continuación, se explica en la Mishná cómo se realizaba la celebración: «Tras la finalización del primer día de la fiesta descendían al atrio de las mujeres y disponían un gran dispositivo. Había allí candeleros de oro, cuatro recipientes de oro en la cima, cuatro escaleras para cada uno de ellos, y cuatro jóvenes de los florecientes del sacerdocio con vasijas de aceite de ciento veinte medidas log en sus manos, que colocaban en cada uno de los recipientes».

No había patio en Jerusalén que no fuera iluminado por la luz del sitio de la extracción.

Los hombres piadosos y los de actitud sobresaliente bailaban delante del público con antorchas encendidas que tenían en sus manos, y pronunciaban delante de ellos palabras de alabanza y cantaban. Los Levitas estaban con sus laúdes, arpas, címbalos, trompetas e innumerables instrumentos musicales, sobre los quince escalones que descendían desde el atrio de Israel hacia el atrio de las mujeres, en correspondencia a los quince Cantos de las Ascensiones que aparecen en el Libro de los Salmos (desde el capítulo 120 hasta el capítulo 134). Los Levitas se ponían de pie sobre ellos con sus instrumentos musicales y pronunciaban los cantos» (Mishná, tratado de Suca 5:2-4).

Conexión con el Creador en todo momento

Vemos que los Salmos se recitan en momentos de aflicción y padecimiento, también por agradecimiento, y en momentos de alegría, como asimismo para atraer la alegría. Por eso, en cada situación de la vida los hijos de Israel están conectados con los Salmos, y con esas palabras se dirigen al Creador. Cuando tienen que hacer estudios médicos, o recibir un tratamiento, o una intervención quirúrgica, es habitual que reciten Salmos; y también los familiares parientes y conocidos lo hacen para pedir al Creador que salve a la persona y la devuelva a su casa íntegra y sana. Cuando una persona debe asistir a un tribunal por alguna circunstancia también suele recitar un Salmo o varios. Asimismo, cuando una persona va a rendir un examen, es habitual que recite Salmos para pedir el favor del Creador y que le ayude a salir airoso. Y se pronuncian Salmos para toda aflicción y padecimiento. También en los momentos de alegría, para agradecer al Creador, se recita un Salmo de agradecimiento.

Un caudal inmenso e inagotable

Los Salmos son muy importantes. Debe considerarse que el rey David compiló el Libro de los Salmos en 5 libros, en correspondencia con los 5 libros del Pentateuco (Midrash Shojar Tov, Salmo 1). Y se encuentra incluida y oculta en él toda la Torá. Cuando le sobrevinieron aflicciones, por ejemplo: «Cuando vinieron los zifeos y dijeron a Saúl: "¿Acaso David no se oculta entre nosotros?"» (Salmo 54:2), compuso un capítulo de los Salmos observando en las letras y las palabras de esa aflicción, y a través de eso tuvo una revelación de la luz de la Torá vinculada con ese asunto. Así, pues, compuso un capítulo de los Salmos vinculado con un asunto correspondiente de la Torá (Deguel Majane Efraim, apartado Jaie Sara).

Así hizo el rey David con todo lo que le ocurrió en su vida. Ya sea padecimientos, o situaciones agradables, compiló Salmos para todo momento y circunstancia. Y no sólo se basó en su propia experiencia, sino también en la de diez personas destacadas, como fue enseñado: «El rey David compiló el Libro de los Salmos considerando a diez personas destacadas. Adán, el primer hombre (*véase* Salmo 139). Malki Tzedek (*véase* Salmo 110). Abraham (*véase* Salmo 89). Moshé (*véase* Salmos 90-100). Eiman (*véase* Salmo 88). Yedutun (*véase* Salmo 39). Asaf (*véase* Salmo 73, 83). Tres hijos de Koraj[1] (*véase* Salmo 42, 49) (Talmud, tratado de Baba Batra 14b).

Asimismo, fue enseñado que quien pronuncia Salmos de alabanza al Creador, hace que su *alma* se apegue a Dios, pues El Santo Bendito Sea desea que se narre su grandeza y su honor, como está escrito: «Generación a generación alabará Tus obras, y relatará Tus poderosos hechos. Del resplandor de Tu majestuosa Gloria, y acerca de Tus prodigios, –también yo– hablaré. Y ellos hablarán del poder de tus obras imponentes, y Tu grandeza –también yo– narraré» (Salmo 145:4-5) (*véase* Reshit Jojma, Shaar Ahava 10:29-33).

Hay Salmos específicos para toda circunstancia de la vida, que conectan con la energía suprema del Creador. Y hay sabios que enseñaron cómo aplicar cada Salmo a cada situación de la vida. Uno de los sabios que abordaron ese tema fue el erudito Hai Gaon, que escribió el libro *Shimush Tehilim*. En ese libro aparecen recomendaciones para diferentes padecimientos. Se cita el Salmo que corresponde para cada aflicción, y también hay Salmos recomendados para diferentes situaciones de la vida. Otro sabio que menciono cómo utilizar los Salmos fue el erudito Jaim David Yosef Azulay, conocido popularmente por la sigla Jid"á. Y muchos otros sabios que aportaron valiosas enseñanzas para saber cómo pronunciar los Salmos en el momento propicio para pedir al Creador por la situación específica que se padece o debe resolver.

---

1. Cuyos nombres eran: Asir, Elkana y Abiasaf (*véase* Éxodo 6:24).

SALMOS RECOMENDADOS PARA DOLENCIAS ESPECÍFICAS

En este capítulo mencionaremos los Salmos que constan en el libro *Shimush Tehilim* y fueron recomendados para pedir al Creador por diferentes padecimientos, enfermedades, o dolencias.

Salmo para una mujer embarazada

Traducción

«Bienaventurado el hombre que no anduvo en consejo de malvados, ni estuvo en camino de pecadores, y en morada de escarnecedores no residió. Sino que su deseo está en la Torá de El Eterno, y en Su Torá medita de día y de noche. (Ese hombre) será como árbol plantado junto a fuentes de aguas, que da su fruto en su tiempo, y su hoja no se deteriora; y todo lo que haga prosperará. No así los malvados, que son como el tamo que arrebata el viento. Por lo tanto, los malvados no se levantarán en el –día del– juicio, y los pecadores no estarán en la congregación de los justos. Porque El Eterno conoce el camino de los justos; y el camino de los malos se perderá» (Salmos, capítulo 1).

Hebreo

אַשְׁרֵי הָאִישׁ אֲשֶׁר לֹא הָלַךְ בַּעֲצַת רְשָׁעִים וּבְדֶרֶךְ חַטָּאִים לֹא עָמָד וּבְמוֹשַׁב לֵצִים לֹא יָשָׁב: כִּי אִם בְּתוֹרַת יהוה חֶפְצוֹ וּבְתוֹרָתוֹ יֶהְגֶּה יוֹמָם וָלָיְלָה: וְהָיָה כְּעֵץ שָׁתוּל עַל פַּלְגֵי

מַיִם אֲשֶׁר פִּרְיוֹ יִתֵּן בְּעִתּוֹ וְעָלֵהוּ לֹא יִבּוֹל וְכֹל אֲשֶׁר יַעֲשֶׂה יַצְלִיחַ: לֹא כֵן הָרְשָׁעִים כִּי אִם כַּמֹּץ אֲשֶׁר תִּדְּפֶנּוּ רוּחַ: {ה} עַל כֵּן לֹא יָקֻמוּ רְשָׁעִים בַּמִּשְׁפָּט וְחַטָּאִים בַּעֲדַת צַדִּיקִים: כִּי יוֹדֵעַ יְהוָה דֶּרֶךְ צַדִּיקִים וְדֶרֶךְ רְשָׁעִים תֹּאבֵד:

Salmo para enfermedad de los ojos

Traducción

«Al músico principal, con instrumentos musicales de ocho cuerdas, salmo de David. El Eterno, no me reprendas en Tu enojo, ni me castigues en Tu ira. Agráciame, El Eterno, porque estoy apesadumbrado; sáname, El Eterno, porque mis huesos se estremecen. Y mi alma está muy turbada; y Tú, El Eterno, ¿hasta cuándo —aguardarás—? Vuélvete, El Eterno, libra mi alma; sálvame por Tu bondad. Porque en la muerte no hay memoria de Ti; en el sepulcro, ¿quién Te alabará? Me he extenuado con mi gemido, cada noche derramo mi aflicción en mi lecho, baño mi cama con mis lágrimas. Mis ojos están gastados de tanto sufrir; se han envejecido a causa de todos mis angustiadores. Apartaos de mí, todos los hacedores de iniquidad; porque El Eterno ha oído la voz de mi llanto. El Eterno ha oído mi súplica; El Eterno recibirá mi plegaria. Todos mis enemigos se avergonzarán y se turbarán mucho; se volverán y serán avergonzados repentinamente» (Salmos, capítulo 6).

Hebreo

לַמְנַצֵּחַ בִּנְגִינוֹת עַל הַשְּׁמִינִית מִזְמוֹר לְדָוִד: יְהוָה אַל בְּאַפְּךָ תוֹכִיחֵנִי וְאַל בַּחֲמָתְךָ תְיַסְּרֵנִי: חָנֵּנִי יְהוָה כִּי אֻמְלַל אָנִי רְפָאֵנִי יְהוָה כִּי נִבְהֲלוּ עֲצָמָי: וְנַפְשִׁי נִבְהֲלָה מְאֹד (ואת) וְאַתָּה יְהוָה עַד מָתָי: שׁוּבָה יְהוָה חַלְּצָה נַפְשִׁי הוֹשִׁיעֵנִי לְמַעַן חַסְדֶּךָ: כִּי אֵין בַּמָּוֶת זִכְרֶךָ בִּשְׁאוֹל מִי יוֹדֶה לָּךְ: יָגַעְתִּי בְּאַנְחָתִי אַשְׂחֶה בְכָל לַיְלָה מִטָּתִי בְּדִמְעָתִי עַרְשִׂי אַמְסֶה: עָשְׁשָׁה מִכַּעַס עֵינִי עָתְקָה בְּכָל צוֹרְרָי: סוּרוּ מִמֶּנִּי כָּל פֹּעֲלֵי אָוֶן כִּי שָׁמַע יְהוָה קוֹל בִּכְיִי: שָׁמַע יְהוָה תְּחִנָּתִי יְהוָה תְּפִלָּתִי יִקָּח: יֵבֹשׁוּ וְיִבָּהֲלוּ מְאֹד כָּל אֹיְבָי יָשֻׁבוּ יֵבֹשׁוּ רָגַע:

Salmo para niño que llora

(Este Salmo es bueno para hallar gracia. También es bueno para pronunciar por un niño que llora).

Traducción

«Al músico principal, sobre el instrumento musical guitit, salmo de David. El Eterno, nuestro Señor, ¡cuán majestuoso es tu Nombre en toda la tierra! ¡Has puesto Tu esplendor sobre los cielos! De la boca de los niños pequeños, y de los que se amamantan, fundaste la fortaleza, ante tus enemigos, para acallar al enemigo y al vengativo. Cuando veo Tus cielos, la obra de tus dedos, la luna, y las estrellas que has dispuesto. Entonces digo: ¿Qué es el hombre, para que tengas memoria de él, y el hijo del hombre, para que lo recuerdes? Ya que lo has hecho poco menos que los ángeles, y lo has coronado de honor y de esplendor. Le has hecho señorear sobre las obras de Tus manos; a todo has puesto debajo de sus pies. A todos los bovinos y los ovinos, y también a los animales del campo. A las aves de los cielos y a los peces del mar; a los que pasan por los senderos de los mares. El Eterno, nuestro Señor, ¡cuán majestuoso es Tu Nombre en toda la Tierra!» (Salmos, capítulo 8).

Hebreo

לַמְנַצֵּחַ עַל הַגִּתִּית מִזְמוֹר לְדָוִד: יְהוָה אֲדֹנֵינוּ מָה אַדִּיר שִׁמְךָ בְּכָל הָאָרֶץ אֲשֶׁר תְּנָה הוֹדְךָ עַל הַשָּׁמָיִם: מִפִּי עוֹלְלִים וְיֹנְקִים יִסַּדְתָּ עֹז לְמַעַן צוֹרְרֶיךָ לְהַשְׁבִּית אוֹיֵב וּמִתְנַקֵּם: כִּי אֶרְאֶה שָׁמֶיךָ מַעֲשֵׂי אֶצְבְּעֹתֶיךָ יָרֵחַ וְכוֹכָבִים אֲשֶׁר כּוֹנָנְתָּה: מָה אֱנוֹשׁ כִּי תִזְכְּרֶנּוּ וּבֶן אָדָם כִּי תִפְקְדֶנּוּ: וַתְּחַסְּרֵהוּ מְּעַט מֵאֱלֹהִים וְכָבוֹד וְהָדָר תְּעַטְּרֵהוּ: תַּמְשִׁילֵהוּ בְּמַעֲשֵׂי יָדֶיךָ כֹּל שַׁתָּה תַחַת רַגְלָיו: צֹנֶה וַאֲלָפִים כֻּלָּם וְגַם בַּהֲמוֹת שָׂדָי: צִפּוֹר שָׁמַיִם וּדְגֵי הַיָּם עֹבֵר אָרְחוֹת יַמִּים: יְהוָה אֲדֹנֵינוּ מָה אַדִּיר שִׁמְךָ בְּכָל הָאָרֶץ:

Salmo para salvarse de toda aflicción

Traducción

«Al músico principal; salmo de David. El Eterno te responda en el día de aflicción; el Nombre del Dios de Jacob te fortalezca. Te envíe ayuda desde el Santuario, y te sostenga desde Tzion. Recuerde todas tus ofrendas vegetales, y acepte siempre tu ofrenda ígnea. Te dé conforme al deseo de tu corazón, y colme todas tus peticiones. Nos alborozaremos en Tu salvación, y alzaremos estandarte en el Nombre de nuestro Dios; El Eterno colme todas tus solicitudes. Ahora sé que El Eterno —tal como— salvó a su ungido, le responderá desde Su Santuario de los Cielos, con el poder salvador de Su diestra. Éstos —confían— en carros, y aquellos en caballos; y nosotros recordaremos el Nombre de El Eterno nuestro Dios. Ellos se doblan y caen, y nosotros nos levantamos y nos fortalecemos. El Eterno salva; El Rey nos responda en el día que lo invoquemos» (Salmos, capítulo 20).

Hebreo

לַמְנַצֵּחַ מִזְמוֹר לְדָוִד: יַעַנְךָ יְהוָה בְּיוֹם צָרָה יְשַׂגֶּבְךָ שֵׁם אֱלֹהֵי יַעֲקֹב: יִשְׁלַח עֶזְרְךָ מִקֹּדֶשׁ וּמִצִּיּוֹן יִסְעָדֶךָּ: יִזְכֹּר כָּל מִנְחֹתֶךָ וְעוֹלָתְךָ יְדַשְּׁנֶה סֶלָה: יִתֶּן לְךָ כִלְבָבֶךָ וְכָל עֲצָתְךָ יְמַלֵּא: נְרַנְּנָה בִּישׁוּעָתֶךָ וּבְשֵׁם אֱלֹהֵינוּ נִדְגֹּל יְמַלֵּא יְהוָה כָּל מִשְׁאֲלוֹתֶיךָ: עַתָּה יָדַעְתִּי כִּי הוֹשִׁיעַ יְהוָה מְשִׁיחוֹ יַעֲנֵהוּ מִשְּׁמֵי קָדְשׁוֹ בִּגְבֻרוֹת יֵשַׁע יְמִינוֹ: אֵלֶּה בָרֶכֶב וְאֵלֶּה בַסּוּסִים וַאֲנַחְנוּ בְּשֵׁם יְהוָה אֱלֹהֵינוּ נַזְכִּיר: הֵמָּה כָּרְעוּ וְנָפָלוּ וַאֲנַחְנוּ קַּמְנוּ וַנִּתְעוֹדָד: יְהוָה הוֹשִׁיעָה הַמֶּלֶךְ יַעֲנֵנוּ בְיוֹם קָרְאֵנוּ:

Salmo para salvarse de una angustia

Traducción

«Salmo de David: a Ti, El Eterno, elevaré mi alma. Dios mío, en Ti he confiado; no sea yo avergonzado, que mis enemigos no se regocijen a causa de mí. Asimismo, todos los que confían en Ti no sean avergonzados; sean avergonzados los que traicionan sin causa. El Eterno, hazme saber Tus caminos; enséñame Tus sendas. Encamíname en Tu verdad, y enséñame, porque Tú eres El Dios de mi salvación; en Ti espero todo el día. El Eterno, recuerda Tus misericordias y Tus bondades, pues son eternas. No traigas a memoria los pecados de mi juventud, y mis rebeliones; El Eterno, conforme a Tu clemencia, acuérdate de mí, en aras de Tu bondad. Bueno y recto es El Eterno; por eso, Él enseñará a los pecadores el camino. Encaminará a los humildes por el juicio, y enseñará a los humildes el camino de Él. Todas las sendas de El Eterno son bondad y verdad, para los que guardan Su pacto y Sus testimonios. En aras de Tu Nombre, El Eterno, perdona mi pecado, que es grande. A ese hombre que teme a El Eterno, a él, Él le enseñará el camino que ha de escoger. Su alma morará en bienestar, y su descendencia heredará la tierra. El secreto de El Eterno es para los que Le temen, y a ellos hará conocer Su Pacto. Mis ojos están siempre dirigidos hacia El Eterno, porque Él sacará mis pies de la red. Repara en mí y agráciame, porque estoy solo y afligido. Las angustias de mi corazón se han expandido; sácame de mis tribulaciones. Contempla mi aflicción y mi sufrimiento, y perdona todos mis pecados. Contempla mis enemigos, pues se han multiplicado, y me aborrecen con odio vehemente. Guarda mi alma, y sálvame; no sea yo avergonzado, porque pongo mi fe en Ti. Que la integridad y la rectitud me guarden, porque en Ti he esperado. Dios, redime a Israel de todas sus angustias» (Salmos, capítulo 25).

Hebreo

לְדָוִד אֵלֶיךָ יְהוָה נַפְשִׁי אֶשָּׂא: אֱלֹהַי בְּךָ בָטַחְתִּי אַל אֵבוֹשָׁה אַל יַעַלְצוּ אֹיְבַי לִי:
גַּם כָּל קֹוֶיךָ לֹא יֵבֹשׁוּ יֵבֹשׁוּ הַבּוֹגְדִים רֵיקָם: דְּרָכֶיךָ יְהוָה הוֹדִיעֵנִי אֹרְחוֹתֶיךָ לַמְּדֵנִי: הַדְרִיכֵנִי בַאֲמִתֶּךָ וְלַמְּדֵנִי כִּי אַתָּה אֱלֹהֵי יִשְׁעִי אוֹתְךָ קִוִּיתִי כָּל הַיּוֹם: זְכֹר רַחֲמֶיךָ יְהוָה וַחֲסָדֶיךָ כִּי מֵעוֹלָם הֵמָּה: חַטֹּאות נְעוּרַי וּפְשָׁעַי אַל תִּזְכֹּר כְּחַסְדְּךָ זְכָר לִי אַתָּה לְמַעַן טוּבְךָ יְהוָה: טוֹב וְיָשָׁר יְהוָה עַל כֵּן יוֹרֶה חַטָּאִים בַּדָּרֶךְ: יַדְרֵךְ עֲנָוִים בַּמִּשְׁפָּט וִילַמֵּד עֲנָוִים דַּרְכּוֹ: כָּל אָרְחוֹת יְהוָה חֶסֶד וֶאֱמֶת לְנֹצְרֵי בְרִיתוֹ וְעֵדֹתָיו: לְמַעַן שִׁמְךָ יְהוָה וְסָלַחְתָּ לַעֲוֹנִי כִּי רַב הוּא: מִי זֶה הָאִישׁ יְרֵא יְהוָה יוֹרֶנּוּ בְּדֶרֶךְ יִבְחָר: נַפְשׁוֹ בְּטוֹב תָּלִין וְזַרְעוֹ יִירַשׁ אָרֶץ: סוֹד יְהוָה לִירֵאָיו וּבְרִיתוֹ לְהוֹדִיעָם: עֵינַי תָּמִיד אֶל יְהוָה כִּי הוּא יוֹצִיא מֵרֶשֶׁת רַגְלָי: פְּנֵה אֵלַי וְחָנֵּנִי כִּי יָחִיד וְעָנִי אָנִי: צָרוֹת לְבָבִי הִרְחִיבוּ מִמְּצוּקוֹתַי הוֹצִיאֵנִי: רְאֵה עָנְיִי וַעֲמָלִי וְשָׂא לְכָל חַטֹּאותָי: רְאֵה אוֹיְבַי כִּי רָבּוּ וְשִׂנְאַת חָמָס שְׂנֵאוּנִי: שָׁמְרָה נַפְשִׁי וְהַצִּילֵנִי אַל אֵבוֹשׁ כִּי חָסִיתִי בָךְ: תֹּם וָיֹשֶׁר יִצְּרוּנִי כִּי קִוִּיתִיךָ: פְּדֵה אֱלֹהִים אֶת יִשְׂרָאֵל מִכֹּל צָרוֹתָיו:

Salmo para toda cosa mala

Traducción

«Salmo, canción para la inauguración de la Casa, por David. Te exaltaré, El Eterno, porque me has elevado, y no has permitido a mis enemigos alegrarse por mí. El Eterno, mi Dios, clamé a Ti y me has curado. El Eterno, hiciste ascender mi alma de la muerte; me diste vida, para que no descendiese al sepulcro. Cantad a El Eterno, vosotros sus piadosos, y alabad haciendo memoria de Su santidad. Porque breve es Su ira, y la voluntad de Él es la vida; –la persona afligida– pernoctará por la noche con llanto, y a la mañana tendrá alegría. Y yo he dicho en mi sosiego que no me desmoronaría jamás. Sin embargo, Tú, El Eterno, con Tu voluntad afirmaste mi monte para que estuviera fuerte, pero cuando ocultaste Tu rostro, quedé turbado. A ti, El Eterno, clamaré, y a Ti, El Señor, imploraré. ¿Qué beneficio hay en mi muerte, en mi descenso a la sepultura? ¿Acaso te alabará –quién yace en– el polvo? ¿Acaso expresará Tu verdad? Oye, El Eterno, y ten misericordia de mí; El Eterno, sé Tú mi socorredor. Has convertido mi duelo en danza; desataste mi cilicio, y me ceñiste de alegría. Por lo tanto, mi alma te alabará y no callará; El Eterno, Dios mío, te alabaré para siempre» (Salmos, capítulo 30).

Hebreo

מִזְמוֹר שִׁיר חֲנֻכַּת הַבַּיִת לְדָוִד: אֲרוֹמִמְךָ יְהוָה כִּי דִלִּיתָנִי וְלֹא שִׂמַּחְתָּ אֹיְבַי לִי: יְהוָה אֱלֹהָי שִׁוַּעְתִּי אֵלֶיךָ וַתִּרְפָּאֵנִי: יְהוָה הֶעֱלִיתָ מִן שְׁאוֹל נַפְשִׁי חִיִּיתַנִי (מִיּוֹרְדִי) מִיָּרְדִי בוֹר: זַמְּרוּ לַיהוָה חֲסִידָיו וְהוֹדוּ לְזֵכֶר קָדְשׁוֹ: כִּי רֶגַע בְּאַפּוֹ חַיִּים בִּרְצוֹנוֹ בָּעֶרֶב יָלִין בֶּכִי וְלַבֹּקֶר רִנָּה: וַאֲנִי אָמַרְתִּי בְשַׁלְוִי בַּל אֶמּוֹט לְעוֹלָם: יְהוָה בִּרְצוֹנְךָ הֶעֱמַדְתָּה לְהַרְרִי עֹז הִסְתַּרְתָּ פָנֶיךָ הָיִיתִי נִבְהָל: אֵלֶיךָ יְהוָה אֶקְרָא וְאֶל אֲדֹנָי אֶתְחַנָּן: מַה בֶּצַע בְּדָמִי בְּרִדְתִּי אֶל שָׁחַת הֲיוֹדְךָ עָפָר הֲיַגִּיד אֲמִתֶּךָ: שְׁמַע יְהוָה וְחָנֵּנִי יְהוָה הֱיֵה עֹזֵר לִי: הָפַכְתָּ מִסְפְּדִי לְמָחוֹל לִי פִּתַּחְתָּ שַׂקִּי וַתְּאַזְּרֵנִי שִׂמְחָה: לְמַעַן יְזַמֶּרְךָ כָבוֹד וְלֹא יִדֹּם יְהוָה אֱלֹהַי לְעוֹלָם אוֹדֶךָ:

Salmo para la fiebre

Traducción

«Al músico principal, cántico de los hijos de Koraj. Oíd esto, todos los pueblos; escuchad, todos los moradores del mundo. Tanto los hijos del hombre, tanto los hijos del noble, el rico junto con el pobre. Mi boca hablará –palabras de– sabiduría; y el pensamiento de mi corazón, –palabras de– entendimiento. Inclinaré mi oído al proverbio, expresaré mi enigma con el arpa. ¿Por qué he de temer en los días de mal? –Porque– las faltas de mis talones me rodean. Los que confían en sus posesiones, y se exaltan en su mucha riqueza. –Son como– hermano que no redime al hombre, ni da su rescate a Dios. Y la redención de sus almas es algo muy valioso, y se imposibilita siempre. ¿Y aún vivirá para siempre? ¿No verá el sepulcro? Porque verá que –también– los sabios mueren; el insensato fenece junto con el necio, y dejan sus posesiones a otros. Piensan interiormente que sus casas serán eternas, y sus moradas para generación y generación, y asignan sus nombres a sus tierras. Y el hombre no permanecerá con su honor; es comparado a los animales y parecido a ellos. Éste es el camino insensato de ellos; y sus descendientes anhelan lo dicho por la boca de ellos, siempre. Descenderán al matadero como los rebaños, y la muerte los quebrantará; y los rectos se enseñorearán de ellos por la mañana, y su poder se consumirá en el sepulcro, que será su morada. Pero Dios redimirá mi alma del sepulcro, porque me tomará, siempre. No temas cuando un hombre enriquezca, cuando aumente el honor de su casa. Porque cuando muera no tomará nada; su honor no descenderá tras él. Porque él bendice a su alma mientras vive; y a ti, por hacer el bien, te alabarán –en el futuro–. –Después de su muerte– vendrá con la generación de sus ancestros, y jamás verá la luz. Y el hombre, con su honor no entenderá, es comparado a los animales y parecido a ellos» (Salmos, capítulo 49).

Hebreo

לַמְנַצֵּחַ לִבְנֵי קֹרַח מִזְמוֹר: שִׁמְעוּ זֹאת כָּל הָעַמִּים הַאֲזִינוּ כָּל יֹשְׁבֵי חָלֶד: גַּם בְּנֵי אָדָם גַּם בְּנֵי אִישׁ יַחַד עָשִׁיר וְאֶבְיוֹן: פִּי יְדַבֵּר חָכְמוֹת וְהָגוּת לִבִּי תְבוּנוֹת: אַטֶּה לְמָשָׁל אָזְנִי אֶפְתַּח בְּכִנּוֹר חִידָתִי: לָמָּה אִירָא בִּימֵי רָע עֲוֹן עֲקֵבַי יְסוּבֵּנִי: הַבֹּטְחִים עַל חֵילָם וּבְרֹב עָשְׁרָם יִתְהַלָּלוּ: אָח לֹא פָדֹה יִפְדֶּה אִישׁ לֹא יִתֵּן לֵאלֹהִים כָּפְרוֹ: וְיֵקַר פִּדְיוֹן נַפְשָׁם וְחָדַל לְעוֹלָם: וִיחִי עוֹד לָנֶצַח לֹא יִרְאֶה הַשָּׁחַת:
כִּי יִרְאֶה חֲכָמִים יָמוּתוּ יַחַד כְּסִיל וָבַעַר יֹאבֵדוּ וְעָזְבוּ לַאֲחֵרִים חֵילָם: קִרְבָּם בָּתֵּימוֹ לְעוֹלָם מִשְׁכְּנֹתָם לְדֹר וָדֹר קָרְאוּ בִשְׁמוֹתָם עֲלֵי אֲדָמוֹת: וְאָדָם בִּיקָר בַּל יָלִין נִמְשַׁל כַּ־בְּהֵמוֹת נִדְמוּ: זֶה דַרְכָּם כֵּסֶל לָמוֹ וְאַחֲרֵיהֶם בְּפִיהֶם יִרְצוּ סֶלָה: כַּצֹּאן לִשְׁאוֹל שַׁתּוּ מָוֶת יִרְעֵם וַיִּרְדּוּ בָם יְשָׁרִים לַבֹּקֶר (וצירם) וְצוּרָם לְבַלּוֹת שְׁאוֹל מִזְּבֻל לוֹ: אַךְ אֱלֹהִים יִפְדֶּה נַפְשִׁי מִיַּד שְׁאוֹל כִּי יִקָּחֵנִי סֶלָה: אַל תִּירָא כִּי יַעֲשִׁר אִישׁ כִּי יִרְבֶּה כְּבוֹד בֵּיתוֹ: כִּי לֹא בְמוֹתוֹ יִקַּח הַכֹּל לֹא יֵרֵד אַחֲרָיו כְּבוֹדוֹ: כִּי נַפְשׁוֹ בְּחַיָּיו יְבָרֵךְ וְיוֹדֻךָ כִּי תֵיטִיב לָךְ: תָּבוֹא עַד דּוֹר אֲבוֹתָיו עַד נֵצַח לֹא יִרְאוּ אוֹר: אָדָם בִּיקָר וְלֹא יָבִין נִמְשַׁל כַּבְּהֵמוֹת נִדְמוּ:

Salmo para fiebre continua

Traducción

«Al músico principal, con melodía instrumental, un salmo, un cántico: Dios tenga misericordia de nosotros, y nos bendiga; haga resplandecer Su rostro sobre nosotros, para siempre. Para que sea conocido en la Tierra Tu camino; en todas las naciones Tu salvación. Las naciones Te alabarán, Dios, todas las naciones Te alabarán. Las naciones se alegrarán y regocijarán, porque juzgarás a los pueblos con rectitud, y guiarás a las naciones en la Tierra, para siempre. Las naciones Te alabarán, Dios, todas las naciones Te alabarán. Pues la tierra dará su producto; y Dios nos bendecirá, nuestro Dios. Dios nos bendecirá, y Le temerán desde todos los confines de la Tierra» (Salmos, capítulo 67).

Hebreo

לַמְנַצֵּחַ בִּנְגִינֹת מִזְמוֹר שִׁיר: אֱלֹהִים יְחָנֵּנוּ וִיבָרְכֵנוּ יָאֵר פָּנָיו אִתָּנוּ סֶלָה: לָדַעַת בָּאָרֶץ דַּרְכֶּךָ בְּכָל גּוֹיִם יְשׁוּעָתֶךָ: יוֹדוּךָ עַמִּים אֱלֹהִים יוֹדוּךָ עַמִּים כֻּלָּם: יִשְׂמְחוּ וִירַנְּנוּ לְאֻמִּים כִּי

תִּשְׁפֹּט עַמִּים מִישׁוֹר וּלְאֻמִּים בָּאָרֶץ תַּנְחֵם סֶלָה: יוֹדוּךָ עַמִּים אֱלֹהִים יוֹדוּךָ עַמִּים כֻּלָּם:
אֶרֶץ נָתְנָה יְבוּלָהּ יְבָרְכֵנוּ אֱלֹהִים אֱלֹהֵינוּ: יְבָרְכֵנוּ אֱלֹהִים וְיִירְאוּ אֹתוֹ כָּל אַפְסֵי אָרֶץ:

Salmo para quien perdió peso por una enfermedad

Traducción

«Al músico principal, sobre –el instrumento musical– *guitit,* cántico para los hijos de Koraj. ¡Cuán preciadas son tus moradas, El Eterno de las legiones! Mi alma desea, y también anhela, los atrios de El Eterno; mi corazón y mi carne alaban al Dios vivo. Incluso el pájaro ha hallado casa, y el gorrión, nido para él, en el cual pone sus polluelos, junto a tus altares, El Eterno de las legiones, Rey mío, y Dios mío. Bienaventurados los que residen en tu Casa, te volverán a alabar, por siempre. Bienaventurado el hombre cuyo poder está en Ti; las sendas –que conducen a Ti– en su corazón. Los que pasan por el valle de las lágrimas –para ir a Tzion–, beberán del manantial; y también el orientador –que les indica el camino– estará rodeado de bendiciones. Irán de grupo –de personas– en grupo –de personas–; verá a Dios en Tzion. El Eterno, Dios de las legiones, oye mi plegaria; escucha, Dios de Jacob, siempre. Dios, mira nuestro refugio –el Templo Sagrado–, y observa el rostro de tu ungido. Porque mejor es un día en tus atrios, que mil –en otro lugar–; he elegido acogerme en el umbral de la entrada de la Casa de mi Dios que morar en tiendas de maldad. Porque El Eterno, Dios, es sol y escudo; El Eterno dará gracia y gloria, no impedirá el bien a los que andan en integridad. El Eterno de las legiones, bienaventurado el hombre que confía en Ti» (Salmos, capítulo 84).

Hebreo

לַמְנַצֵּחַ עַל הַגִּתִּית לִבְנֵי קֹרַח מִזְמוֹר: מַה יְּדִידוֹת מִשְׁכְּנוֹתֶיךָ יְהוָה צְבָאוֹת: נִכְסְפָה וְגַם
כָּלְתָה נַפְשִׁי לְחַצְרוֹת יְהוָה לִבִּי וּבְשָׂרִי יְרַנְּנוּ אֶל אֵל חָי: גַּם צִפּוֹר מָצְאָה בַיִת וּדְרוֹר קֵן
לָהּ אֲשֶׁר שָׁתָה אֶפְרֹחֶיהָ אֶת מִזְבְּחוֹתֶיךָ יְהוָה צְבָאוֹת מַלְכִּי וֵאלֹהָי: אַשְׁרֵי יוֹשְׁבֵי בֵיתֶךָ
עוֹד יְהַלְלוּךָ סֶּלָה: אַשְׁרֵי אָדָם עוֹז לוֹ בָךְ מְסִלּוֹת בִּלְבָבָם: עֹבְרֵי בְּעֵמֶק הַבָּכָא מַעְיָן יְשִׁי-
תוּהוּ גַּם בְּרָכוֹת יַעְטֶה מוֹרֶה: יֵלְכוּ מֵחַיִל אֶל חָיִל יֵרָאֶה אֶל אֱלֹהִים בְּצִיּוֹן: יְהוָה אֱלֹהִים

צְבָאוֹת שִׁמְעָה תְפִלָּתִי הַאֲזִינָה אֱלֹהֵי יַעֲקֹב סֶלָה: מָגִנֵּנוּ רְאֵה אֱלֹהִים וְהַבֵּט פְּנֵי מְשִׁיחֶךָ:
כִּי טוֹב יוֹם בַּחֲצֵרֶיךָ מֵאָלֶף בָּחַרְתִּי הִסְתּוֹפֵף בְּבֵית אֱלֹהַי מִדּוּר בְּאָהֳלֵי רֶשַׁע: כִּי שֶׁמֶשׁ
וּמָגֵן יְהוָה אֱלֹהִים חֵן וְכָבוֹד יִתֵּן יְהוָה לֹא יִמְנַע טוֹב לַהֹלְכִים בְּתָמִים: יְהוָה צְבָאוֹת
אַשְׁרֵי אָדָם בֹּטֵחַ בָּךְ:

Salmo para deterioro de huesos y extremidades

(Este Salmo es recomendado para una persona cuyas extremidades y huesos se le deterioran debido a una enfermedad).

Traducción

«Salmo para Eitan Ezraji: cantaré las bondades de El Eterno siempre; de generación en generación anunciaré Tu fidelidad con mi boca. Porque dije: la bondad siempre edifica; Tu fidelidad se dispone en los cielos con ellas –Tus bondades–. He establecido pacto con mi escogido; he jurado a David mi siervo. Estableceré tu descendencia para siempre, y edificaré tu trono por todas las generaciones, para siempre. Y los cielos anunciarán Tus maravillas, El Eterno; también Tu fidelidad en congregación de santos. Porque, ¿quién se equiparará a El Eterno en los cielos; se asemejará a El Eterno entre los hijos de los poderosos? El Poderoso, exaltado en poder en la gran congregación de santos; y temible para todos los que están a Su alrededor. El Eterno, Dios de las legiones, ¿Quién como Tú? ¡Dios muy poderoso! ¡Y Tu fidelidad en derredor de Ti! Tú ejerces dominio sobre la altivez del mar; cuando sus olas se levantan, Tú las aplacas. Tú has tronchado a Rahav –Egipto– como a herido de muerte; has esparcido a tus enemigos con tu brazo poderoso. Los cielos son tuyos, también tuya es la tierra; al mundo y todo lo que hay en él, Tú lo has establecido. Tú creaste al norte y al sur; –el monte– Tabor y –el monte– Jermón alabarán en Tu nombre. Tuyo es el brazo con el poder; tu mano es fuerte, tu diestra, enaltecida. La justicia y el juicio son la base de tu trono; la bondad y la verdad están delante de ti. Bienaventurado el pueblo que sabe aclamarte; El Eterno, andarán a la luz de Tu rostro. Se regocijarán en Tu nombre todo el día, y serán encumbrados en Tu justicia. Porque Tú eres la magnificencia de su poder; y por tu voluntad enaltecerás nuestro honor. Porque El Eterno es nuestro escudo, y es nuestro Rey, El Santo de Israel. Entonces hablaste en visión profética a tus piadosos, y dijiste: "He puesto la ayuda sobre un valiente; he enaltecido a un escogido del pueblo. Hallé a David, mi siervo; lo ungí con el óleo sagrado. Mi mano estará siempre dispuesta con él; también Mi brazo lo fortificará. El enemigo no lo despojará, y el engañador no lo afligirá. Y quebrantaré a sus enemigos delante de él, y azotaré a los que lo aborrecen. Y Mi fidelidad y Mi bondad estarán con él; y su poder será enaltecido por mi Nombre. Y pondré su mano —su poder— sobre el mar, y su diestra sobre los ríos. Él me invocará —diciendo—: "Tú eres mi Padre, Mi Dios, y la roca de mi salvación". También Yo lo pondré por primogénito; supremo sobre los reyes de la tierra. Le preservaré Mi bondad para siempre, y Mi pacto le será fidedigno. Y pondré su descendencia para siempre; y su trono, como los días de los cielos. Si sus hijos abandonaran Mi Torá, y no anduvieran en Mis juicios, si profanaran mis estatutos, y no guardaran mis preceptos, castigaré con vara su rebeldía, y sus pecados con flagelos. Y a mi bondad no apartaré de él, y no le quitaré mi fidelidad. No profanaré mi pacto, y no modificaré lo que ha salido de mis labios. He jurado un juramento por Mi santidad, no incumpliré a David. Su descendencia se perpetuará para siempre, y su trono como el sol ante Mí. Estará dispuesta para siempre como la luna, y como un testigo fiel en el cielo, perpetuamente. Y tú —has sido riguroso y— apartaste y desechaste, y te has airado con tu ungido. Has anulado el pacto de tu siervo; has abatido su corona a tierra. Has abierto todos sus vallados; has puesto quebranto en sus fortalezas. Las hollaron todos los que pasaban por el camino; eran oprobio para sus vecinos. Has elevado la diestra de sus opresores; has hecho que se alegren todos sus enemigos. También has embotado el filo de su espada, y no lo levantaste en la batalla. Has hecho cesar su esplendor, y has abatido su trono a tierra. Has acortado los días de su juventud, y lo has cubierto de humillación, perpetuamente". El Eterno, ¿hasta cuándo te ocultarás? ¿Para siempre? Porque Tu ira arde como el fuego. Yo recuerdo cuál es mi tiempo —en el mundo, y si no llego a ver la salvación—, ¿por qué has creado en vano a todos los hijos de hombre —si no ven la salvación—? ¿Qué hombre vivirá y no verá la muerte? ¿Quién salvará su vida del sepulcro para siempre? El Señor, ¿dónde están tus bondades ancestrales, que has jurado a David por Tu fidelidad? El Señor, acuérdate de la humillación de tus siervos; cargo en mi seno –la aflicción de– todos, los muchos pueblos. Porque tus enemigos han humillado, El Eterno, porque tus enemigos han humillado los pasos de tu ungido. Bendito sea El Eterno para siempre, amén, y amén» (Salmos, capítulo 89).

Hebreo

מַשְׂכִּיל לְאֵיתָן הָאֶזְרָחִי: חַסְדֵי יְהֹוָה עוֹלָם אָשִׁירָה לְדֹר וָדֹר אוֹדִיעַ אֱמוּנָתְךָ בְּפִי: כִּי אָמַרְתִּי עוֹלָם חֶסֶד יִבָּנֶה שָׁמַיִם תָּכִן אֱמוּנָתְךָ בָהֶם: כָּרַתִּי בְרִית לִבְחִירִי נִשְׁבַּעְתִּי לְדָוִד עַבְדִּי: עַד עוֹלָם אָכִין זַרְעֶךָ וּבָנִיתִי לְדֹר וָדוֹר כִּסְאֲךָ סֶלָה: וְיוֹדוּ שָׁמַיִם פִּלְאֲךָ יְהֹוָה אַף אֱמוּנָתְךָ בִּקְהַל קְדֹשִׁים: כִּי מִי בַשַּׁחַק יַעֲרֹךְ לַיהֹוָה יִדְמֶה לַיהֹוָה בִּבְנֵי אֵלִים:
אֵל נַעֲרָץ בְּסוֹד קְדֹשִׁים רַבָּה וְנוֹרָא עַל כָּל סְבִיבָיו: יְהֹוָה אֱלֹהֵי צְבָאוֹת מִי כָמוֹךָ חֲסִין יָהּ וֶאֱמוּנָתְךָ סְבִיבוֹתֶיךָ: אַתָּה מוֹשֵׁל בְּגֵאוּת הַיָּם בְּשׂוֹא גַלָּיו אַתָּה תְשַׁבְּחֵם: אַתָּה דִכִּאתָ כֶחָלָל רָהַב בִּזְרוֹעַ עֻזְּךָ פִּזַּרְתָּ אוֹיְבֶיךָ: לְךָ שָׁמַיִם אַף לְךָ אָרֶץ תֵּבֵל וּמְלֹאָהּ אַתָּה יְסַדְתָּם: צָפוֹן וְיָמִין אַתָּה בְרָאתָם תָּבוֹר וְחֶרְמוֹן בְּשִׁמְךָ יְרַנֵּנוּ: לְךָ זְרוֹעַ עִם גְּבוּרָה תָּעֹז יָדְךָ תָּרוּם יְמִינֶךָ: צֶדֶק וּמִשְׁפָּט מְכוֹן כִּסְאֶךָ חֶסֶד וֶאֱמֶת יְקַדְּמוּ פָנֶיךָ: אַשְׁרֵי הָעָם יוֹדְעֵי תְרוּעָה יְהֹוָה בְּאוֹר פָּנֶיךָ יְהַלֵּכוּן: בְּשִׁמְךָ יְגִילוּן כָּל הַיּוֹם וּבְצִדְקָתְךָ יָרוּמוּ: כִּי תִפְאֶרֶת עֻזָּמוֹ אָתָּה וּבִרְצֹנְךָ (תרים) תָּרוּם קַרְנֵנוּ: כִּי לַיהֹוָה מָגִנֵּנוּ וְלִקְדוֹשׁ יִשְׂרָאֵל מַלְכֵּנוּ: אָז דִּבַּרְתָּ בְחָזוֹן לַחֲסִידֶיךָ וַתֹּאמֶר שִׁוִּיתִי עֵזֶר עַל גִּבּוֹר הֲרִימוֹתִי בָחוּר מֵעָם: מָצָאתִי דָּוִד עַבְדִּי בְּשֶׁמֶן קָדְשִׁי מְשַׁחְתִּיו: אֲשֶׁר יָדִי תִּכּוֹן עִמּוֹ אַף זְרוֹעִי תְאַמְּצֶנּוּ: לֹא יַשִּׁא אוֹיֵב בּוֹ וּבֶן עַוְלָה לֹא יְעַנֶּנּוּ:
וְכַתּוֹתִי מִפָּנָיו צָרָיו וּמְשַׂנְאָיו אֶגּוֹף: וֶאֱמוּנָתִי וְחַסְדִּי עִמּוֹ וּבִשְׁמִי תָּרוּם קַרְנוֹ: וְשַׂמְתִּי בַיָּם יָדוֹ וּבַנְּהָרוֹת יְמִינוֹ: הוּא יִקְרָאֵנִי אָבִי אָתָּה אֵלִי וְצוּר יְשׁוּעָתִי: אַף אָנִי בְּכוֹר אֶתְּנֵהוּ עֶלְיוֹן לְמַלְכֵי אָרֶץ: לְעוֹלָם (אשמור) אֶשְׁמָר לוֹ חַסְדִּי וּבְרִיתִי נֶאֱמֶנֶת לוֹ: וְשַׂמְתִּי לָעַד זַרְעוֹ וְכִסְאוֹ כִּימֵי שָׁמָיִם: אִם יַעַזְבוּ בָנָיו תּוֹרָתִי וּבְמִשְׁפָּטַי לֹא יֵלֵכוּן: אִם חֻקֹּתַי יְחַלֵּלוּ וּמִצְוֹתַי לֹא יִשְׁמֹרוּ: וּפָקַדְתִּי בְשֵׁבֶט פִּשְׁעָם וּבִנְגָעִים עֲוֹנָם: וְחַסְדִּי לֹא אָפִיר מֵעִמּוֹ וְלֹא אֲשַׁקֵּר בֶּאֱמוּנָתִי: לֹא אֲחַלֵּל בְּרִיתִי וּמוֹצָא שְׂפָתַי לֹא אֲשַׁנֶּה: אַחַת נִשְׁבַּעְתִּי בְקָדְשִׁי אִם לְדָוִד אֲכַזֵּב: זַרְעוֹ לְעוֹלָם יִהְיֶה וְכִסְאוֹ כַשֶּׁמֶשׁ נֶגְדִּי:
כְּיָרֵחַ יִכּוֹן עוֹלָם וְעֵד בַּשַּׁחַק נֶאֱמָן סֶלָה: וְאַתָּה זָנַחְתָּ וַתִּמְאָס הִתְעַבַּרְתָּ עִם מְשִׁיחֶךָ: נֵאַרְתָּה בְּרִית עַבְדֶּךָ חִלַּלְתָּ לָאָרֶץ נִזְרוֹ: פָּרַצְתָּ כָל גְּדֵרֹתָיו שַׂמְתָּ מִבְצָרָיו מְחִתָּה: שַׁסֻּהוּ כָּל עֹבְרֵי דָרֶךְ הָיָה חֶרְפָּה לִשְׁכֵנָיו: הֲרִימוֹתָ יְמִין צָרָיו הִשְׂמַחְתָּ כָּל אוֹיְבָיו: אַף תָּשִׁיב צוּר חַרְבּוֹ וְלֹא הֲקֵימֹתוֹ בַּמִּלְחָמָה: הִשְׁבַּתָּ מִטְּהָרוֹ וְכִסְאוֹ לָאָרֶץ מִגַּרְתָּה: הִקְצַרְתָּ יְמֵי עֲלוּמָיו הֶעֱטִיתָ עָלָיו בּוּשָׁה סֶלָה: עַד מָה יְהֹוָה תִּסָּתֵר לָנֶצַח תִּבְעַר כְּמוֹ אֵשׁ חֲמָתֶךָ: זְכָר אֲנִי מֶה חָלֶד עַל מַה שָּׁוְא בָּרָאתָ כָל בְּנֵי אָדָם: מִי גֶבֶר יִחְיֶה וְלֹא יִרְאֶה מָּוֶת יְמַלֵּט

נַפְשׁוֹ מִיַּד שְׁאוֹל סֶלָה: אַיֵּה חֲסָדֶיךָ הָרִאשֹׁנִים אֲדֹנָי נִשְׁבַּעְתָּ לְדָוִד בֶּאֱמוּנָתֶךָ: זְכֹר אֲדֹנָי
חֶרְפַּת עֲבָדֶיךָ שְׂאֵתִי בְחֵיקִי כָּל רַבִּים עַמִּים: אֲשֶׁר חֵרְפוּ אוֹיְבֶיךָ יְהוָה אֲשֶׁר חֵרְפוּ עִקְּבוֹת
מְשִׁיחֶךָ: בָּרוּךְ יְהוָה לְעוֹלָם אָמֵן וְאָמֵן:

Salmo para salvarse de todo mal

Traducción

«El que reside al amparo del Altísimo, permanecerá a la sombra del Todopoderoso. Diré: por El Eterno, mi protección, y mi fortaleza; Mi Dios, en Él confiaré. Porque Él te salvará de caer en la trampa, del quebranto de la peste. Te cubrirá con sus plumas, y te amparará debajo de sus alas; su verdad es escudo y armadura. No temerás del miedo de la noche, de la saeta que vuele de día. De la peste que anda en la oscuridad, de la pestilencia que ataca en medio del día. Caerán mil a tu lado, y diez mil a tu diestra; a ti no se acercarán. Contemplarás sólo con tus ojos, y verás la recompensa –el castigo– de los malvados. Porque tú –dices–: "El Eterno, es mi esperanza; has puesto tu morada en El Altísimo. Mal no vendrá a ti, y daño no se acercará a tu morada". Porque ordenará a sus ángeles por ti, para que te guarden en todos tus caminos. Te llevarán sobre sus manos, para que tu pie no tropiece con piedra. Pisarás sobre el león y la víbora; hollarás al cachorro de león y al reptil. Porque ha puesto su anhelo en Mí, y lo salvaré; lo enalteceré, porque conoció mi Nombre. Me invocará, y le responderé, estaré con él en la aflicción; lo salvaré y le otorgaré honor. Lo saciaré de larga vida, y le mostraré Mi salvación» (Salmos, capítulo 91).

Hebreo

יֹשֵׁב בְּסֵתֶר עֶלְיוֹן בְּצֵל שַׁדַּי יִתְלוֹנָן: אֹמַר לַיהוָה מַחְסִי וּמְצוּדָתִי אֱלֹהַי אֶבְטַח בּוֹ: כִּי הוּא
יַצִּילְךָ מִפַּח יָקוּשׁ מִדֶּבֶר הַוּוֹת: בְּאֶבְרָתוֹ יָסֶךְ לָךְ וְתַחַת כְּנָפָיו תֶּחְסֶה צִנָּה וְסֹחֵרָה אֲמִתּוֹ:
לֹא תִירָא מִפַּחַד לָיְלָה מֵחֵץ יָעוּף יוֹמָם: מִדֶּבֶר בָּאֹפֶל יַהֲלֹךְ מִקֶּטֶב יָשׁוּד צָהֳרָיִם: יִפֹּל
מִצִּדְּךָ אֶלֶף וּרְבָבָה מִימִינֶךָ אֵלֶיךָ לֹא יִגָּשׁ: רַק בְּעֵינֶיךָ תַבִּיט וְשִׁלֻּמַת רְשָׁעִים תִּרְאֶה: כִּי
אַתָּה יְהוָה מַחְסִי עֶלְיוֹן שַׂמְתָּ מְעוֹנֶךָ: לֹא תְאֻנֶּה אֵלֶיךָ רָעָה וְנֶגַע לֹא יִקְרַב בְּאָהֳלֶךָ:
כִּי מַלְאָכָיו יְצַוֶּה לָּךְ לִשְׁמָרְךָ בְּכָל דְּרָכֶיךָ: עַל כַּפַּיִם יִשָּׂאוּנְךָ פֶּן תִּגֹּף בָּאֶבֶן רַגְלֶךָ:

עַל שַׁחַל וָפֶתֶן תִּדְרֹךְ תִּרְמֹס כְּפִיר וְתַנִּין: כִּי בִי חָשַׁק וַאֲפַלְּטֵהוּ אֲשַׂגְּבֵהוּ כִּי יָדַע שְׁמִי:
יִקְרָאֵנִי וְאֶעֱנֵהוּ עִמּוֹ אָנֹכִי בְצָרָה אֲחַלְּצֵהוּ וַאֲכַבְּדֵהוּ: אֹרֶךְ יָמִים אַשְׂבִּיעֵהוּ וְאַרְאֵהוּ בִּי־
שׁוּעָתִי:

Salmo para fiebre cuartana

Traducción

«Alabad a El Eterno, proclamad en su nombre; haced conocer sus obras en los pueblos. Cantadle, dedicadle cánticos; hablad de todas sus maravillas. Ensalzaos en su sagrado Nombre; alégrese el corazón de los que buscan a El Eterno. Inquirid a El Eterno y su poder; buscad siempre su rostro. Recordad Sus maravillas que ha hecho, Sus portentos, y los juicios de su boca. Simiente de su siervo Abraham, hijos de Jacob, Sus elegidos. Él es El Eterno, nuestro Dios; Sus juicios están en toda la tierra. Recordó Su pacto para siempre; la palabra que ordenó por mil generaciones. –El pacto– que estableció con Abraham, y su juramento a Isaac. Lo confirmó a Jacob por decreto, a Israel por pacto eterno. –Y la palabra que ordenó por mil generaciones– diciendo: "A ti te daré la tierra de Canaán, por porción de vuestra heredad". Cuando ellos eran pocos en número, y forasteros en ella. E iban de pueblo en pueblo; de un reino a otra nación. No dejó que ningún hombre los despojara, y reprochó reyes por ellos. No toquéis a mis ungidos, y a mis profetas no hagáis mal. Y estableció hambre sobre la tierra; quebrantó todo sustento de pan. Envió delante de ellos un hombre, a José, que fue vendido por siervo. Afligieron sus pies con grillos; fue puesto en –prisión, bajo– hierro. Hasta que llegara el momento de –cumplirse– Su palabra, el dicho de El Eterno lo probó. Envió el rey, y lo soltó; el amo de los pueblos, y lo liberó. Lo puso por señor de su casa, y por gobernante de todas sus posesiones. Para prender a sus ministros según su voluntad, y enseñar sabiduría a sus ancianos. E Israel llegó a Egipto, y Jacob moró en la tierra de Jam. Y multiplicó mucho a su pueblo, y se fortificaron más que sus opresores. Invirtió el corazón de ellos para que aborreciesen a Su pueblo, para que tramaran mal contra sus siervos. Envió a su siervo Moisés, y a Aarón, al cual eligió. Puso en ellos las palabras de Sus señales, y Sus portentos en la tierra de Jam. Envió la oscuridad y oscureció; y no se rebelaron contra Su palabra. Convirtió sus aguas en sangre, y mató sus peces. Su tierra produjo ranas, —las cuales entraron— en las habitaciones de sus reyes. Dijo, y vinieron mezclas —de animales— y piojos en todos sus territorios. Les dio lluvias de granizo, y llamas de fuego en su tierra. Golpeó sus viñas y sus higueras, y quebró los árboles de su territorio. Dijo, y vinieron innumerables —langostas denominadas— *arbé,* y —langostas denominadas— *ielek.* Y comieron toda la hierba de su tierra, y comieron el fruto de su tierra. Y golpeó mortalmente a todo primogénito en su tierra, y a todo primerizo —nacido— de su fuerza. Y los sacó con plata y oro; y no hubo afectado en sus tribus. Egipto se alegró con la salida de ellos, porque su temor había caído sobre ellos. Extendió una nube por velo —protector sobre ellos—, y fuego para iluminar la noche. —El pueblo— pidió —carne—, y trajo —aves denominadas— *slav;* y los sació con pan del cielo. Abrió la peña, y fluyeron aguas; y se desplazaron por los sequedales como un río. Porque recordó Su sagrada palabra, —que había hablado— a su siervo Abraham. Y sacó a su pueblo con regocijo; a sus escogidos, con alborozo. Y les dio las tierras de los pueblos, y heredaron las labores de las naciones, para que guardaran sus estatutos, y observaran sus leyes; alabad a Dios» (Salmos, capítulo 105).

Hebreo

הוֹדוּ לַיהוָה קִרְאוּ בִשְׁמוֹ הוֹדִיעוּ בָעַמִּים עֲלִילוֹתָיו: שִׁירוּ לוֹ זַמְּרוּ לוֹ שִׂיחוּ בְּכָל נִפְ־
לְאוֹתָיו: הִתְהַלְלוּ בְּשֵׁם קָדְשׁוֹ יִשְׂמַח לֵב מְבַקְשֵׁי יְהוָה: דִּרְשׁוּ יְהוָה וְעֻזּוֹ בַּקְּשׁוּ פָנָיו
תָמִיד: זִכְרוּ נִפְלְאוֹתָיו אֲשֶׁר עָשָׂה מֹפְתָיו וּמִשְׁפְּטֵי פִיו: זֶרַע אַבְרָהָם עַבְדּוֹ בְּנֵי יַעֲקֹב
בְּחִירָיו: הוּא יְהוָה אֱלֹהֵינוּ בְּכָל הָאָרֶץ מִשְׁפָּטָיו: זָכַר לְעוֹלָם בְּרִיתוֹ דָּבָר צִוָּה לְאֶלֶף דּוֹר:
אֲשֶׁר כָּרַת אֶת אַבְרָהָם וּשְׁבוּעָתוֹ לְיִשְׂחָק: וַיַּעֲמִידֶהָ לְיַעֲקֹב לְחֹק לְיִשְׂרָאֵל בְּרִית עוֹלָם:
לֵאמֹר לְךָ אֶתֵּן אֶת אֶרֶץ כְּנָעַן חֶבֶל נַחֲלַתְכֶם: בִּהְיוֹתָם מְתֵי מִסְפָּר כִּמְעַט וְגָרִים בָּהּ:
וַיִּתְהַלְּכוּ מִגּוֹי אֶל גּוֹי מִמַּמְלָכָה אֶל עַם אַחֵר: לֹא הִנִּיחַ אָדָם לְעָשְׁקָם וַיּוֹכַח עֲלֵיהֶם מְלָ־
כִים: אַל תִּגְּעוּ בִמְשִׁיחָי וְלִנְבִיאַי אַל תָּרֵעוּ: וַיִּקְרָא רָעָב עַל הָאָרֶץ כָּל מַטֵּה לֶחֶם שָׁבָר:
שָׁלַח לִפְנֵיהֶם אִישׁ לְעֶבֶד נִמְכַּר יוֹסֵף: עִנּוּ בַכֶּבֶל (רגליו) רַגְלוֹ בַּרְזֶל בָּאָה נַפְשׁוֹ: עַד עֵת
בֹּא דְבָרוֹ אִמְרַת יְהוָה צְרָפָתְהוּ: שָׁלַח מֶלֶךְ וַיַּתִּירֵהוּ מֹשֵׁל עַמִּים וַיְפַתְּחֵהוּ: שָׂמוֹ אָדוֹן לְ־
בֵיתוֹ וּמֹשֵׁל בְּכָל קִנְיָנוֹ: לֶאְסֹר שָׂרָיו בְּנַפְשׁוֹ וּזְקֵנָיו יְחַכֵּם: וַיָּבֹא יִשְׂרָאֵל מִצְרָיִם וְיַעֲקֹב גָּר
בְּאֶרֶץ חָם: וַיֶּפֶר אֶת עַמּוֹ מְאֹד וַיַּעֲצִמֵהוּ מִצָּרָיו: הָפַךְ לִבָּם לִשְׂנֹא עַמּוֹ לְהִתְנַכֵּל בַּעֲבָדָיו:

שָׁלַח מֹשֶׁה עַבְדֹּו אַהֲרֹן אֲשֶׁר בָּחַר בֹּו: שָׂמוּ בָם דִּבְרֵי אֹתֹותָיו וּמֹפְתִים בְּאֶרֶץ חָם: שָׁלַח
חֹשֶׁךְ וַיַּחְשִׁךְ וְלֹא מָרוּ אֶת (דבריו) דְּבָרֹו: הָפַךְ אֶת מֵימֵיהֶם לְדָם וַיָּמֶת אֶת דְּגָתָם: שָׁרַץ
אַרְצָם צְפַרְדְּעִים בְּחַדְרֵי מַלְכֵיהֶם: אָמַר וַיָּבֹא עָרֹב כִּנִּים בְּכָל גְּבוּלָם: נָתַן גִּשְׁמֵיהֶם בָּרָד
אֵשׁ לֶהָבֹות בְּאַרְצָם: וַיַּךְ גַּפְנָם וּתְאֵנָתָם וַיְשַׁבֵּר עֵץ גְּבוּלָם: אָמַר וַיָּבֹא אַרְבֶּה וְיֶלֶק וְאֵין
מִסְפָּר: וַיֹּאכַל כָּל עֵשֶׂב בְּאַרְצָם וַיֹּאכַל פְּרִי אַדְמָתָם: וַיַּךְ כָּל בְּכֹור בְּאַרְצָם רֵאשִׁית לְכָל
אֹונָם: וַיֹּוצִיאֵם בְּכֶסֶף וְזָהָב וְאֵין בִּשְׁבָטָיו כֹּושֵׁל: שָׂמַח מִצְרַיִם בְּצֵאתָם כִּי נָפַל פַּחְדָּם
עֲלֵיהֶם: פָּרַשׂ עָנָן לְמָסָךְ וְאֵשׁ לְהָאִיר לָיְלָה: שָׁאַל וַיָּבֵא שְׂלָו וְלֶחֶם שָׁמַיִם יַשְׂבִּיעֵם: פָּתַח
צוּר וַיָּזוּבוּ מָיִם הָלְכוּ בַּצִּיֹּות נָהָר: כִּי זָכַר אֶת דְּבַר קָדְשֹׁו אֶת אַבְרָהָם עַבְדֹּו: וַיֹּוצִא עַמֹּו
בְשָׂשֹׂון בְּרִנָּה אֶת בְּחִירָיו: וַיִּתֵּן לָהֶם אַרְצֹות גֹּויִם וַעֲמַל לְאֻמִּים יִירָשׁוּ: בַּעֲבוּר יִשְׁמְרוּ
חֻקָּיו וְתֹורֹתָיו יִנְצֹרוּ הַלְלוּיָהּ:

Salmo para fiebre continua

Traducción

«Alabad a Dios; load a El Eterno, porque es bueno; porque su bondad
es eterna. ¿Quién manifestará las poderosas acciones de El Eterno, y
expresará toda su alabanza? Bienaventurados los que guardan el juicio,
y hacen justicia en todo momento. El Eterno, ¡recuérdame conforme
a Tu —buena— voluntad con tu pueblo! ¡Acuérdate de mí con Tu salvación! Para ver el bien de tus elegidos, para alegrarme con la alegría de
tu pueblo, y loarme con tu heredad. Pecamos como nuestros antecesores, transgredimos, hicimos maldad. Nuestros antecesores en Egipto
no meditaron en Tus maravillas; no recordaron Tus muchas bondades,
y se rebelaron junto al mar, en el Mar de Juncos. Y los salvó en aras de
Su nombre, para hacer saber Su poder. Y reprendió al Mar de Juncos, y
se secó; y los condujo por los abismos como por un desierto. Y los salvó de mano del enemigo, y los redimió de mano del aborrecedor. Y las
aguas cubrieron a sus opresores; no quedó ni uno de ellos. Y creyeron
en Sus palabras, y cantaron Su alabanza. Y se olvidaron pronto de Sus
obras; no esperaron su consejo. Y tuvieron deseo codicioso en el desierto; probaron a Dios en el yermo. Y les dio lo que ellos solicitaron; y
envió escualidez mortal sobre ellos. Y tuvieron envidia de Moisés en el
campamento, y de Aarón, el santo de El Eterno. La tierra se abrió y de-
voró a Datán, y cubrió a la congregación de Aviram. Y el fuego ardió en

su congregación; la llama abrasó a los malvados. Hicieron un becerro en Jorev, y se prosternaron ante una imagen de fundición. Y trocaron su honor por la imagen de un toro que come hierba. Se olvidaron de Dios, el Salvador de ellos, que les hizo grandes cosas en Egipto, maravillas en la tierra de Jam, portentos en el Mar de Juncos. Y dijo de exterminarlos, si no fuera por Moisés, su escogido, que se interpuso con firmeza delante de Él, para aplacar su ira de destruir. Y despreciaron la tierra deseable; no creyeron en su palabra. Y murmuraron en sus tiendas, y no oyeron la voz de El Eterno. Y levantó Su mano contra ellos, para hacerlos caer en el desierto. Y hacer caer a su simiente entre los pueblos, y esparcirlos por las tierras. Y se adhirieron a Baal Peor, y comieron sacrificios de muertos. Y provocaron la ira –de Dios– con sus obras, y se propagó entre ellos la plaga mortal. Y Pinjas se levantó, e hizo juicio, y la plaga mortal se detuvo. Y le fue considerado por justicia, de generación en generación, para siempre. Y lo ofuscaron con las aguas de la disputa –Meriva–; y le vino mal a Moisés por causa de ellos. Porque causaron que se exaltara Su espíritu, y lo expresó con Sus labios. No destruyeron a los pueblos que El Eterno les dijo. Y se mezclaron con las naciones, y aprendieron sus obras. Y adoraron a sus ídolos, y les fueron por tropiezo. Y sacrificaron a sus hijos y a sus hijas a los demonios. Y derramaron sangre inocente, la sangre de sus hijos y de sus hijas, que ofrendaron a los ídolos de Canaán, y la tierra fue contaminada con sangre. Y se impurificaron con sus obras, y se prostituyeron con sus acciones. Y la ira de El Eterno se encendió con su pueblo, y abominó su heredad. Y los dio en mano de los pueblos, y sus aborrecedores se enseñorearon de ellos. Y sus enemigos los oprimieron, y se sometieron bajo sus manos –su poder–. Numerosas veces los salvó y ellos se rebelaron contra Su consejo, y fueron humillados por sus pecados. Y –El Eterno– observó la aflicción de ellos al escuchar su clamor. Y les recordó Su pacto, y se condolió, en aras de sus múltiples bondades. Y dispuso ante todos los que los tenían cautivos que les tuvieran misericordia. Sálvanos, El Eterno, Dios nuestro, y recógenos de entre los pueblos, para agradecer –y alabar– en Tu santo Nombre, para gloriarnos con Tus alabanzas. Bendito El Eterno, Dios de Israel, desde siempre y hasta siempre; y todo el pueblo diga "amén"; alabad a Dios» (Salmos, capítulo 106).

הַלְלוּיָהּ הוֹדוּ לַיהֹוָה כִּי טוֹב כִּי לְעוֹלָם חַסְדּוֹ: מִי יְמַלֵּל גְּבוּרוֹת יְהֹוָה יַשְׁמִיעַ כָּל תְּהִלָּ־
תוֹ: אַשְׁרֵי שֹׁמְרֵי מִשְׁפָּט עֹשֵׂה צְדָקָה בְכָל עֵת: זָכְרֵנִי יְהֹוָה בִּרְצוֹן עַמֶּךָ פָּקְדֵנִי בִּישׁוּעָתֶךָ:
לִרְאוֹת בְּטוֹבַת בְּחִירֶיךָ לִשְׂמֹחַ בְּשִׂמְחַת גּוֹיֶךָ לְהִתְהַלֵּל עִם נַחֲלָתֶךָ: חָטָאנוּ עִם אֲבוֹתֵינוּ
הֶעֱוִינוּ הִרְשָׁעְנוּ: אֲבוֹתֵינוּ בְמִצְרַיִם לֹא הִשְׂכִּילוּ נִפְלְאוֹתֶיךָ לֹא זָכְרוּ אֶת רֹב חֲסָדֶיךָ וַיַּמְרוּ
עַל יָם בְּיַם סוּף: וַיּוֹשִׁיעֵם לְמַעַן שְׁמוֹ לְהוֹדִיעַ אֶת גְּבוּרָתוֹ: וַיִּגְעַר בְּיַם סוּף וַיֶּחֱרָב וַיּוֹלִיכֵם
בַּתְּהֹמוֹת כַּמִּדְבָּר: וַיּוֹשִׁיעֵם מִיַּד שׂוֹנֵא וַיִּגְאָלֵם מִיַּד אוֹיֵב: וַיְכַסּוּ מַיִם צָרֵיהֶם אֶחָד מֵהֶם
לֹא נוֹתָר: וַיַּאֲמִינוּ בִדְבָרָיו יָשִׁירוּ תְּהִלָּתוֹ: מִהֲרוּ שָׁכְחוּ מַעֲשָׂיו לֹא חִכּוּ לַעֲצָתוֹ: וַיִּתְאַוּוּ
תַאֲוָה בַּמִּדְבָּר וַיְנַסּוּ אֵל בִּישִׁימוֹן: וַיִּתֵּן לָהֶם שֶׁאֱלָתָם וַיְשַׁלַּח רָזוֹן בְּנַפְשָׁם: וַיְקַנְאוּ לְמֹשֶׁה
בַּמַּחֲנֶה לְאַהֲרֹן קְדוֹשׁ יְהֹוָה: תִּפְתַּח אֶרֶץ וַתִּבְלַע דָּתָן וַתְּכַס עַל עֲדַת אֲבִירָם: וַתִּבְעַר אֵשׁ
בַּעֲדָתָם לֶהָבָה תְּלַהֵט רְשָׁעִים: יַעֲשׂוּ עֵגֶל בְּחֹרֵב וַיִּשְׁתַּחֲווּ לְמַסֵּכָה: וַיָּמִירוּ אֶת כְּבוֹדָם
בְּתַבְנִית שׁוֹר אֹכֵל עֵשֶׂב: שָׁכְחוּ אֵל מוֹשִׁיעָם עֹשֶׂה גְדֹלוֹת בְּמִצְרָיִם: נִפְלָאוֹת בְּאֶרֶץ חָם
נוֹרָאוֹת עַל יַם סוּף: וַיֹּאמֶר לְהַשְׁמִידָם לוּלֵי מֹשֶׁה בְחִירוֹ עָמַד בַּפֶּרֶץ לְפָנָיו לְהָשִׁיב חֲמָתוֹ
מֵהַשְׁחִית: וַיִּמְאֲסוּ בְּאֶרֶץ חֶמְדָּה לֹא הֶאֱמִינוּ לִדְבָרוֹ: וַיֵּרָגְנוּ בְאָהֳלֵיהֶם לֹא שָׁמְעוּ בְּקוֹל
יְהֹוָה: וַיִּשָּׂא יָדוֹ לָהֶם לְהַפִּיל אוֹתָם בַּמִּדְבָּר:
וּלְהַפִּיל זַרְעָם בַּגּוֹיִם וּלְזָרוֹתָם בָּאֲרָצוֹת: וַיִּצָּמְדוּ לְבַעַל פְּעוֹר וַיֹּאכְלוּ זִבְחֵי מֵתִים: וַיַּכְעִי־
סוּ בְּמַעַלְלֵיהֶם וַתִּפְרָץ בָּם מַגֵּפָה: וַיַּעֲמֹד פִּינְחָס וַיְפַלֵּל וַתֵּעָצַר הַמַּגֵּפָה: וַתֵּחָשֶׁב לוֹ לִצְדָ־
קָה לְדֹר וָדֹר עַד עוֹלָם: וַיַּקְצִיפוּ עַל מֵי מְרִיבָה וַיֵּרַע לְמֹשֶׁה בַּעֲבוּרָם: כִּי הִמְרוּ אֶת רוּחוֹ
וַיְבַטֵּא בִּשְׂפָתָיו: לֹא הִשְׁמִידוּ אֶת הָעַמִּים אֲשֶׁר אָמַר יְהֹוָה לָהֶם: וַיִּתְעָרְבוּ בַגּוֹיִם וַיִּלְמְ־
דוּ מַעֲשֵׂיהֶם: וַיַּעַבְדוּ אֶת עֲצַבֵּיהֶם וַיִּהְיוּ לָהֶם לְמוֹקֵשׁ: וַיִּזְבְּחוּ אֶת בְּנֵיהֶם וְאֶת בְּנוֹתֵיהֶם
לַשֵּׁדִים: וַיִּשְׁפְּכוּ דָם נָקִי דַּם בְּנֵיהֶ
ם וּבְנוֹתֵיהֶם אֲשֶׁר זִבְּחוּ לַעֲצַבֵּי כְנַעַן וַתֶּחֱנַף הָאָרֶץ בַּדָּמִים: וַיִּטְמְאוּ בְמַעֲשֵׂיהֶם וַיִּז־
נוּ בְּמַעַלְלֵיהֶם: וַיִּחַר אַף יְהֹוָה בְּעַמּוֹ וַיְתָעֵב אֶת נַחֲלָתוֹ: וַיִּתְּנֵם בְּיַד גּוֹיִם וַיִּמְשְׁלוּ בָהֶם
שֹׂנְאֵיהֶם: וַיִּלְחָצוּם אוֹיְבֵיהֶם וַיִּכָּנְעוּ תַּחַת יָדָם: פְּעָמִים רַבּוֹת יַצִּילֵם וְהֵמָּה יַמְרוּ בַעֲצָתָם
וַיָּמֹכּוּ בַּעֲוֹנָם: וַיַּרְא בַּצַּר לָהֶם בְּשָׁמְעוֹ אֶת רִנָּתָם: וַיִּזְכֹּר לָהֶם בְּרִיתוֹ וַיִּנָּחֵם כְּרֹב (חסדו)
חֲסָדָיו: וַיִּתֵּן אוֹתָם לְרַחֲמִים לִפְנֵי כָּל שׁוֹבֵיהֶם: הוֹשִׁיעֵנוּ יְהֹוָה אֱלֹהֵינוּ וְקַבְּצֵנוּ מִן הַגּוֹיִם
לְהֹדוֹת לְשֵׁם קָדְשֶׁךָ לְהִשְׁתַּבֵּחַ בִּתְהִלָּתֶךָ: בָּרוּךְ יְהֹוָה אֱלֹהֵי יִשְׂרָאֵל מִן הָעוֹלָם וְעַד הָעוֹלָם
וְאָמַר כָּל הָעָם אָמֵן הַלְלוּיָהּ:

Salmos para pedir sanación

(A continuación, mencionaremos los fragmentos del salmo 119 que son recomendados para pedir curación por diferentes afecciones y flagelos tal como se menciona en el libro *Shimush Tehilim*).

Temblor del cuerpo

(Versículos correspondientes a la letra *álef*: estos ocho versículos son recomendados para el temblor del cuerpo).

Traducción

«Bienaventurados los de camino íntegro, quienes andan en la ley de El Eterno. Bienaventurados quienes guardan Sus testimonios, y Lo buscan con todo el corazón. También quienes no hacen iniquidad, quienes andan en Sus caminos. Tú has ordenado guardar muy bien Tus preceptos. Anhelo que mis caminos sean propicios para guardar Tus prescripciones. Entonces no seré avergonzado cuando observare todos Tus preceptos. Te alabaré con rectitud de corazón, cuando aprendiere Tus juicios justos. Guardaré mucho Tus prescripciones, no me abandones» (Salmos, capítulo 119:1-8).

Hebreo

אַשְׁרֵי תְמִימֵי דָרֶךְ הַהֹלְכִים בְּתוֹרַת יְהוָה: אַשְׁרֵי נֹצְרֵי עֵדֹתָיו בְּכָל לֵב יִדְרְשׁוּהוּ: אַף לֹא פָעֲלוּ עַוְלָה בִּדְרָכָיו הָלָכוּ: אַתָּה צִוִּיתָה פִקֻּדֶיךָ לִשְׁמֹר מְאֹד: אַחֲלַי יִכֹּנוּ דְרָכָי לִשְׁמֹר חֻקֶּיךָ: אָז לֹא אֵבוֹשׁ בְּהַבִּיטִי אֶל כָּל מִצְוֹתֶיךָ: אוֹדְךָ בְּיֹשֶׁר לֵבָב בְּלָמְדִי מִשְׁפְּטֵי צִדְקֶךָ: אֶת חֻקֶּיךָ אֶשְׁמֹר אַל תַּעַזְבֵנִי עַד מְאֹד:

Memoria y corazón

(Versículos correspondientes a la letra *bet*: estos ocho versículos son recomendados para el olvido (o sea, para activar la memoria). Asimismo, para abrir el corazón).

Traducción

«¿Con qué purificará el joven su sendero? Guardando conforme a Tu palabra. Te he buscado con todo mi corazón; no dejes que me desvíe de Tus preceptos. He guardado Tus palabras en mi corazón, para no pecar contra Ti. Bendito eres Tú, El Eterno; enséñame Tus prescripciones. He contado con mis labios todos los juicios de Tu boca. Me he regocijado con el camino de Tus testimonios como –se regocija– por toda la riqueza. Hablaré de Tus preceptos, y observaré Tus senderos. Me regodearé con Tus prescripciones; no olvidaré Tu palabra» (Salmos, capítulo 119:9-16).

Hebreo

בַּמֶּה יְזַכֶּה נַּעַר אֶת אָרְחוֹ לִשְׁמֹר כִּדְבָרֶךָ: בְּכָל לִבִּי דְרַשְׁתִּיךָ אַל תַּשְׁגֵּנִי מִמִּצְוֺתֶיךָ: בְּלִבִּי צָפַנְתִּי אִמְרָתֶךָ לְמַעַן לֹא אֶחֱטָא לָךְ: בָּרוּךְ אַתָּה יְהוָה לַמְּדֵנִי חֻקֶּיךָ: בִּשְׂפָתַי סִפַּרְתִּי כֹּל מִשְׁפְּטֵי פִיךָ: בְּדֶרֶךְ עֵדְוֺתֶיךָ שַׂשְׂתִּי כְּעַל כָּל הוֹן: בְּפִקֻּדֶיךָ אָשִׂיחָה וְאַבִּיטָה אֹרְחֹתֶיךָ: בְּחֻקֹּתֶיךָ אֶשְׁתַּעֲשָׁע לֹא אֶשְׁכַּח דְּבָרֶךָ:

Ojo derecho

(Versículos correspondientes a la letra *guímel*: estos ocho versículos son recomendados para padecimiento en el ojo derecho. Se recitan 7 veces).

Traducción

«Haz bondad a tu siervo para que viva, y guarde Tu palabra. Abre mis ojos y observaré las maravillas de Tu Torá. Yo soy un peregrino en la tierra; no ocultes de mí –la aprehensión de– Tus preceptos. Mi alma está exhausta de anhelar Tus juicios en todo momento. Has reprendido a los inicuos perversos que se desvían de Tus preceptos. Aparta de mí la afrenta y el desprecio, porque he guardado Tus testimonios. También cuando príncipes se sentaban y hablaban contra mí, Tu siervo pronunciaba Tus prescripciones. Ciertamente Tus testimonios son mi regodeo; mis consejeros» (Salmos, capítulo 119:17-24).

גְּמֹל עַל עַבְדְּךָ אֶחְיֶה וְאֶשְׁמְרָה דְבָרֶךָ: גַּל עֵינַי וְאַבִּיטָה נִפְלָאוֹת מִתּוֹרָתֶךָ: גֵּר אָנֹכִי בָאָרֶץ אַל תַּסְתֵּר מִמֶּנִּי מִצְוֹתֶיךָ: גָּרְסָה נַפְשִׁי לְתַאֲבָה אֶל מִשְׁפָּטֶיךָ בְכָל עֵת: גָּעַרְתָּ זֵדִים אֲרוּ־רִים הַשֹּׁגִים מִמִּצְוֹתֶיךָ: גַּל מֵעָלַי חֶרְפָּה וָבוּז כִּי עֵדֹתֶיךָ נָצָרְתִּי: גַּם יָשְׁבוּ שָׂרִים בִּי נִדְבָּרוּ עַבְדְּךָ יָשִׂיחַ בְּחֻקֶּיךָ: גַּם עֵדֹתֶיךָ שַׁעֲשֻׁעָי אַנְשֵׁי עֲצָתִי:

Ojo izquierdo

(Versículos correspondientes a la letra *dalet:* estos ocho versículos son recomendados para padecimiento en el ojo izquierdo. También, para una persona que tiene dificultad con los consejos. Se recitan 7 veces).

Traducción

«Mi alma está abatida hasta el polvo; vivifícame conforme a Tu palabra. Te he contado mis caminos y me has respondido; enséñame Tus prescripciones. Hazme entender el camino de Tus preceptos, y hablaré de Tus maravillas. Mi alma se derrama de angustia; levántame conforme a Tu palabra. Aparta de mí el camino de la mentira, y agráciame en Tu Torá. He elegido el camino de la fe; he puesto Tus juicios delante de mí. Me he apegado a Tus testimonios; El Eterno, –haz que– no sea avergonzado. Correré por el camino de Tus preceptos; porque –a través de ellos– ensanchas –y alegras– mi corazón» (Salmos, capítulo 119:25-32).

Hebreo

דָּבְקָה לֶעָפָר נַפְשִׁי חַיֵּנִי כִּדְבָרֶךָ: דְּרָכַי סִפַּרְתִּי וַתַּעֲנֵנִי לַמְּדֵנִי חֻקֶּיךָ: דֶּרֶךְ פִּקּוּדֶיךָ הֲבִינֵנִי וְאָשִׂיחָה בְּנִפְלְאוֹתֶיךָ: דָּלְפָה נַפְשִׁי מִתּוּגָה קַיְּמֵנִי כִּדְבָרֶךָ: דֶּרֶךְ שֶׁקֶר הָסֵר מִמֶּנִּי וְתוֹרָתְךָ חָנֵּנִי: דֶּרֶךְ אֱמוּנָה בָחָרְתִּי מִשְׁפָּטֶיךָ שִׁוִּיתִי: דָּבַקְתִּי בְעֵדְוֹתֶיךָ יְהוָה אַל תְּבִישֵׁנִי: דֶּרֶךְ מִצְו־תֶיךָ אָרוּץ כִּי תַרְחִיב לִבִּי:

Bazo

(Versículos correspondientes a la letra *zain:* estos ocho versículos son recomendados para afección en el bazo).

Traducción

«Recuerda a tu siervo la palabra, por la cual has hecho que espere. Ella es mi consuelo en mi aflicción, porque Tu palabra me ha vivificado. Los inicuos se burlaron mucho de mí, y de tu Torá no me aparté. Recordé Tus juicios desde siempre, El Eterno, y me consolé. Espanto se apoderó de mí por los malvados que dejan Tu Torá. Tus prescripciones me fueron por cántico en casa de mi peregrinaje. En la noche recordé Tu Nombre, El Eterno, y guardé Tu Torá. Esto –tan bueno– vino a mí, porque guardé Tus preceptos» (Salmos, capítulo 119:49-56).

Hebreo

זְכֹר דָּבָר לְעַבְדֶּךָ עַל אֲשֶׁר יִחַלְתָּנִי: זֹאת נֶחָמָתִי בְעָנְיִי כִּי אִמְרָתְךָ חִיָּתְנִי: זֵדִים הֱלִיצֻנִי עַד מְאֹד מִתּוֹרָתְךָ לֹא נָטִיתִי: זָכַרְתִּי מִשְׁפָּטֶיךָ מֵעוֹלָם יְהוָה וָאֶתְנֶחָם: זַלְעָפָה אֲחָזַתְנִי מֵרְשָׁעִים עֹזְבֵי תּוֹרָתֶךָ: זְמִרוֹת הָיוּ לִי חֻקֶּיךָ בְּבֵית מְגוּרָי: זָכַרְתִּי בַלַּיְלָה שִׁמְךָ יְהוָה וָאֶשְׁמְרָה תּוֹרָתֶךָ: זֹאת הָיְתָה לִי כִּי פִקֻּדֶיךָ נָצָרְתִּי:

Estómago superior

(Versículos correspondientes a la letra *jet:* estos ocho versículos son recomendados para el estómago superior. Se recitan 7 veces).

Traducción

«El Eterno es mi porción, –me– he dicho, para guardar Tus palabras. Imploré ante Ti con todo el corazón; ten misericordia de mí conforme a Tu palabra. He considerado mis caminos, y volví mis pies a Tus testimonios. Me he dado prisa y no me demoré a guardar Tus preceptos. Compañías de malvados se han reunido contra mí, y de Tu Torá no me he olvidado. Me levanto a medianoche para alabarte por Tus juicios justos. Amigo soy yo de todos los que te temen, y de los que guardan Tus preceptos. Tu bondad, El Eterno, llena la Tierra; enséñame Tus prescripciones» (Salmos, capítulo 119:57-64).

Hebreo

חֶלְקִי יְהֹוָה אָמַרְתִּי לִשְׁמֹר דְּבָרֶיךָ: חִלִּיתִי פָנֶיךָ בְכָל לֵב חָנֵּנִי כְּאִמְרָתֶךָ:
חִשַּׁבְתִּי דְרָכָי וָאָשִׁיבָה רַגְלַי אֶל עֵדֹתֶיךָ: חַשְׁתִּי וְלֹא הִתְמַהְמָהְתִּי לִשְׁמֹר מִצְוֹתֶיךָ:
חֶבְלֵי רְשָׁעִים עִוְּדֻנִי תּוֹרָתְךָ לֹא שָׁכָחְתִּי: חֲצוֹת לַיְלָה אָקוּם לְהוֹדוֹת לָךְ עַל מִשְׁפְּטֵי
צִדְקֶךָ: חָבֵר אָנִי לְכָל אֲשֶׁר יְרֵאוּךָ וּלְשֹׁמְרֵי פִּקּוּדֶיךָ: חַסְדְּךָ יְהֹוָה מָלְאָה הָאָרֶץ חֻקֶּיךָ לַמְּ־
דֵנִי:

Riñones

(Versículos correspondientes a la letra *tet*. Estos ocho versículos son recomendados para padecimiento en el riñón izquierdo y el derecho. Se recitan 7 veces).

Traducción

«Has hecho bien con tu siervo, El Eterno, conforme a Tu palabra. Enséñame buena razón y sabiduría, porque he creído en Tus preceptos. Antes de aprender, estaba errante; y ahora, guardo Tu palabra. Tú eres bueno y bondadoso; enséñame Tus prescripciones. Los inicuos urdieron mentira contra mí; y yo, con todo el corazón, guardaré Tus preceptos. El corazón de ellos engordó como sebo; y yo, me he regodeado en Tu Torá. Es bueno para mí si soy afligido, para aprender Tus prescripciones. Me es mejor la Torá de tu boca que millares de oro y plata» (Salmos, capítulo 119:65-72).

Hebreo

טוֹב עָשִׂיתָ עִם עַבְדְּךָ יְהֹוָה כִּדְבָרֶךָ: טוּב טַעַם וָדַעַת לַמְּדֵנִי כִּי בְמִצְוֹתֶיךָ הֶאֱמָנְתִּי: טֶרֶם
אֶעֱנֶה אֲנִי שֹׁגֵג וְעַתָּה אִמְרָתְךָ שָׁמָרְתִּי: טוֹב אַתָּה וּמֵטִיב לַמְּדֵנִי חֻקֶּיךָ: טָפְלוּ עָלַי שֶׁקֶר

זֵדִים אֲנִי בְּכָל לֵב אֶצֹּר פִּקּוּדֶיךָ: טָפַשׁ כַּחֵלֶב לִבָּם אֲנִי תּוֹרָתְךָ שִׁעֲשָׁעְתִּי: טוֹב לִי כִי עֻנֵּיתִי לְמַעַן אֶלְמַד חֻקֶּיךָ: טוֹב לִי תוֹרַת פִּיךָ מֵאַלְפֵי זָהָב וָכָסֶף:

Fosa nasal derecha

(Versículos correspondientes a la letra *caf*. Estos ocho versículos son recomendados para hinchazón de la fosa nasal derecha. Se recitan 10 veces).

Traducción

«Mi alma anhela por Tu salvación; espero por Tu palabra. Mis ojos han desfallecido por Tu palabra, diciendo: "¿Cuándo me consolarás?". Porque he estado como odre –seco– al –estar al– humo, y Tus prescripciones no he olvidado. ¿Cuántos son los días de tu siervo? ¿Cuándo harás juicio contra quienes me persiguen? Los inicuos han cavado pozos para mí –para que caiga en ellos–; porque no –se conducen– conforme a Tu Torá. Todos Tus preceptos son fidedignos; me han perseguido con falsedad. ¡Ayúdame! Casi me echaron por tierra, y yo no he abandonado Tus preceptos. Vivifícame conforme a Tu bondad, y guardaré los testimonios de Tu boca» (Salmos, capítulo 119:81-88).

Hebreo

כָּלְתָה לִתְשׁוּעָתְךָ נַפְשִׁי לִדְבָרְךָ יִחָלְתִּי: כָּלוּ עֵינַי לְאִמְרָתֶךָ לֵאמֹר מָתַי תְּנַחֲמֵנִי: כִּי הָיִיתִי כְּנֹאד בְּקִיטוֹר חֻקֶּיךָ לֹא שָׁכָחְתִּי: כַּמָּה יְמֵי עַבְדֶּךָ מָתַי תַּעֲשֶׂה בְרֹדְפַי מִשְׁפָּט: כָּרוּ לִי זֵדִים שִׁיחוֹת אֲשֶׁר לֹא כְתוֹרָתֶךָ: כָּל מִצְוֹתֶיךָ אֱמוּנָה שֶׁקֶר רְדָפוּנִי עָזְרֵנִי: כִּמְעַט כִּלּוּנִי בָאָרֶץ וַאֲנִי לֹא עָזַבְתִּי פִקּוּדֶיךָ: כְּחַסְדְּךָ חַיֵּנִי וְאֶשְׁמְרָה עֵדוּת פִּיךָ:

Mano derecha

(Versículos correspondientes a la letra *mem*. Estos ocho versículos son recomendados para padecimiento en la mano derecha. Se recitan 7 veces, durante tres días).

«¡Cuánto he amado Tu Torá! Ella es mi palabra todo el día. Tus preceptos me han hecho más sabio que mis aborrecedores, porque ella –la Torá– siempre está conmigo. Me he vuelto más perspicaz que todos mis maestros, porque Tus testimonios son mi palabra. Medité más que los ancianos, porque guardé Tus preceptos. He abstenido mis pies de todo sendero malo, para guardar Tu palabra. De Tus juicios no me he apartado, porque Tú me has instruido. Cuán agradables son Tus palabras para mi paladar, más que la miel en mi boca. Me hago entendido –a través– de Tus preceptos, por eso aborrecí todo sendero de mentira» (Salmos, capítulo 119:97-104).

Hebreo

מָה אָהַבְתִּי תוֹרָתֶךָ כָּל הַיּוֹם הִיא שִׂיחָתִי: מֵאֹיְבַי תְּחַכְּמֵנִי מִצְוֹתֶךָ כִּי לְעוֹלָם הִיא לִי:
מִכָּל מְלַמְּדַי הִשְׂכַּלְתִּי כִּי עֵדְוֹתֶיךָ שִׂיחָה לִי: מִזְּקֵנִים אֶתְבּוֹנָן כִּי פִקּוּדֶיךָ נָצָרְתִּי: מִכָּל
אֹרַח רָע כָּלִאתִי רַגְלָי לְמַעַן אֶשְׁמֹר דְּבָרֶךָ: מִמִּשְׁפָּטֶיךָ לֹא סָרְתִּי כִּי אַתָּה הוֹרֵתָנִי: מַה
נִּמְלְצוּ לְחִכִּי אִמְרָתֶךָ מִדְּבַשׁ לְפִי: מִפִּקּוּדֶיךָ אֶתְבּוֹנָן עַל כֵּן שָׂנֵאתִי כָּל אֹרַח שָׁקֶר:

Mano izquierda

(Versículos correspondientes a la letra *ain*. Estos ocho versículos son recomendados para padecimiento en la mano izquierda. Se recitan 7 veces, durante tres días).

Traducción

«He hecho juicio y justicia, no me dejes a –merced de– mis opresores. Avala a tu siervo para bien, y no me opriman los inicuos. Mis ojos han desfallecido por Tu salvación, y por la palabra de Tu –misericordiosa– justicia. Haz con tu siervo conforme a Tu bondad, y enséñame Tus prescripciones. Tu siervo soy yo, otórgame entendimiento y conoceré Tus testimonios. –Hazme saber– el momento de hacer por El Eterno, porque han anulado Tu Torá. Por eso amé Tus preceptos, más que el oro y más que el oro selecto. Por eso me comporté con rectitud con todos Tus preceptos, con la totalidad –de los mismos–, y aborrecí todo sendero de mentira» (Salmos, capítulo 119:121-128).

Hebreo

עָשִׂיתִי מִשְׁפָּט וָצֶדֶק בַּל תַּנִּיחֵנִי לְעֹשְׁקָי: עֲרֹב עַבְדְּךָ לְטוֹב אַל יַעַשְׁקֻנִי זֵדִים: עֵינַי כָּלוּ
לִישׁוּעָתֶךָ וּלְאִמְרַת צִדְקֶךָ: עֲשֵׂה עִם עַבְדְּךָ כְחַסְדֶּךָ וְחֻקֶּיךָ לַמְּדֵנִי: עַבְדְּךָ אָנִי הֲבִינֵנִי וְאֵדְ־
עָה עֵדֹתֶיךָ: עֵת לַעֲשׂוֹת לַיהוָה הֵפֵרוּ תּוֹרָתֶךָ: עַל כֵּן אָהַבְתִּי מִצְוֹתֶיךָ מִזָּהָב וּמִפָּז: עַל כֵּן
כָּל פִּקּוּדֵי כֹל יִשָּׁרְתִּי כָּל אֹרַח שֶׁקֶר שָׂנֵאתִי:

Fosa nasal izquierda

(Versículos correspondientes a la letra *pe*. Estos ocho versículos son recomendados para hinchazón de la fosa nasal izquierda).

Traducción

«Tus testimonios son maravillosos, por eso mi alma los ha guardado. El comienzo de Tus palabras ilumina, hace entender a los ignorantes. Abrí mi boca y absorbí –Tu Torá–, porque anhelé Tus preceptos. Repara en mí y agráciame, conforme a Tu juicio, para los que aman Tu Nombre. Dispón mis pasos conforme a Tu palabra, y haz que no ejerza dominio en mí ninguna vanidad. Sálvame de la opresión de los hombres, y guardaré Tus preceptos. Haz que Tu Presencia ilumine en tu siervo, y enséñame Tus prescripciones. Mis ojos hicieron descender arroyos de agua, porque no guardaron Tu Torá» (Salmos, capítulo 119:129-136).

Hebreo

פְּלָאוֹת עֵדְוֹתֶיךָ עַל כֵּן נְצָרָתַם נַפְשִׁי: פֵּתַח דְּבָרֶיךָ יָאִיר מֵבִין פְּתָיִים: פִּי פָעַרְתִּי וָאֶשְׁאָ־
פָה כִּי לְמִצְוֹתֶיךָ יָאָבְתִּי: פְּנֵה אֵלַי וְחָנֵּנִי כְּמִשְׁפָּט לְאֹהֲבֵי שְׁמֶךָ: פְּעָמַי הָכֵן בְּאִמְרָתֶךָ וְאַל
תַּשְׁלֶט בִּי כָל אָוֶן: פְּדֵנִי מֵעֹשֶׁק אָדָם וְאֶשְׁמְרָה פִּקּוּדֶיךָ: פָּנֶיךָ הָאֵר בְּעַבְדֶּךָ וְלַמְּדֵנִי אֶת
חֻקֶּיךָ: פַּלְגֵי מַיִם יָרְדוּ עֵינָי עַל לֹא שָׁמְרוּ תוֹרָתֶךָ:

(Versículos correspondientes a la letra *tzadi*. En las ediciones que disponemos del *libro Shimush Tehilim* faltan los versículos correspondientes a la letra *tzadi* y faltan los versículos recomendados para el padecimiento en el pie derecho).

Traducción

«El Eterno, Tú eres justo, y Tus juicios son rectos. Has ordenado Tus testimonios en forma justa, y con mucha fidelidad. Mi celo por Ti me ha tronchado, porque los que me afligen han olvidado Tus palabras. Tu palabra es extremadamente pura, y tu siervo la ama. Soy yo joven y despreciado, y de Tus preceptos no me he olvidado. Tu justicia es eternamente justa, y verdadera Tu Torá. Han venido a mí aflicción y angustia, y Tus preceptos son mi regodeo. Tus testimonios son eternamente justos, hazme entender y viviré» (Salmos, capítulo 119:137-144).

Hebreo

צַדִּיק אַתָּה יְהוָה וְיָשָׁר מִשְׁפָּטֶיךָ: צִוִּיתָ צֶדֶק עֵדֹתֶיךָ וֶאֱמוּנָה מְאֹד: צִמְּתַתְנִי קִנְאָתִי כִּי שָׁכְחוּ דְבָרֶיךָ צָרָי: צְרוּפָה אִמְרָתְךָ מְאֹד וְעַבְדְּךָ אֲהֵבָהּ: צָעִיר אָנֹכִי וְנִבְזֶה פִּקֻּדֶיךָ לֹא שָׁכָחְתִּי: צִדְקָתְךָ צֶדֶק לְעוֹלָם וְתוֹרָתְךָ אֱמֶת: צַר וּמָצוֹק מְצָאוּנִי מִצְוֹתֶיךָ שַׁעֲשֻׁעָי: צֶדֶק עֵדְוֹתֶיךָ לְעוֹלָם הֲבִינֵנִי וְאֶחְיֶה:

Pie izquierdo

(Versículos correspondientes a la letra *kuf*. Estos ocho versículos son recomendados para padecimiento en el pie izquierdo).

Traducción

«He clamado –a Ti– con todo el corazón, El Eterno, respóndeme y guardaré Tus prescripciones. He clamado a Ti, sálvame y guardaré Tus testimonios. Me anticipé a la aurora y oré, y esperé por Tu palabra. Mis ojos se anticiparon a las guardias, para hablar de Tus palabras. Escucha mi voz conforme a Tu bondad, El Eterno, conforme a Tu juicio, vivifícame. Los perseguidores de ignominia se han acercado –a sus ignominias–, y se han apartado de Tu Torá. El Eterno, Tú estás cerca –de todos los que Te invocan–, y todos Tus preceptos son verdad. Antes que todo he conocido Tus testimonios, porque los has establecido para siempre» (Salmos, capítulo 119:145-152).

Hebreo

קָרָאתִי בְכָל לֵב עֲנֵנִי יְהוָה חֻקֶּיךָ אֶצֹּרָה: קְרָאתִיךָ הוֹשִׁיעֵנִי וְאֶשְׁמְרָה עֵדֹתֶיךָ: קִדַּמְתִּי בַנֶּשֶׁף וָאֲשַׁוֵּעָה (לדבריך) לִדְבָרְךָ יִחָלְתִּי: קִדְּמוּ עֵינַי אַשְׁמֻרוֹת לָשִׂיחַ בְּאִמְרָתֶךָ: קוֹלִי שִׁמְעָה כְחַסְדֶּךָ יְהוָה כְּמִשְׁפָּטֶךָ חַיֵּנִי: קָרְבוּ רֹדְפֵי זִמָּה מִתּוֹרָתְךָ רָחָקוּ: קָרוֹב אַתָּה יְהוָה וְכָל מִצְוֹתֶיךָ אֱמֶת: קֶדֶם יָדַעְתִּי מֵעֵדֹתֶיךָ כִּי לְעוֹלָם יְסַדְתָּם:

Oído derecho

(Versículos correspondientes a la letra *resh*. Estos ocho versículos son recomendados para padecimiento en el oído derecho).

Traducción

«Observa mi aflicción y sálvame, porque no he olvidado Tu Torá. Libra mi pleito y redímeme, vivifícame para –que guarde– Tu palabra. La salvación se halla lejos de los malvados, porque no han buscado Tus prescripciones. El Eterno, Tus misericordias son muchas, vivifícame conforme a Tus juicios. Mis perseguidores y opresores son muchos, y no me he desviado de Tus testimonios. Vi a los rebeldes y reñí con ellos, porque no guardaron Tus palabras. Observa que –siempre– amé Tus preceptos, El Eterno, vivifícame conforme a Tu bondad. Tu palabra es verdadera desde el comienzo, y todo juicio de Tu justicia es eterno» (Salmos, capítulo 119:153-160).

רְאֵה עָנְיִי וְחַלְּצֵנִי כִּי תוֹרָתְךָ לֹא שָׁכָחְתִּי: רִיבָה רִיבִי וּגְאָלֵנִי לְאִמְרָתְךָ חַיֵּנִי: רָחוֹק מֵרְ־
שָׁעִים יְשׁוּעָה כִּי חֻקֶּיךָ לֹא דָרָשׁוּ: רַחֲמֶיךָ רַבִּים יְהוָה כְּמִשְׁפָּטֶיךָ חַיֵּנִי: רַבִּים רֹדְפַי וְצָרָי
מֵעֵדְוֹתֶיךָ לֹא נָטִיתִי: רָאִיתִי בֹגְדִים וָאֶתְקוֹטָטָה אֲשֶׁר אִמְרָתְךָ לֹא שָׁמָרוּ: רְאֵה כִּי פִקּוּדֶיךָ
אָהָבְתִּי יְהוָה כְּחַסְדְּךָ חַיֵּנִי: רֹאשׁ דְּבָרְךָ אֱמֶת וּלְעוֹלָם כָּל מִשְׁפַּט צִדְקֶךָ:

Cabeza

(Versículos correspondientes a la letra *shin*. Estos ocho versículos son recomendados para padecimiento en la cabeza).

«Fui perseguido por príncipes sin razón, y mi corazón temió de Tu palabra. Yo me regocijo con Tu palabra, como quien halla un gran tesoro. Aborrecí la mentira y la abominé, y amé Tu Torá. Te alabo con siete —bendiciones— en el día, por Tus juicios con justicia. Hay mucha paz para quienes aman Tu Torá, y para ellos no hay tropiezo. El Eterno, —continuamente— esperé por Tu salvación, y he realizado Tus preceptos. Mi alma guardó Tus testimonios, y los amo mucho. Guardé Tus preceptos y tus testimonios, porque todos mis caminos están —dispuestos— ante Ti» (Salmos, capítulo 119:161-168).

שָׂרִים רְדָפוּנִי חִנָּם (ומדבריך) וּמִדְּבָרְךָ פָּחַד לִבִּי: שָׂשׂ אָנֹכִי עַל אִמְרָתֶךָ כְּמוֹצֵא שָׁלָל
רָב: שֶׁקֶר שָׂנֵאתִי וַאֲתַעֵבָה תּוֹרָתְךָ אָהָבְתִּי: שֶׁבַע בַּיּוֹם הִלַּלְתִּיךָ עַל מִשְׁפְּטֵי צִדְקֶךָ: שָׁלוֹם
רָב לְאֹהֲבֵי תוֹרָתֶךָ וְאֵין לָמוֹ מִכְשׁוֹל: שִׂבַּרְתִּי לִישׁוּעָתְךָ יְהוָה וּמִצְוֹתֶיךָ עָשִׂיתִי: שָׁמְרָה
נַפְשִׁי עֵדֹתֶיךָ וָאֹהֲבֵם מְאֹד: שָׁמַרְתִּי פִקּוּדֶיךָ וְעֵדֹתֶיךָ כִּי כָל דְּרָכַי נֶגְדֶּךָ:

Oído izquierdo

(Versículos correspondientes a la letra *tav*. Estos ocho versículos son recomendados para padecimiento en el oído izquierdo).

Traducción

«Aproxímese mi plegaria delante de Ti, El Eterno, otórgame entendimiento conforme a Tu palabra. Venga mi ruego delante de Ti, sálvame conforme a Tu palabra. Mis labios pronuncien alabanza –ante Ti–, para que me enseñes Tus prescripciones. Mi lengua exprese en voz alta Tus palabras, porque todos Tus preceptos son justos. Tu mano esté –dispuesta– para ayudarme, porque he elegido Tus preceptos. A Tu salvación deseé, El Eterno, y Tu Torá es mi regodeo. Vivifica mi alma y Te alabe, y Tus juicios me ayuden. Erré como una oveja extraviada –del rebaño–, ¡busca a tu siervo!, porque no he olvidado Tus preceptos» (Salmos, capítulo 119:169-176).

Hebreo

תִּקְרַב רִנָּתִי לְפָנֶיךָ יְהוָה כִּדְבָרְךָ הֲבִינֵנִי: תָּבוֹא תְּחִנָּתִי לְפָנֶיךָ כְּאִמְרָתְךָ הַצִּילֵנִי: תַּבַּעְנָה שְׂפָתַי תְּהִלָּה כִּי תְלַמְּדֵנִי חֻקֶּיךָ: תַּעַן לְשׁוֹנִי אִמְרָתֶךָ כִּי כָל מִצְוֹתֶיךָ צֶּדֶק: תְּהִי יָדְךָ לְעָזְרֵנִי כִּי פִקּוּדֶיךָ בָחָרְתִּי: תָּאַבְתִּי לִישׁוּעָתְךָ יְהוָה וְתוֹרָתְךָ שַׁעֲשֻׁעָי: תְּחִי נַפְשִׁי וּתְהַלְלֶךָּ וּמִשְׁפָּטֶךָ יַעֲזְרֻנִי: תָּעִיתִי כְּשֶׂה אֹבֵד בַּקֵּשׁ עַבְדֶּךָ כִּי מִצְוֹתֶיךָ לֹא שָׁכָחְתִּי:

Brazos y costado, y las plantas de los pies

(Quien padece en sus brazos y costado, y en las plantas de sus pies –*kejarsul*–, es recomendable pronunciar los versículos correspondientes a estas letras: *álef, tav, bet, shin, guímel, resh, dalet, kuf, he, tzadi, vav, pe, zain, ain, jet, samej, tet, nun, yud, mem, caf, lámed.*)

Versículos del Salmo 119

Álef

Traducción

«Bienaventurados los de camino íntegro, quienes andan en la ley de El Eterno. Bienaventurados quienes guardan Sus testimonios, y Lo buscan con todo el corazón. También, quienes no hacen iniquidad, quienes andan en Sus caminos. Tú has ordenado guardar muy bien Tus preceptos. Anhelo que mis caminos sean propicios para guardar Tus prescripciones. Entonces no seré avergonzado cuando observare todos Tus preceptos. Te alabaré con rectitud de corazón, cuando aprendiere Tus juicios justos. Guardaré mucho Tus prescripciones, no me abandones» (Salmos, capítulo 119:1-8).

Hebreo

אַשְׁרֵי תְמִימֵי דָרֶךְ הַהֹלְכִים בְּתוֹרַת יְהוָה: אַשְׁרֵי נֹצְרֵי עֵדֹתָיו בְּכָל לֵב יִדְרְשׁוּהוּ: אַף לֹא
פָעֲלוּ עַוְלָה בִּדְרָכָיו הָלָכוּ: אַתָּה צִוִּיתָה פִקֻּדֶיךָ לִשְׁמֹר מְאֹד: אַחֲלַי יִכֹּנוּ דְרָכָי לִשְׁמֹר
חֻקֶּיךָ: אָז לֹא אֵבוֹשׁ בְּהַבִּיטִי אֶל כָּל מִצְוֺתֶיךָ: אוֹדְךָ בְּיֹשֶׁר לֵבָב בְּלָמְדִי מִשְׁפְּטֵי צִדְקֶךָ:
אֶת חֻקֶּיךָ אֶשְׁמֹר אַל תַּעַזְבֵנִי עַד מְאֹד:

Tav

Traducción

«Aproxímese mi plegaria delante de Ti, El Eterno, otórgame entendimiento conforme a Tu palabra. Venga mi ruego delante de Ti, sálvame conforme a Tu palabra. Mis labios pronuncien alabanza –ante Ti–, para que me enseñes Tus prescripciones. Mi lengua exprese en voz alta Tus palabras, porque todos Tus preceptos son justos. Tu mano esté –dispuesta– para ayudarme, porque he elegido Tus preceptos. A Tu salvación deseé, El Eterno, y Tu Torá es mi regodeo. Vivifica mi alma y Te alabe, y Tus juicios me ayuden. Erré como una oveja extraviada –del rebaño–, ¡busca a tu siervo!, porque no he olvidado Tus preceptos» (Salmos, capítulo 119:169-176).

תִּקְרַב רִנָּתִי לְפָנֶיךָ יְהוָה כִּדְבָרְךָ הֲבִינֵנִי: תָּבוֹא תְּחִנָּתִי לְפָנֶיךָ כְּאִמְרָתְךָ הַצִּילֵנִי: תַּבַּעְנָה שְׂפָתַי תְּהִלָּה כִּי תְלַמְּדֵנִי חֻקֶּיךָ: תַּעַן לְשׁוֹנִי אִמְרָתֶךָ כִּי כָל מִצְוֹתֶיךָ צֶּדֶק: תְּהִי יָדְךָ לְעָזְרֵנִי כִּי פִקּוּדֶיךָ בָחָרְתִּי: תָּאַבְתִּי לִישׁוּעָתְךָ יְהוָה וְתוֹרָתְךָ שַׁעֲשֻׁעָי: תְּחִי נַפְשִׁי וּתְהַלְלֶךָּ וּמִשְׁפָּ־טֶךָ יַעְזְרֻנִי: תָּעִיתִי כְּשֶׂה אֹבֵד בַּקֵּשׁ עַבְדֶּךָ כִּי מִצְוֹתֶיךָ לֹא שָׁכָחְתִּי:

Bet

Traducción

«¿Con qué purificará el joven su sendero? Guardando conforme a Tu palabra. Te he buscado con todo mi corazón; no dejes que me desvíe de Tus preceptos. He guardado Tus palabras en mi corazón, para no pecar contra Ti. Bendito eres Tú, El Eterno; enséñame Tus prescripciones. He contado con mis labios todos los juicios de Tu boca. Me he regocijado con el camino de Tus testimonios como –se regocija– por toda la riqueza. Hablaré de Tus preceptos, y observaré Tus senderos. Me regodearé con Tus prescripciones; no olvidaré Tu palabra» (Salmos, capítulo 119:9-16).

Hebreo

בַּמֶּה יְזַכֶּה נַּעַר אֶת אָרְחוֹ לִשְׁמֹר כִּדְבָרֶךָ: בְּכָל לִבִּי דְרַשְׁתִּיךָ אַל תַּשְׁגֵּנִי מִמִּצְוֹתֶיךָ: בְּלִבִּי צָפַנְתִּי אִמְרָתֶךָ לְמַעַן לֹא אֶחֱטָא לָךְ: בָּרוּךְ אַתָּה יְהוָה לַמְּדֵנִי חֻקֶּיךָ: בִּשְׂפָתַי סִפַּרְתִּי כֹּל מִשְׁפְּטֵי פִיךָ: בְּדֶרֶךְ עֵדְוֹתֶיךָ שַׂשְׂתִּי כְּעַל כָּל הוֹן: בְּפִקּוּדֶיךָ אָשִׂיחָה וְאַבִּיטָה אֹרְחֹתֶיךָ: בְּחֻ־קֹּתֶיךָ אֶשְׁתַּעֲשָׁע לֹא אֶשְׁכַּח דְּבָרֶךָ:

Shin

Traducción

«Fui perseguido por príncipes sin razón, y mi corazón temió de Tu palabra. Yo me regocijo con Tu palabra, como quien halla un gran tesoro. Aborrecí la mentira y la abominé, y amé Tu Torá. Te alabo con siete –bendiciones– en el día, por Tus juicios con justicia. Hay mucha paz para quienes aman Tu Torá, y para ellos no hay tropiezo. El Eterno, –continuamente– esperé por Tu salvación, y he realizado Tus preceptos. Mi alma guardó Tus testimonios, y los amo mucho. Guardé Tus preceptos y tus testimonios, porque todos mis caminos están –dispuestos– ante Ti» (Salmos, capítulo 119:161-168).

Hebreo

שָׂרִים רְדָפוּנִי חִנָּם (ומדבריך) וּמִדְּבָרְךָ פָּחַד לִבִּי: שָׂשׂ אָנֹכִי עַל אִמְרָתֶךָ כְּמוֹצֵא שָׁלָל רָב: שֶׁקֶר שָׂנֵאתִי וַאֲתַעֵבָה תּוֹרָתְךָ אָהָבְתִּי: שֶׁבַע בַּיּוֹם הִלַּלְתִּיךָ עַל מִשְׁפְּטֵי צִדְקֶךָ: שָׁלוֹם רָב לְאֹהֲבֵי תוֹרָתֶךָ וְאֵין לָמוֹ מִכְשׁוֹל: שִׂבַּרְתִּי לִישׁוּעָתְךָ יְהוָה וּמִצְוֹתֶיךָ עָשִׂיתִי: שָׁמְרָה נַפְשִׁי עֵדֹתֶיךָ וָאֹהֲבֵם מְאֹד: שָׁמַרְתִּי פִקּוּדֶיךָ וְעֵדֹתֶיךָ כִּי כָל דְּרָכַי נֶגְדֶּךָ:

Guímel

Traducción

«Haz bondad a tu siervo para que viva y guarde Tu palabra. Abre mis ojos y observaré las maravillas de Tu Torá. Yo soy un peregrino en la tierra; no ocultes de mí –la aprehensión de– Tus preceptos. Mi alma está exhausta de anhelar Tus juicios en todo momento. Has reprendido a los inicuos perversos que se desvían de Tus preceptos. Aparta de mí la afrenta y el desprecio, porque he guardado Tus testimonios. También cuando príncipes se sentaban y hablaban contra mí, Tu siervo pronunciaba Tus prescripciones. Ciertamente Tus testimonios son mi regodeo; mis consejeros» (Salmos, capítulo 119:17-24).

Hebreo

גְּמֹל עַל עַבְדְּךָ אֶחְיֶה וְאֶשְׁמְרָה דְבָרֶךָ: גַּל עֵינַי וְאַבִּיטָה נִפְלָאוֹת מִתּוֹרָתֶךָ: גֵּר אָנֹכִי בָאָרֶץ אַל תַּסְתֵּר מִמֶּנִּי מִצְוֹתֶיךָ: גָּרְסָה נַפְשִׁי לְתַאֲבָה אֶל מִשְׁפָּטֶיךָ בְכָל עֵת: גָּעַרְתָּ זֵדִים אֲרוּרִים הַשֹּׁגִים מִמִּצְוֹתֶיךָ: גַּל מֵעָלַי חֶרְפָּה וָבוּז כִּי עֵדֹתֶיךָ נָצָרְתִּי: גַּם יָשְׁבוּ שָׂרִים בִּי נִדְבָּרוּ עַבְדְּךָ יָשִׂיחַ בְּחֻקֶּיךָ: גַּם עֵדֹתֶיךָ שַׁעֲשֻׁעָי אַנְשֵׁי עֲצָתִי:

Resh

Traducción

«Observa mi aflicción y sálvame, porque no he olvidado Tu Torá. Libra mi pleito y redímeme, vivifícame para –que guarde– Tu palabra. La salvación se halla lejos de los malvados, porque no han buscado Tus prescripciones. El Eterno, Tus misericordias son muchas, vivifícame conforme a Tus juicios. Mis perseguidores y opresores son muchos, y no me he desviado de Tus testimonios. Vi a los rebeldes y reñí con ellos, porque no guardaron Tus palabras. Observa que –siempre– amé Tus preceptos, El Eterno, vivifícame conforme a Tu bondad. Tu palabra es verdadera desde el comienzo, y todo juicio de Tu justicia es eterno» (Salmos, capítulo 119:153-160).

Hebreo

רְאֵה עָנְיִי וְחַלְּצֵנִי כִּי תוֹרָתְךָ לֹא שָׁכָחְתִּי: רִיבָה רִיבִי וּגְאָלֵנִי לְאִמְרָתְךָ חַיֵּנִי: רָחוֹק מֵרְשָׁעִים יְשׁוּעָה כִּי חֻקֶּיךָ לֹא דָרָשׁוּ: רַחֲמֶיךָ רַבִּים יְהוָה כְּמִשְׁפָּטֶיךָ חַיֵּנִי: רַבִּים רֹדְפַי וְצָרָי מֵעֵדְוֹתֶיךָ לֹא נָטִיתִי: רָאִיתִי בֹגְדִים וָאֶתְקוֹטָטָה אֲשֶׁר אִמְרָתְךָ לֹא שָׁמָרוּ: רְאֵה כִּי פִקּוּדֶיךָ אָהָבְתִּי יְהוָה כְּחַסְדְּךָ חַיֵּנִי: רֹאשׁ דְּבָרְךָ אֱמֶת וּלְעוֹלָם כָּל מִשְׁפַּט צִדְקֶךָ:

Dalet

Traducción

«Mi alma está abatida hasta el polvo; vivifícame conforme a Tu palabra. Te he contado mis caminos y me has respondido; enséñame Tus prescripciones. Hazme entender el camino de Tus preceptos, y hablaré de Tus maravillas. Mi alma se derrama de angustia; levántame conforme a Tu palabra. Aparta de mí el camino de la mentira, y agráciame en Tu Torá. He elegido el camino de la fe; he puesto Tus juicios delante de mí. Me he apegado a Tus testimonios; El Eterno,

–haz que– no sea avergonzado. Correré por el camino de Tus preceptos; porque –a través de ellos– ensanchas –y alegras– mi corazón» (Salmos, capítulo 119:25-32).

Hebreo

דְּבְקָה לֶעָפָר נַפְשִׁי חַיֵּנִי כִּדְבָרֶךָ: דְּרָכַי סִפַּרְתִּי וַתַּעֲנֵנִי לַמְּדֵנִי חֻקֶּיךָ: דֶּרֶךְ פִּקוּדֶיךָ הֲבִינֵנִי וְאָשִׂיחָה בְּנִפְלְאוֹתֶיךָ: דָּלְפָה נַפְשִׁי מִתּוּגָה קַיְּמֵנִי כִּדְבָרֶךָ: דֶּרֶךְ שֶׁקֶר הָסֵר מִמֶּנִּי וְתוֹרָתְךָ חָנֵּנִי: דֶּרֶךְ אֱמוּנָה בָחָרְתִּי מִשְׁפָּטֶיךָ שִׁוִּיתִי: דָּבַקְתִּי בְעֵדְוֹתֶיךָ יהוה אַל תְּבִישֵׁנִי: דֶּרֶךְ מִצְו‑ תֶיךָ אָרוּץ כִּי תַרְחִיב לִבִּי:

Kuf

Traducción

«He clamado –a Ti– con todo el corazón, El Eterno, respóndeme y guardaré Tus prescripciones. He clamado a Ti, sálvame y guardaré Tus testimonios. Me anticipé a la aurora y oré, y esperé por Tu palabra. Mis ojos se anticiparon a las guardias, para hablar de Tus palabras. Escucha mi voz conforme a Tu bondad, El Eterno, conforme a Tu juicio, vivifícame. Los perseguidores de ignominia se han acercado –a sus ignominias–, y se han apartado de Tu Torá. El Eterno, Tú estás cerca –de todos los que Te invocan–, y todos Tus preceptos son verdad. Antes que todo he conocido Tus testimonios, porque los has establecido para siempre» (Salmos, capítulo 119:145-152).

Hebreo

קָרָאתִי בְכָל לֵב עֲנֵנִי יהוה חֻקֶּיךָ אֶצֹּרָה: קְרָאתִיךָ הוֹשִׁיעֵנִי וְאֶשְׁמְרָה עֵדֹתֶיךָ: קִדַּמְתִּי בַנֶּשֶׁף וָאֲשַׁוֵּעָה (לדבריך) לִדְבָרְךָ יִחָלְתִּי: קִדְּמוּ עֵינַי אַשְׁמֻרוֹת לָשִׂיחַ בְּאִמְרָתֶךָ: קוֹלִי שִׁמְעָה כְחַסְדֶּךָ יהוה כְּמִשְׁפָּטֶךָ חַיֵּנִי: קָרְבוּ רֹדְפֵי זִמָּה מִתּוֹרָתְךָ רָחָקוּ: קָרוֹב אַתָּה יהוה וְכָל מִצְוֹתֶיךָ אֱמֶת: קֶדֶם יָדַעְתִּי מֵעֵדֹתֶיךָ כִּי לְעוֹלָם יְסַדְתָּם:

He

Traducción

«El Eterno, enséñame el camino de Tus prescripciones, y lo guardaré hasta el final. Dame entendimiento y cuidaré Tu Torá; y la guardaré con todo el corazón. Condúceme por la senda de Tus preceptos, porque a ella he deseado. Inclina mi corazón a Tus testimonios, y no a la avaricia. Aparta mis ojos de ver vanidad; vivifícame en Tu camino. Confirma a tu siervo Tu palabra, que –has asegurado a quien– te teme. Aparta de mí la afrenta por la que he temido; porque Tus juicios son buenos. He aquí que he anhelado Tus preceptos; vivifícame con Tu justicia» (Salmos, capítulo 119:33-40).

Hebreo

הוֹרֵנִי יְהוָה דֶּרֶךְ חֻקֶּיךָ וְאֶצְּרֶנָּה עֵקֶב: הֲבִינֵנִי וְאֶצְּרָה תוֹרָתֶךָ וְאֶשְׁמְרֶנָּה בְכָל לֵב: הַדְרִי־כֵנִי בִּנְתִיב מִצְוֹתֶיךָ כִּי בוֹ חָפָצְתִּי: הַט לִבִּי אֶל עֵדְוֹתֶיךָ וְאַל אֶל בָּצַע: הַעֲבֵר עֵינַי מֵרְאוֹת שָׁוְא בִּדְרָכֶךָ חַיֵּנִי: הָקֶם לְעַבְדְּךָ אִמְרָתֶךָ אֲשֶׁר לְיִרְאָתֶךָ: הַעֲבֵר חֶרְפָּתִי אֲשֶׁר יָגֹרְתִּי כִּי מִשְׁפָּטֶיךָ טוֹבִים: {מ} הִנֵּה תָּאַבְתִּי לְפִקֻּדֶיךָ בְּצִדְקָתְךָ חַיֵּנִי:

Tzadi

Traducción

«El Eterno, Tú eres justo, y Tus juicios son rectos. Has ordenado Tus testimonios en forma justa, y con mucha fidelidad. Mi celo por Ti me ha tronchado, porque los que me afligen han olvidado Tus palabras. Tu palabra es extremadamente pura, y tu siervo la ama. Soy yo joven y despreciado, y de Tus preceptos no me he olvidado. Tu justicia es eternamente justa, y verdadera Tu Torá. Han venido a mí aflicción y angustia, y Tus preceptos son mi regodeo. Tus testimonios son eternamente justos, hazme entender y viviré» (Salmos, capítulo 119:137-144).

Hebreo

צַדִּיק אַתָּה יְהוָה וְיָשָׁר מִשְׁפָּטֶיךָ: צִוִּיתָ צֶדֶק עֵדֹתֶיךָ וֶאֱמוּנָה מְאֹד: צִמְּתַתְנִי קִנְאָתִי כִּי שָׁכְחוּ דְבָרֶיךָ צָרָי: צְרוּפָה אִמְרָתְךָ מְאֹד וְעַבְדְּךָ אֲהֵבָהּ: צָעִיר אָנֹכִי וְנִבְזֶה פִּקֻּדֶיךָ לֹא שָׁכָחְתִּי: צִדְקָתְךָ צֶדֶק לְעוֹלָם וְתוֹרָתְךָ אֱמֶת: צַר וּמָצוֹק מְצָאוּנִי מִצְוֹתֶיךָ שַׁעֲשֻׁעָי: צֶדֶק עֵדְוֹתֶיךָ לְעוֹלָם הֲבִינֵנִי וְאֶחְיֶה:

Vav

Traducción

«Venga a mí tu bondad, El Eterno; Tu salvación, conforme a tu palabra. Y responderé palabra a mi humillador, porque he confiado en Tu palabra. Y no quites jamás la palabra de verdad de mi boca, porque anhelo Tu juicio. Y guardaré Tu Torá continuamente, por siempre jamás. Y andaré con amplitud –de conocimientos y razón–, porque busqué Tus preceptos. Y hablaré de Tus testimonios ante reyes, y no me avergonzaré. Y me regodearé con Tus preceptos, a los cuales he amado. Y alzaré mis manos a –la observancia de– Tus preceptos, a los cuales he amado; y hablaré de Tus prescripciones» (Salmos, capítulo 119:41-48).

Hebreo

וִיבֹאֻנִי חֲסָדֶךָ יְהוָה תְּשׁוּעָתְךָ כְּאִמְרָתֶךָ: וְאֶעֱנֶה חֹרְפִי דָבָר כִּי בָטַחְתִּי בִּדְבָרֶךָ: וְאַל תַּצֵּל מִפִּי דְבַר אֱמֶת עַד מְאֹד כִּי לְמִשְׁפָּטֶךָ יִחָלְתִּי: וְאֶשְׁמְרָה תוֹרָתְךָ תָמִיד לְעוֹלָם וָעֶד: וְאֶתְהַלְּכָה בָרְחָבָה כִּי פִקֻּדֶיךָ דָרָשְׁתִּי: וַאֲדַבְּרָה בְעֵדֹתֶיךָ נֶגֶד מְלָכִים וְלֹא אֵבוֹשׁ: וְאֶשְׁתַּעֲשַׁע בְּמִצְוֹתֶיךָ אֲשֶׁר אָהָבְתִּי: וְאֶשָּׂא כַפַּי אֶל מִצְוֹתֶיךָ אֲשֶׁר אָהָבְתִּי וְאָשִׂיחָה בְחֻקֶּיךָ:

Pe

Traducción

«Tus testimonios son maravillosos, por eso mi alma los ha guardado. El comienzo de Tus palabras ilumina, hace entender a los ignorantes. Abrí mi boca y absorbí –Tu Torá–, porque anhelé Tus preceptos. Repara en mí y agráciame, conforme a Tu juicio para los que aman Tu Nombre. Dispón mis pasos conforme a Tu palabra, y haz que no ejerza dominio en mí ninguna vanidad. Sálvame de la opresión de los hombres, y guardaré Tus preceptos. Haz que Tu Presencia ilumine en tu siervo, y enséñame Tus prescripciones. Mis ojos hicieron descender arroyos de agua, porque no guardaron Tu Torá» (Salmos, capítulo 119:129-136).

Hebreo

פְּלָאוֹת עֵדְוֹתֶיךָ עַל כֵּן נְצָרָתַם נַפְשִׁי: פֵּתַח דְּבָרֶיךָ יָאִיר מֵבִין פְּתָיִים: פִּי פָעַרְתִּי וָאֶשְׁאָפָה כִּי לְמִצְוֹתֶיךָ יָאָבְתִּי: פְּנֵה אֵלַי וְחָנֵּנִי כְּמִשְׁפָּט לְאֹהֲבֵי שְׁמֶךָ: פְּעָמַי הָכֵן בְּאִמְרָתֶךָ וְאַל תַּשְׁלֶט בִּי כָל אָוֶן: פְּדֵנִי מֵעֹשֶׁק אָדָם וְאֶשְׁמְרָה פִּקּוּדֶיךָ: פָּנֶיךָ הָאֵר בְּעַבְדֶּךָ וְלַמְּדֵנִי אֶת חֻקֶּיךָ: פַּלְגֵי מַיִם יָרְדוּ עֵינָי עַל לֹא שָׁמְרוּ תוֹרָתֶךָ:

Zain

Traducción

«Recuerda a tu siervo la palabra por la cual has hecho que espere. Ella es mi consuelo en mi aflicción, porque Tu palabra me ha vivificado. Los inicuos se burlaron mucho de mí, y de Tu Torá no me aparté. Recordé Tus juicios desde siempre, El Eterno, y me consolé. Espanto se apoderó de mí por los malvados que dejan Tu Torá. Tus prescripciones me fueron por cántico en casa de mi peregrinaje. En la noche recordé Tu Nombre, El Eterno, y guardé Tu Torá. Esto –tan bueno– vino a mí, porque guardé Tus preceptos» (Salmos, capítulo 119:49-56).

Hebreo

זְכֹר דָּבָר לְעַבְדֶּךָ עַל אֲשֶׁר יִחַלְתָּנִי: זֹאת נֶחָמָתִי בְעָנְיִי כִּי אִמְרָתְךָ חִיָּתְנִי: זֵדִים הֱלִיצֻנִי עַד מְאֹד מִתּוֹרָתְךָ לֹא נָטִיתִי: זָכַרְתִּי מִשְׁפָּטֶיךָ מֵעוֹלָם יְהוָה וָאֶתְנֶחָם: זַלְעָפָה אֲחָזַתְנִי מֵרְשָׁעִים עֹזְבֵי תּוֹרָתֶךָ: זְמִרוֹת הָיוּ לִי חֻקֶּיךָ בְּבֵית מְגוּרָי: זָכַרְתִּי בַלַּיְלָה שִׁמְךָ יְהוָה וָאֶשְׁמְרָה תּוֹרָתֶךָ: זֹאת הָיְתָה לִּי כִּי פִקֻּדֶיךָ נָצָרְתִּי:

Ain

Traducción

«He hecho juicio y justicia, no me dejes a –merced de– mis opresores. Avala a tu siervo para bien, y no me opriman los inicuos. Mis ojos han desfallecido por Tu salvación, y por la palabra de Tu –misericordiosa– justicia. Haz con tu siervo conforme a Tu bondad, y enséñame Tus prescripciones. Tu siervo soy yo, otórgame entendimiento y conoceré Tus testimonios. –Hazme saber– el momento de hacer por El Eterno, porque han anulado Tu Torá. Por eso amé Tus preceptos, más que el oro y más que el oro selecto. Por eso me conduje con rectitud con todos Tus preceptos, con la totalidad –de los mismos–, y aborrecí todo sendero de mentira» (Salmos, capítulo 119:121-128).

Hebreo

עָשִׂיתִי מִשְׁפָּט וָצֶדֶק בַּל תַּנִּיחֵנִי לְעֹשְׁקָי: עֲרֹב עַבְדְּךָ לְטוֹב אַל יַעַשְׁקֻנִי זֵדִים: עֵינַי כָּלוּ
לִישׁוּעָתֶךָ וּלְאִמְרַת צִדְקֶךָ: עֲשֵׂה עִם עַבְדְּךָ כְחַסְדֶּךָ וְחֻקֶּיךָ לַמְּדֵנִי: עַבְדְּךָ אָנִי הֲבִינֵנִי וְאֵדְ־
עָה עֵדֹתֶיךָ: עֵת לַעֲשׂוֹת לַיהוָה הֵפֵרוּ תּוֹרָתֶךָ: עַל כֵּן אָהַבְתִּי מִצְוֹתֶיךָ מִזָּהָב וּמִפָּז: עַל כֵּן
כָּל פִּקּוּדֵי כֹל יִשָּׁרְתִּי כָּל אֹרַח שֶׁקֶר שָׂנֵאתִי:

Jet

Traducción

«El Eterno es mi porción, –me– he dicho, para guardar Tus palabras. Imploré ante Ti con todo el corazón; ten misericordia de mí conforme a Tu palabra. He considerado mis caminos, y volví mis pies a Tus testimonios. Me he dado prisa y no me demoré a guardar Tus preceptos. Compañías de malvados se han reunido contra mí, y de Tu Torá no me he olvidado. Me levanto a medianoche para alabarte por Tus juicios justos. Amigo soy yo de todos los que te temen, y de los que guardan Tus preceptos. Tu bondad, El Eterno, llena la Tierra; enséñame Tus prescripciones» (Salmos, capítulo 119:57-64).

חֶלְקִי יְהוָה אָמַרְתִּי לִשְׁמֹר דְּבָרֶיךָ: חִלִּיתִי פָנֶיךָ בְכָל לֵב חָנֵּנִי כְּאִמְרָתֶךָ: חִשַּׁבְתִּי דְרָכָי וָאָשִׁיבָה רַגְלַי אֶל עֵדֹתֶיךָ: חַשְׁתִּי וְלֹא הִתְמַהְמָהְתִּי לִשְׁמֹר מִצְוֹתֶיךָ: חֶבְלֵי רְשָׁעִים עִוְּדֻנִי תּוֹרָתְךָ לֹא שָׁכָחְתִּי: חֲצוֹת לַיְלָה אָקוּם לְהוֹדוֹת לָךְ עַל מִשְׁפְּטֵי צִדְקֶךָ: חָבֵר אָנִי לְכָל אֲשֶׁר יְרֵאוּךָ וּלְשֹׁמְרֵי פִּקּוּדֶיךָ: חַסְדְּךָ יְהוָה מָלְאָה הָאָרֶץ חֻקֶּיךָ לַמְּדֵנִי:

Samej

Traducción

«He aborrecido los caminos tortuosos, y he amado Tu Torá. Tú eres mi refugio y mi escudo, he esperado Tu palabra. Perversos, apartaos de mí, y guardaré los preceptos de mi Dios. Sostenme conforme a Tu palabra y viviré, y no me hagas avergonzar por mi esperanza. Ayúdame y tendré salvación, y me ocuparé de Tus prescripciones siempre. Has hollado a todos los que se apartaron de Tus prescripciones, porque falsa es su astucia. Has suprimido a todos los malvados de la Tierra cual escoria, por eso he amado Tus testimonios. Se ha erguido –el pelo de– mi carne por temor de Ti, y he temido de Tus juicios» (Salmos, capítulo 119:113-120).

סֵעֲפִים שָׂנֵאתִי וְתוֹרָתְךָ אָהָבְתִּי: סִתְרִי וּמָגִנִּי אָתָּה לִדְבָרְךָ יִחָלְתִּי: סוּרוּ מִמֶּנִּי מְרֵעִים וְאֶצְּרָה מִצְוֹת אֱלֹהָי: סָמְכֵנִי כְאִמְרָתְךָ וְאֶחְיֶה וְאַל תְּבִישֵׁנִי מִשִּׂבְרִי: סְעָדֵנִי וְאִוָּשֵׁעָה וְאֶשְׁעָה בְחֻקֶּיךָ תָמִיד: סָלִיתָ כָּל שׁוֹגִים מֵחֻקֶּיךָ כִּי שֶׁקֶר תַּרְמִיתָם: סִגִים הִשְׁבַּתָּ כָל רִשְׁעֵי אָרֶץ לָכֵן אָהַבְתִּי עֵדֹתֶיךָ: סָמַר מִפַּחְדְּךָ בְשָׂרִי וּמִמִּשְׁפָּטֶיךָ יָרֵאתִי:

Traducción

«Has hecho bien con tu siervo, El Eterno, conforme a Tu palabra. Enséñame buena razón y sabiduría, porque he creído en Tus preceptos. Antes de aprender, estaba errante; y ahora, guardo Tu palabra. Tú eres bueno y bondadoso; enséñame Tus prescripciones. Los inicuos urdieron mentira contra mí; y yo, con todo el corazón guardaré Tus preceptos. El corazón de ellos engordó como sebo; y yo, me he regodeado en Tu Torá. Es bueno para mí si soy afligido, para aprender Tus prescripciones. Me es mejor la Torá de tu boca, que millares de oro y plata» (Salmos, capítulo 119:65-72).

Hebreo

טוֹב עָשִׂיתָ עִם עַבְדְּךָ יְהֹוָה כִּדְבָרֶךָ: טוּב טַעַם וָדַעַת לַמְּדֵנִי כִּי בְמִצְוֹתֶיךָ הֶאֱמָנְתִּי: טֶרֶם אֶעֱנֶה אֲנִי שֹׁגֵג וְעַתָּה אִמְרָתְךָ שָׁמָרְתִּי: טוֹב אַתָּה וּמֵטִיב לַמְּדֵנִי חֻקֶּיךָ: טָפְלוּ עָלַי שֶׁקֶר זֵדִים אֲנִי בְּכָל לֵב אֶצֹּר פִּקּוּדֶיךָ: טָפַשׁ כַּחֵלֶב לִבָּם אֲנִי תּוֹרָתְךָ שִׁעֲשָׁעְתִּי: טוֹב לִי כִי עֻנֵּיתִי לְמַעַן אֶלְמַד חֻקֶּיךָ: טוֹב לִי תוֹרַת פִּיךָ מֵאַלְפֵי זָהָב וָכָסֶף:

Nun

Traducción

«Tu palabra es lámpara para mis pies, y luz para mi sendero. He jurado y cumpliré que guardaré Tus juicios justos. He sido muy afligido. El Eterno, ¡vivifícame conforme a Tu palabra! El Eterno, acepta por favor las ofrendas de mi boca, y enséñame Tus juicios. Mi vida ha estado en peligro continuamente, y no me he olvidado de Tu Torá. Los malvados me han tendido red –para hacerme tropezar–, y de Tus preceptos no me he desviado. A Tus testimonios he recibido por heredad para siempre, porque ellos son el regocijo de mi corazón. He inclinado mi corazón a realizar Tus prescripciones, siempre, hasta el final» (Salmos, capítulo 119:105-112).

נֵר לְרַגְלִי דְבָרֶךָ וְאוֹר לִנְתִיבָתִי: נִשְׁבַּעְתִּי וָאֲקַיֵּמָה לִשְׁמֹר מִשְׁפְּטֵי צִדְקֶךָ: נַעֲנֵיתִי עַד מְאֹד יְהוָה חַיֵּנִי כִדְבָרֶךָ: נִדְבוֹת פִּי רְצֵה נָא יְהוָה וּמִשְׁפָּטֶיךָ לַמְּדֵנִי: נַפְשִׁי בְכַפִּי תָמִיד וְתוֹרָתְךָ לֹא שָׁכָחְתִּי: נָתְנוּ רְשָׁעִים פַּח לִי וּמִפִּקּוּדֶיךָ לֹא תָעִיתִי: נָחַלְתִּי עֵדְוֹתֶיךָ לְעוֹלָם כִּי שְׂשׂוֹן לִבִּי הֵמָּה: נָטִיתִי לִבִּי לַעֲשׂוֹת חֻקֶּיךָ לְעוֹלָם עֵקֶב:

Yud

Traducción

«Tus manos me han hecho y me han preparado; hazme entender, y aprenderé Tus preceptos. Quienes Te temen me verán y se alegrarán, porque he esperado Tu palabra. El Eterno, sé que Tus juicios son justos, y me has afligido con fidelidad. Sea ahora Tu bondad para consolarme conforme a Tu palabra –dicha– a tu siervo. Tus misericordias vengan a mí y viviré, porque Tu Torá es mi regodeo. Los inicuos sean avergonzados, porque han calumniado falsamente contra mí; y yo hablaré de Tus preceptos. Quienes Te temen volverán a mí, y quienes conocen Tus testimonios. Mi corazón sea íntegro en Tus prescripciones, para que no me avergüence» (Salmos, capítulo 119:73-80).

Hebreo

יָדֶיךָ עָשׂוּנִי וַיְכוֹנְנוּנִי הֲבִינֵנִי וְאֶלְמְדָה מִצְוֹתֶיךָ: יְרֵאֶיךָ יִרְאוּנִי וְיִשְׂמָחוּ כִּי לִדְבָרְךָ יִחָלְתִּי: יָדַעְתִּי יְהוָה כִּי צֶדֶק מִשְׁפָּטֶיךָ וֶאֱמוּנָה עִנִּיתָנִי: יְהִי נָא חַסְדְּךָ לְנַחֲמֵנִי כְּאִמְרָתְךָ לְעַבְדֶּךָ: יְבֹאוּנִי רַחֲמֶיךָ וְאֶחְיֶה כִּי תוֹרָתְךָ שַׁעֲשֻׁעָי: יֵבֹשׁוּ זֵדִים כִּי שֶׁקֶר עִוְּתוּנִי אֲנִי אָשִׂיחַ בְּפִקּוּדֶיךָ: יָשׁוּבוּ לִי יְרֵאֶיךָ (וידעו) וְיֹדְעֵי עֵדֹתֶיךָ: יְהִי לִבִּי תָמִים בְּחֻקֶּיךָ לְמַעַן לֹא אֵבוֹשׁ:

Mem

Traducción

«¡Cuánto he amado Tu Torá! Ella es mi palabra todo el día. Tus preceptos me han hecho más sabio que mis aborrecedores, porque ella –la

Torá– siempre está conmigo. Me he vuelto más perspicaz que todos mis maestros, porque Tus testimonios son mi palabra. Medité más que los ancianos, porque guardé Tus preceptos. He abstenido mis pies de todo sendero malo, para guardar Tu palabra. De Tus juicios no me he apartado, porque Tú me has instruido. Cuán agradables son Tus palabras para mi paladar, más que la miel en mi boca. Me hago entendido –a través– de Tus preceptos, por eso aborrecí todo sendero de mentira» (Salmos, capítulo 119:97-104).

Hebreo

מָה אָהַבְתִּי תוֹרָתֶךָ כָּל הַיּוֹם הִיא שִׂיחָתִי: מֵאֹיְבַי תְּחַכְּמֵנִי מִצְוֹתֶךָ כִּי לְעוֹלָם הִיא לִי:
מִכָּל מְלַמְּדַי הִשְׂכַּלְתִּי כִּי עֵדְוֹתֶיךָ שִׂיחָה לִי: מִזְּקֵנִים אֶתְבּוֹנָן כִּי פִקּוּדֶיךָ נָצָרְתִּי: מִכָּל
אֹרַח רָע כָּלִאתִי רַגְלָי לְמַעַן אֶשְׁמֹר דְּבָרֶךָ: מִמִּשְׁפָּטֶיךָ לֹא סָרְתִּי כִּי אַתָּה הוֹרֵתָנִי: מַה
נִּמְלְצוּ לְחִכִּי אִמְרָתֶךָ מִדְּבַשׁ לְפִי: מִפִּקּוּדֶיךָ אֶתְבּוֹנָן עַל כֵּן שָׂנֵאתִי כָּל אֹרַח שָׁקֶר:

Caf

Traducción

«Mi alma anhela por Tu salvación; espero por Tu palabra. Mis ojos han desfallecido por Tu palabra, diciendo: "¿Cuándo me consolarás?". Porque he estado como odre –seco– al –estar al– humo, y a Tus prescripciones no he olvidado. ¿Cuántos son los días de tu siervo? ¿Cuándo harás juicio contra quienes me persiguen? Los inicuos han cavado pozos para mí –para que caiga en ellos–; porque no –se conducen– conforme a Tu Torá. Todos Tus preceptos son fidedignos; me han perseguido con falsedad. ¡Ayúdame! Casi me echaron por tierra, y yo no he abandonado Tus preceptos. Vivifícame conforme a Tu bondad, y guardaré los testimonios de Tu boca» (Salmos, capítulo 119:81-88).

Hebreo

כָּלְתָה לִתְשׁוּעָתְךָ נַפְשִׁי לִדְבָרְךָ יִחָלְתִּי: כָּלוּ עֵינַי לְאִמְרָתֶךָ לֵאמֹר מָתַי תְּנַחֲמֵנִי: כִּי הָיִיתִי
כְּנֹאד בְּקִיטוֹר חֻקֶּיךָ לֹא שָׁכָחְתִּי: כַּמָּה יְמֵי עַבְדֶּךָ מָתַי תַּעֲשֶׂה בְרֹדְפַי מִשְׁפָּט: כָּרוּ לִי

זֵדִים שִׂיחוֹת אֲשֶׁר לֹא כְתוֹרָתֶךָ: כָּל מִצְוֺתֶיךָ אֱמוּנָה שֶׁקֶר רְדָפוּנִי עָזְרֵנִי: כִּמְעַט כִּלּוּנִי בָאָרֶץ וַאֲנִי לֹא עָזַבְתִּי פִקּוּדֶיךָ: כְּחַסְדְּךָ חַיֵּנִי וְאֶשְׁמְרָה עֵדוּת פִּיךָ:

Lámed

Traducción

«El Eterno, Tu palabra está en los Cielos por siempre. Tu fidelidad permanece de generación en generación; has fundado la Tierra y perdura. Conforme a Tu juicio existen cada día, porque todos son tus siervos. Si Tu Torá no fuese mi regodeo, entonces, hubiera fenecido en mi aflicción. Jamás olvidaré Tus preceptos, porque con ellos me vivificas. Yo soy Tuyo, ¡sálvame, porque busco Tus preceptos! Los malvados me acecharon para abatirme, y medité en Tus testimonios. He visto final para toda cosa, y Tu precepto es amplio –sin fin–» (Salmos, capítulo 119:89-96).

Hebreo

לְעוֹלָם יְהוָה דְּבָרְךָ נִצָּב בַּשָּׁמָיִם: לְדֹר וָדֹר אֱמוּנָתֶךָ כּוֹנַנְתָּ אֶרֶץ וַתַּעֲמֹד: לְמִשְׁפָּטֶיךָ עָמְדוּ הַיּוֹם כִּי הַכֹּל עֲבָדֶיךָ: לוּלֵי תוֹרָתְךָ שַׁעֲשֻׁעָי אָז אָבַדְתִּי בְעָנְיִי: לְעוֹלָם לֹא אֶשְׁכַּח פִּקּוּדֶיךָ כִּי בָם חִיִּיתָנִי: לְךָ אֲנִי הוֹשִׁיעֵנִי כִּי פִקּוּדֶיךָ דָרָשְׁתִּי: לִי קִוּוּ רְשָׁעִים לְאַבְּדֵנִי עֵדֹתֶיךָ אֶתְבּוֹנָן: לְכָל תִּכְלָה רָאִיתִי קֵץ רְחָבָה מִצְוָתְךָ מְאֹד:

Corazón

(Para el dolor en el corazón es bueno recitar el Salmo 141).

Traducción

«Salmo de David: El Eterno, te he invocado, apresúrate a mí –para ayudarme–; escucha mi voz cuando te invoque. Mi plegaria sea propicia –como el– incienso ante Ti; mis manos levantadas –sean como la– ofrenda de la tarde. El Eterno, pon resguardo a mi boca; guarda la entrada de mis labios. No dejes que mi corazón se incline a algo malo, a hacer cosas perversas con los hombres que hacen iniquidad; y haz que no coma con ellos el pan de sus deleites. Si el justo me golpeara, será bondad –para mí–; y si me reprendiera, será óleo para mi cabeza, y mi cabeza no se moverá; porque mientras permanezca –en este mundo–, mi plegaria estará contra las maldades de ellos. Sus jueces se apartan de la roca, y oirán mis palabras, porque son agradables. Nuestros huesos han sido esparcidos a la boca del sepulcro, como quien corta y quiebra –leña– en la tierra. Por eso, a Ti, Dios mío, Mi Señor, están dirigidos mis ojos; en Ti he confiado, no desampares a mi alma. Guárdame de los lazos que me han tendido, y de las trampas de los que hacen maldad. Los malvados caigan conjuntamente en sus redes, antes de que yo pase» (Salmos, capítulo 141).

Hebreo

מִזְמוֹר לְדָוִד יְהוָה קְרָאתִיךָ חוּשָׁה לִי הַאֲזִינָה קוֹלִי בְּקָרְאִי לָךְ: תִּכּוֹן תְּפִלָּתִי קְטֹרֶת לְפָנֶיךָ מַשְׂאַת כַּפַּי מִנְחַת עָרֶב: שִׁיתָה יְהוָה שָׁמְרָה לְפִי נִצְּרָה עַל דַּל שְׂפָתָי: אַל תַּט לִבִּי לְדָבָר רָע לְהִתְעוֹלֵל עֲלִלוֹת בְּרֶשַׁע אֶת אִישִׁים פֹּעֲלֵי אָוֶן וּבַל אֶלְחַם בְּמַנְעַמֵּיהֶם: יֶהֶלְמֵנִי צַדִּיק חֶסֶד וְיוֹכִיחֵנִי שֶׁמֶן רֹאשׁ אַל יָנִי רֹאשִׁי כִּי עוֹד וּתְפִלָּתִי בְּרָעוֹתֵיהֶם: נִשְׁמְטוּ בִידֵי סֶלַע שֹׁפְטֵיהֶם וְשָׁמְעוּ אֲמָרַי כִּי נָעֵמוּ: כְּמוֹ פֹלֵחַ וּבֹקֵעַ בָּאָרֶץ נִפְזְרוּ עֲצָמֵינוּ לְפִי שְׁאוֹל: כִּי אֵלֶיךָ יְהוִה אֲדֹנָי עֵינָי בְּכָה חָסִיתִי אַל תְּעַר נַפְשִׁי: שְׁמָרֵנִי מִידֵי פַח יָקְשׁוּ לִי וּמֹקְשׁוֹת פֹּעֲלֵי אָוֶן: יִפְּלוּ בְמַכְמֹרָיו רְשָׁעִים יַחַד אָנֹכִי עַד אֶעֱבוֹר:

Piernas

(El Salmo número 142 es bueno recitarlo para las enfermedades de las piernas).

Traducción

«Salmo de aprehensión de David, plegaria –hecha– estando en la cueva. Clamaré a El Eterno con mi voz; imploraré a El Eterno con mi voz. Derramaré ante Él mi palabra; expondré ante Él mi angustia.

Cuando mi espíritu se envolvía –desfalleciente– dentro de mí, Tú has conocido mi sendero –para salvarme–; en ese camino en el que andaba me habían ocultado una trampa. Miraba a mi diestra, y observaba, y no había quien me conociera; no tengo refugio, ni hay quien quiera –salvar– mi vida. El Eterno, clamé a ti, y dije: "Tú eres mi refugio; mi porción en la tierra de los vivos". Escucha mi plegaria, porque estoy muy afligido; sálvame de mis perseguidores, porque me superan en fortaleza. Saca mi alma del encierro, para alabar Tu Nombre; los justos te ensalzarán a través de mí, por haberme hecho bien» (Salmos, capítulo 142).

Hebreo

מַשְׂכִּיל לְדָוִד בִּהְיוֹתוֹ בַמְּעָרָה תְפִלָּה: קוֹלִי אֶל יְהוָה אֶזְעָק קוֹלִי אֶל יְהוָה אֶתְחַנָּן: אֶשְׁפֹּךְ לְפָנָיו שִׂיחִי צָרָתִי לְפָנָיו אַגִּיד: בְּהִתְעַטֵּף עָלַי רוּחִי וְאַתָּה יָדַעְתָּ נְתִיבָתִי בְּאֹרַח זוּ אֲהַלֵּךְ טָמְנוּ פַח לִי: הַבֵּיט יָמִין וּרְאֵה וְאֵין לִי מַכִּיר אָבַד מָנוֹס מִמֶּנִּי אֵין דּוֹרֵשׁ לְנַפְשִׁי: זָעַקְתִּי אֵלֶיךָ יְהוָה אָמַרְתִּי אַתָּה מַחְסִי חֶלְקִי בְּאֶרֶץ הַחַיִּים: הַקְשִׁיבָה אֶל רִנָּתִי כִּי דַלּוֹתִי מְאֹד הַצִּילֵנִי מֵרֹדְפַי כִּי אָמְצוּ מִמֶּנִּי: הוֹצִיאָה מִמַּסְגֵּר נַפְשִׁי לְהוֹדוֹת אֶת שְׁמֶךָ בִּי יַכְתִּרוּ צַדִּי־קִים כִּי תִגְמֹל עָלָי:

Brazos

(El Salmo número 143 es bueno recitarlo para las enfermedades de los brazos).

Traducción

«El Eterno, oye mi plegaria, escucha mis súplicas; respóndeme en tu fidelidad, por tu justicia. Y no vengas en juicio con tu siervo; porque ningún ser viviente se justificará delante de ti. Porque el enemigo ha perseguido mi alma, ha hollado mi vida en tierra; me ha hecho residir en la oscuridad, como los que ya están muertos. Y mi espíritu se consternó por mí; mi corazón está acongojado dentro de mí. Recordé los días pasados; he meditado en todas tus obras, he hablado de las obras de tus manos. He extendido mis manos a Ti; mi alma –está sedienta–

de Ti como la tierra sedienta, siempre. El Eterno, respóndeme pronto, porque mi espíritu se abate; no ocultes tu rostro de mí, para que no sea como los que descienden a la fosa. Hazme oír tu bondad en la mañana, porque he confiado en Ti; hazme conocer el camino por el cual he de andar, porque he elevado mi alma a Ti. Sálvame de mis enemigos, El Eterno, porque Tú eres mi refugio. Enséñame a hacer tu voluntad, porque Tú eres mi Dios; tu espíritu bueno me guíe a tierra llana –sin tropiezos–. En aras de tu Nombre, El Eterno, vivifícame; en aras de tu justicia, saca de la aflicción a mi alma. Y por tu bondad troncharás a mis enemigos, y destruirás a todos los opresores de mi alma, porque yo soy tu siervo» (Salmos, capítulo 143).

Hebreo

מִזְמוֹר לְדָוִד יְהוָה שְׁמַע תְּפִלָּתִי הַאֲזִינָה אֶל תַּחֲנוּנַי בֶּאֱמֻנָתְךָ עֲנֵנִי בְּצִדְקָתֶךָ: וְאַל תָּבוֹא בְמִשְׁפָּט אֶת עַבְדֶּךָ כִּי לֹא יִצְדַּק לְפָנֶיךָ כָל חָי: כִּי רָדַף אוֹיֵב נַפְשִׁי דִּכָּא לָאָרֶץ חַיָּתִי הוֹשִׁיבַנִי בְמַחֲשַׁכִּים כְּמֵתֵי עוֹלָם: וַתִּתְעַטֵּף עָלַי רוּחִי בְּתוֹכִי יִשְׁתּוֹמֵם לִבִּי: זָכַרְתִּי יָמִים מִקֶּדֶם הָגִיתִי בְכָל פָּעֳלֶךָ בְּמַעֲשֵׂה יָדֶיךָ אֲשׂוֹחֵחַ: פֵּרַשְׂתִּי יָדַי אֵלֶיךָ נַפְשִׁי כְּאֶרֶץ עֲיֵפָה לְךָ סֶלָה: מַהֵר עֲנֵנִי יְהוָה כָּלְתָה רוּחִי אַל תַּסְתֵּר פָּנֶיךָ מִמֶּנִּי וְנִמְשַׁלְתִּי עִם יֹרְדֵי בוֹר: הַשְׁמִיעֵנִי בַבֹּקֶר חַסְדֶּךָ כִּי בְךָ בָטָחְתִּי הוֹדִיעֵנִי דֶּרֶךְ זוּ אֵלֵךְ כִּי אֵלֶיךָ נָשָׂאתִי נַפְשִׁי: הַצִּילֵנִי מֵאֹיְבַי יְהוָה אֵלֶיךָ כִסִּתִי: לַמְּדֵנִי לַעֲשׂוֹת רְצוֹנֶךָ כִּי אַתָּה אֱלוֹהָי רוּחֲךָ טוֹבָה תַּנְחֵנִי בְּאֶרֶץ מִישׁוֹר: לְמַעַן שִׁמְךָ יְהוָה תְּחַיֵּנִי בְּצִדְקָתְךָ תוֹצִיא מִצָּרָה נַפְשִׁי: וּבְחַסְדְּךָ תַּצְמִית אֹיְבָי וְהַאֲבַדְתָּ כָּל צֹרְרֵי נַפְשִׁי כִּי אֲנִי עַבְדֶּךָ:

Quebradura de mano

(El Salmo número 144 es recomendado para las quebraduras de mano. Y es bueno para la protección de entes dañinos).

Traducción

«Salmo de David: Bendito sea El Eterno, mi roca, El que instruye mis manos para la contienda, y mis dedos para la guerra. Es mi bondad, mi fortaleza, mi poder y Quien me salva; es mi escudo, y en Él confío, Él es Quien extiende a mi pueblo debajo de mí. El Eterno, ¿qué es el hombre para que lo aprecies? ¿Qué es el hijo de hombre, para que lo consideres? El hombre es como el vapor; sus días son como la sombra que pasa. El Eterno, inclina Tus cielos y desciende –con Tu palabra–; toca a los –engreídos como– montes, y que humeen. Lanza relámpagos y dispérsalos; envía Tus saetas y confúndelos. Envía Tu mano desde lo Alto; ampárame, y sálvame de las aguas tumultuosas, de la mano de los hombres extraños, con cuyas bocas hablan vanidad, y cuya diestra es diestra de falsedad. Dios, te cantaré un nuevo cántico; te cantaré con lira de diez cuerdas. El que da salvación a los reyes, El que rescata a su siervo David de la espada de maldad. Sálvame y líbrame de la mano de los hombres extraños, cuyas bocas hablan falsedad, y cuyas diestras son diestra de mentira. Pues nuestros hijos son como plantas crecidas desde su juventud; nuestras hijas, como las esquinas labradas de un palacio. Las esquinas de nuestros graneros estén rebosantes, repletas, de producción en producción; nuestros ganados multiplicados a millares y decenas de millares en nuestros campos. Nuestros toros estén fuertes para el trabajo; sin sufrir asalto, y sin salida –a cautiverio–, y sin gritos en nuestras calles. Bienaventurado el pueblo que posee esto; bienaventurado el pueblo cuyo Dios es El Eterno» (Salmos, capítulo 144).

Hebreo

לְדָוִד בָּרוּךְ יְהוָה צוּרִי הַמְלַמֵּד יָדַי לַקְרָב אֶצְבְּעוֹתַי לַמִּלְחָמָה: חַסְדִּי וּמְצוּדָתִי מִשְׂגַּבִּי
וּמְפַלְטִי לִי מָגִנִּי וּבוֹ חָסִיתִי הָרוֹדֵד עַמִּי
תַחְתָּי: יְהוָה מָה אָדָם וַתֵּדָעֵהוּ בֶּן אֱנוֹשׁ וַתְּחַשְּׁבֵהוּ: אָדָם לַהֶבֶל דָּמָה יָמָיו כְּצֵל עוֹבֵר:
יְהוָה הַט שָׁמֶיךָ וְתֵרֵד גַּע בֶּהָרִים וְיֶעֱשָׁנוּ: בְּרוֹק בָּרָק וּתְפִיצֵם שְׁלַח חִצֶּיךָ וּתְהֻמֵּם: שְׁלַח
יָדֶיךָ מִמָּרוֹם פְּצֵנִי וְהַצִּילֵנִי מִמַּיִם רַבִּים מִיַּד בְּנֵי נֵכָר: אֲשֶׁר פִּיהֶם דִּבֶּר שָׁוְא וִימִינָם יְמִין
שָׁקֶר: אֱלֹהִים שִׁיר חָדָשׁ אָשִׁירָה לָּךְ בְּנֵבֶל עָשׂוֹר אֲזַמְּרָה לָּךְ: הַנּוֹתֵן תְּשׁוּעָה לַמְּלָכִים
הַפּוֹצֶה אֶת דָּוִד עַבְדּוֹ מֵחֶרֶב רָעָה: פְּצֵנִי וְהַצִּילֵנִי מִיַּד בְּנֵי נֵכָר אֲשֶׁר פִּיהֶם דִּבֶּר שָׁוְא
וִימִינָם יְמִין שָׁקֶר: אֲשֶׁר בָּנֵינוּ כִּנְטִעִים מְגֻדָּלִים בִּנְעוּרֵיהֶם בְּנוֹתֵינוּ כְזָוִיֹּת מְחֻטָּבוֹת תַּבְ-
נִית הֵיכָל: מְזָוֵינוּ מְלֵאִים מְפִיקִים מִזַּן אֶל זַן צֹאונֵנוּ מַאֲלִיפוֹת מְרֻבָּבוֹת בְּחוּצוֹתֵינוּ: אַלּוּ-
פֵינוּ מְסֻבָּלִים אֵין פֶּרֶץ וְאֵין יוֹצֵאת וְאֵין צְוָחָה בִּרְחֹבֹתֵינוּ: אַשְׁרֵי הָעָם שֶׁכָּכָה לּוֹ אַשְׁרֵי
הָעָם שֶׁיְהוָה אֱלֹהָיו:

Temor

(El Salmo número 145 es bueno recitarlo para quien ha recibido temor. Ha de pronunciarlo 3 veces, y después, ha de pronunciar 7 veces el Salmo 91).

Traducción

«Salmo de loor, –compuesto– por David: Te exaltaré, mi Dios, El Rey, y bendeciré Tu Nombre para siempre jamás. Todos los días Te bendeciré, y loaré Tu Nombre para siempre jamás. Grande es El Eterno, y muy loado, y Su grandeza es ilimitada. Generación a generación alabará Tus obras, y relatará Tus poderosos hechos. Del resplandor de Tu majestuosa Gloria, y acerca de Tus prodigios, –también yo– hablaré. Y ellos hablarán del poder de tus obras imponentes, y Tu grandeza –también yo– narraré. Proclamarán la memoria de tu inmensa bondad, y entonarán tu justicia. Clemente y misericordioso es El Eterno, Lento para la ira, y grande en bondad. Bueno es El Eterno para con todos, y sus misericordias sobre todas sus obras. Te alaben, El Eterno, todas tus obras, y tus piadosos te bendigan. Digan la Gloria de Tu reino, y hablen de Tu poder. Para hacer saber a los hijos de los hombres Sus poderosos hechos, y la gloriosa majestad de Su reino. Tu reino es reino de todos los mundos, y tu señorío en toda generación y generación. El Eterno sostiene a todos los que caen, y yergue a todos los sometidos. Los ojos de todos esperan en Ti, y Tú les das su alimento a su tiempo. Abres Tu mano, y satisfaces la voluntad de todo ser viviente. Justo es El Eterno en todos sus caminos, y piadoso en todas sus obras. Cercano está El Eterno a todos los que lo invocan, a todos los que lo invocan de verdad. Hará la voluntad de los que le temen; y oirá el clamor de ellos, y los salvará. El Eterno guarda a todos los que lo aman, y destruirá a todos los malvados. Mi boca hablará del loor de El Eterno; y todos bendecirán Su Nombre sagrado para siempre jamás» (Salmos, capítulo 145).

תְּהִלָּה לְדָוִד אֲרוֹמִמְךָ אֱלוֹהַי הַמֶּלֶךְ וַאֲבָרְכָה שִׁמְךָ לְעוֹלָם וָעֶד: בְּכָל יוֹם אֲבָרְכֶךָ וַאֲהַלְלָה שִׁמְךָ לְעוֹלָם וָעֶד: גָּדוֹל יְהוָה וּמְהֻלָּל מְאֹד וְלִגְדֻלָּתוֹ אֵין חֵקֶר: דּוֹר לְדוֹר יְשַׁבַּח מַעֲשֶׂיךָ וּגְבוּרֹתֶיךָ יַגִּידוּ: הֲדַר כְּבוֹד הוֹדֶךָ וְדִבְרֵי נִפְלְאוֹתֶיךָ אָשִׂיחָה: וֶעֱזוּז נוֹרְאֹתֶיךָ יֹאמֵרוּ (וגְדוּלָּתֶיךָ) וּגְדוּלָּתְךָ אֲסַפְּרֶנָּה: זֵכֶר רַב טוּבְךָ יַבִּיעוּ וְצִדְקָתְךָ יְרַנֵּנוּ: חַנּוּן וְרַחוּם יְהוָה אֶרֶךְ אַפַּיִם וּגְדָל חָסֶד: טוֹב יְהוָה לַכֹּל וְרַחֲמָיו עַל כָּל מַעֲשָׂיו: יוֹדוּךָ יְהוָה כָּל מַעֲשֶׂיךָ וַחֲסִידֶיךָ יְבָרְכוּכָה: כְּבוֹד מַלְכוּתְךָ יֹאמֵרוּ וּגְבוּרָתְךָ יְדַבֵּרוּ: לְהוֹדִיעַ לִבְנֵי הָאָדָם גְּבוּרֹתָיו וּכְבוֹד הֲדַר מַלְכוּתוֹ: מַלְכוּתְךָ מַלְכוּת כָּל עֹלָמִים וּמֶמְשַׁלְתְּךָ בְּכָל דּוֹר וָדוֹר: סוֹמֵךְ יְהוָה לְכָל הַנֹּפְלִים וְזוֹקֵף לְכָל הַכְּפוּפִים: עֵינֵי כֹל אֵלֶיךָ יְשַׂבֵּרוּ וְאַתָּה נוֹתֵן לָהֶם אֶת אָכְלָם בְּעִתּוֹ: פּוֹתֵחַ אֶת יָדֶךָ וּמַשְׂבִּיעַ לְכָל חַי רָצוֹן: צַדִּיק יְהוָה בְּכָל דְּרָכָיו וְחָסִיד בְּכָל מַעֲשָׂיו: קָרוֹב יְהוָה לְכָל קֹרְאָיו לְכֹל אֲשֶׁר יִקְרָאֻהוּ בֶאֱמֶת: רְצוֹן יְרֵאָיו יַעֲשֶׂה וְאֶת שַׁוְעָתָם יִשְׁמַע וְיוֹשִׁיעֵם: שׁוֹמֵר יְהוָה אֶת כָּל אֹהֲבָיו וְאֵת כָּל הָרְשָׁעִים יַשְׁמִיד: תְּהִלַּת יְהוָה יְדַבֶּר פִּי וִיבָרֵךְ כָּל בָּשָׂר שֵׁם קָדְשׁוֹ לְעוֹלָם וָעֶד:

«El que reside al amparo del Altísimo, permanecerá a la sombra del Todopoderoso. Diré: por El Eterno, mi protección, y mi fortaleza; Mi Dios, en Él confiaré. Porque Él te salvará de caer en la trampa, del quebranto de la peste. Te cubrirá con sus plumas, y te amparará debajo de sus alas; su verdad es escudo y armadura. No temerás del miedo de la noche, de la saeta que vuele de día. De la peste que anda en la oscuridad, de la pestilencia que ataca en medio del día. Caerán mil a tu lado, y diez mil a tu diestra; a ti no se acercarán. Contemplarás sólo con tus ojos, y verás la recompensa –el castigo– de los malvados. Porque tú –dices–: "El Eterno, es mi esperanza"; has puesto tu morada en El Altísimo. Mal no vendrá a ti, y daño no se acercará a tu morada. Porque ordenará a sus ángeles por ti, para que te guarden en todos tus caminos. Te llevarán sobre sus manos, para que tu pie no tropiece con piedra. Pisarás sobre el león y la víbora; hollarás al cachorro de león y al reptil. Porque ha puesto su anhelo en Mí, y lo salvaré; lo enalteceré, porque conoció mi Nombre. Me invocará, y le responderé, estaré con él en la aflicción; lo salvaré y le otorgaré honor. Lo saciaré de larga vida, y le mostraré Mi salvación» (Salmos, capítulo 91).

Hebreo

יֹשֵׁב בְּסֵתֶר עֶלְיוֹן בְּצֵל שַׁדַּי יִתְלוֹנָן: אֹמַר לַיהוָה מַחְסִי וּמְצוּדָתִי אֱלֹהַי אֶבְטַח בּוֹ: כִּי הוּא
יַצִּילְךָ מִפַּח יָקוּשׁ מִדֶּבֶר הַוּוֹת: בְּאֶבְרָתוֹ יָסֶךְ לָךְ וְתַחַת כְּנָפָיו תֶּחְסֶה צִנָּה וְסֹחֵרָה אֲמִתּוֹ:
לֹא תִירָא מִפַּחַד לָיְלָה מֵחֵץ יָעוּף יוֹמָם: מִדֶּבֶר בָּאֹפֶל יַהֲלֹךְ מִקֶּטֶב יָשׁוּד צָהֳרָיִם: יִפֹּל
מִצִּדְּךָ אֶלֶף וּרְבָבָה מִימִינֶךָ אֵלֶיךָ לֹא יִגָּשׁ: רַק בְּעֵינֶיךָ תַבִּיט וְשִׁלֻּמַת רְשָׁעִים תִּרְאֶה: כִּי
אַתָּה יְהוָה מַחְסִי עֶלְיוֹן שַׂמְתָּ מְעוֹנֶךָ: לֹא תְאֻנֶּה אֵלֶיךָ רָעָה וְנֶגַע לֹא יִקְרַב בְּאָהֳלֶךָ: כִּי
מַלְאָכָיו יְצַוֶּה לָּךְ לִשְׁמָרְךָ בְּכָל דְּרָכֶיךָ: עַל כַּפַּיִם יִשָּׂאוּנְךָ פֶּן תִּגֹּף בָּאֶבֶן רַגְלֶךָ:
עַל שַׁחַל וָפֶתֶן תִּדְרֹךְ תִּרְמֹס כְּפִיר וְתַנִּין: כִּי בִי חָשַׁק וַאֲפַלְּטֵהוּ אֲשַׂגְּבֵהוּ כִּי יָדַע שְׁמִי:
יִקְרָאֵנִי וְאֶעֱנֵהוּ עִמּוֹ אָנֹכִי בְצָרָה אֲחַלְּצֵהוּ וַאֲכַבְּדֵהוּ: אֹרֶךְ יָמִים אַשְׂבִּיעֵהוּ וְאַרְאֵהוּ בִּ־
שׁוּעָתִי:

LA CONEXIÓN CON LO ALTO

Los Salmos citados fueron recomendados en el libro *Shimush Tehilim* para recitar en las dolencias mencionadas previamente. Sin embargo, hay muchas afecciones a diversos órganos y miembros del cuerpo para las que no encontramos allí un Salmo específico para pronunciar por los mismos y pedir al Creador sanación, pero sabemos que el rey David incluyó en el Libro de los Salmos oraciones para toda situación de la vida. Por lo tanto, vamos a ver enseñanzas de los sabios que nos indican qué hacer en situaciones que no fueron mencionados Salmos específicos para recitar por las mismas en el libro citado previamente.

Encontramos en el libro del sabio Jid"á una importante enseñanza que recomienda pronunciar todos los días los versículos de los Salmos que están vinculados con cada una de las letras del nombre de la persona, para salvarse de toda aflicción y angustia.

Además, en el libro *Kitzur Shnei Lujot Habrit* consta esta importante enseñanza: «Escuché de un sabio de Polín, que una vez vio que había venido una gran aflicción a la ciudad, y envió a que cada uno dijera todos los versículos de los Salmos que corresponden con las letras de esa ciudad. Por ejemplo, si el nombre de la ciudad era Rotemburg, que dijeran todos los versículos del libro de los Salmos que comienzan con la letra *resh*. Y después, que dijeran todos los versículos del libro de los Salmos que comienzan con la letra *vav*. Y después, que dijeran todos los versículos del libro de los Salmos que comienzan con la letra *tet*. Y así con todas las letras del nombre de la ciudad, hasta terminar. Y esa es una recomendación –*segulá*– fidedigna, con la ayuda de El Eterno, Bendito Sea. Y ese sabio dijo que recibió de un gran cabalista que es una recomendación –*segulá*– para toda aflicción».

El orden alfabético de los versículos

Aprendemos de la enseñanza citada dos cosas importantísimas: una, que, de acuerdo con la distribución mencionada, todos los versículos del Libro de los Salmos se dividen en 22 capítulos ordenados por la letra inicial de cada versículo.

En el primer capítulo estarían todos los versículos del Libro de los Salmos que comienzan con la letra *álef,* que es la primera letra del alfabeto hebreo. En el segundo capítulo estarían todos los versículos del Libro de los Salmos que comienzan con la letra *bet* del alfabeto hebreo. En el tercer capítulo estarían todos los versículos del Libro de los Salmos que comienzan con la letra *guímel* del alfabeto hebreo. Y así sucesivamente hasta completarse las 22 letras del alfabeto hebreo.

Otra cosa importante que aprendemos de ese orden mencionado es que se alteraría completamente el orden del Libro de los Salmos tal como lo conocemos, que está dividido en 150 capítulos. Veamos un ejemplo: comencemos con el orden correspondiente a la letra *álef:* el primer versículo que comienza con la letra *álef* lo hallamos en el capítulo 1 de los Salmos, en el primer versículo de este. Ya que ese versículo comienza con la expresión: «Bienaventurados —*ashrei*—»,[1] que comienza con la letra *álef* en el texto hebreo. Los versículos que siguen a continuación en ese Salmo comienzan con letras diferentes. Y el Salmo siguiente, el capítulo 2, no comienza con la letra *álef,* sino con otra letra, hasta llegar al versículo 7, que comienza con la letra *álef,* como está escrito: «Contaré —*asaprá*— […]». Ese versículo comienza con la letra *álef* en el texto hebreo. El siguiente versículo que comienza con la letra *álef* lo hallamos en el capítulo 3 de los Salmos, en el versículo 6. Después, hallamos otro versículo que comienza con la letra *álef* en el capítulo 5, versículo 2. Encontramos nuevamente un versículo que comienza con la letra *álef* en el capítulo 7, versículo 5. En ese mismo capítulo aparecen otros tres versículos que comienzan

---

1. Según la tradición ancestral sefaradí no se pronuncia la última letra «i», por eso, las personas de origen sefaradí que conocen meticulosamente la tradición pronuncian «ashré». Y lo mismo con muchas otras palabras que terminan con la letra *yud,* aunque hay excepciones.

con la letra *álef,* y son estos: versículo 12, versículo 13 y versículo 18. Vemos que la presencia de los versículos que comienzan con la letra *álef* están dispuestos en forma alternada, y uniéndolos a todos se forma una disposición de versículos totalmente diferente, que no respeta el orden de los 150 capítulos originales.

La alusión de los diferentes órdenes

Lo concerniente a la modificación de los órdenes para fines específicos y para aprender asuntos profundos, también está aludido en el Libro de los Salmos. Para comprenderlo observaremos dos sucesos narrados en el libro de Samuel. Sabemos que Saúl persiguió a David, como está escrito: «Y Saúl habló a su hijo Jonatán, y a todos sus siervos, para que mataran a David […]» (I Samuel 19:1). Y después, David fue perseguido por su hijo Absalón, como está escrito: «Un mensajero vino a David, diciendo: "El corazón de los hombres de Israel está tras Absalón". Y David dijo a todos sus siervos que estaban con él en Jerusalén: "¡Levantaos y huyamos, porque no tendremos escapatoria ante Absalón! ¡Apresurad la marcha, por si se apresura y nos alcanza, y hecha el mal sobre nosotros, y ataca a la ciudad a filo de espada!"» (II Samuel 15:13-14).

Vemos que, según el orden cronológico de los sucesos, primero ocurrió que Saúl persiguió a David y lo quiso matar, como se menciona en I Samuel, y después Absalón lo persiguió, como se menciona en II Samuel. Sin embargo, cuando el rey David se refirió a eso en el Libro de los Salmos, no lo hizo según el orden cronológico. Pues mencionó lo concerniente a la persecución de Absalón en el capítulo 3, como está escrito: «Salmo de David, cuando huía de su hijo Absalón. El Eterno, mis enemigos se han multiplicado en gran manera, muchos se levantan contra mí. Muchos dicen de mí: "¡No hay salvación de Dios para él jamás!". Y Tú, El Eterno, me proteges; eres mi gloria, y El que levanta mi cabeza. Clamo a El Eterno con mi voz, y Él me responde siempre desde Su monte santo. Yo me acosté y dormí, y desperté confiado, porque El Eterno me sostiene. No temeré a decenas de millares de personas que me rodeen y me acosen. Levántate, El Eterno; sálvame,

Dios mío; porque Tú has golpeado a todos mis enemigos en la mejilla; has quebrado los dientes de los malvados. La salvación es de El Eterno; sobre Tu pueblo sea Tu bendición para siempre». Y lo concerniente a la persecución de Saúl, lo menciona más adelante, en el Salmo 57, como está escrito: «Al músico principal: ¡No destruyas! Salmo de David, cuando huyó a la cueva de delante de Saúl» (Salmo 57:1).

La mención de las 10 plagas

Otra alusión respecto a la disposición diferente de los sucesos la hallamos en el Salmo 105, donde David se refiere a las plagas que el Creador envió sobre Egipto no siguiendo el orden cronológico dispuesto en el texto bíblico, como está escrito: «Envió la oscuridad y oscureció; y no se rebelaron contra Su palabra. Convirtió sus aguas en sangre, y mató sus peces. Su tierra produjo ranas, —las cuales entraron— en las habitaciones de sus reyes. Dijo, y vinieron mezclas —de animales— y piojos en todos sus territorios. Les dio lluvias de granizo, y llamas de fuego en su tierra. Golpeó sus viñas y sus higueras, y quebró los árboles de su territorio. Dijo, y vinieron innumerables —langostas de la especie denominada— *arbé*, y —langostas de la especie denominada— *ielek*. Y comieron toda la hierba de su tierra, y comieron el fruto de su tierra. Y golpeó mortalmente a todo primogénito en su tierra, y a todo primerizo —nacido— de su fuerza» (Salmo 105:28-36).

Ese orden no es el mismo orden mencionado en el texto bíblico, pues primero El Eterno envió la plaga de sangre, como está escrito: «Y El Eterno dijo a Moisés: "El corazón del Faraón es duro, se rehúsa a enviar al pueblo. Ve al Faraón en la mañana, pues he aquí que sale al agua, y te pondrás de pie frente a él en la orilla del río; y a la vara que se transformó en serpiente, la llevarás en la mano. Y le dirás: 'El Eterno, el Dios de los hebreos, me ha enviado a ti, diciendo: Envía a Mi pueblo y me servirán en el desierto; y he aquí que hasta ahora no has atendido'. Así ha dicho El Eterno: "Con esto sabrás que Yo soy El Eterno; he aquí que Yo golpearé las aguas que hay en el río, con la vara que está en mi mano, y se transformarán en sangre. Y los peces que hay en el río morirán, y el río hederá; y los egipcios se extenuarán intentando beber agua del río". Y El Eterno dijo a Moshé: "Dile a Aarón: Toma tu vara y extiende tu mano sobre las aguas de Egipto; sobre sus afluentes, sobre sus canales, sobre sus represas y sobre todos los lugares donde el agua está almacenada, y se transformarán en sangre; y habrá sangre en toda la tierra de Egipto, y en la madera y en la piedra". Y así lo hicieron Moshé y Aarón, tal como les ordenó El Eterno; y levantó la vara, y golpeó el agua que había en el río, ante los ojos del Faraón y ante los ojos de sus siervos, y todas las aguas que había en el río se transformaron en sangre. Y murieron los peces que había en el río, y el río hedió; y los egipcios no pudieron beber del agua del río; y la sangre se hallaba en toda la tierra de Egipto» (Éxodo 7:14-21).

Después envió la plaga de ranas, como está escrito: «Y El Eterno dijo a Moshé: "Dile a Aarón: Extiende tu mano con tu vara sobre los afluentes, sobre los canales, y sobre las represas, y has que asciendan las ranas sobre la tierra de Egipto". Y Aarón extendió la mano sobre las aguas de Egipto, y la rana ascendió y cubrió la tierra de Egipto» (Éxodo 8:1-2).

Después envió la plaga de piojos, como está escrito: «Y El Eterno le dijo a Moshé: "Dile a Aarón: Extiende tu vara, y golpea el polvo de la tierra; y se transformará en piojos en toda la tierra de Egipto". Y así hicieron; y Aarón extendió su mano con su vara, y golpeó el polvo de la tierra, y hubo piojos en las personas y en los animales; todo el polvo de la tierra se transformó en piojos, en toda la tierra de Egipto» (Éxodo 8:12-13).

Después envió la plaga del enjambre, como está escrito: «Y El Eterno dijo a Moshé: "Levántate temprano a la mañana y ponte de pie ante el Faraón; he aquí que sale al agua, y le dirás: Así ha dicho El Eterno: envía a mi pueblo y me servirán. Porque si no envías a Mi pueblo, he aquí que enviaré a ti, a tus siervos, a tu pueblo, y a tus casas, un enjambre; y las casas de Egipto se llenarán con el enjambre, y también la tierra sobre la cual se encuentran [...] Y El Eterno hizo así, y vino un pesado enjambre a la casa del Faraón, y a la casa de sus siervos; y en toda la tierra de Egipto la tierra fue dañada a causa del enjambre» (Éxodo 8:16-20).

Después envió la plaga de la peste, como está escrito: «Y El Eterno dijo a Moshé: "Ven al Faraón, y le hablarás: Así ha dicho El Eterno, Dios de los hebreos: Envía a Mi pueblo y Me servirán. Porque si rehúsas enviarlos, y aún los retienes; he aquí que la mano de El Eterno estará en tu ganado que se halla en el campo, en los caballos, en los asnos, en los camellos, en los vacunos y en las ovejas; será una peste gravísima […] Y El Eterno hizo tal cosa al día siguiente, y murió todo el ganado de Egipto, y del ganado de los hijos de Israel no murió ninguno» (Éxodo 9:6).

Después envió la plaga de sarpullido, como está escrito: «Y El Eterno dijo a Moshé y a Aarón: "Tomad para vosotros el lleno de vuestros puños de hollín de los hornos, y que Moshé lo arroje hacia al Cielo, ante los ojos del Faraón. Y se transformará en polvo sobre toda la tierra de Egipto, y producirá sarpullido inflamado con úlceras sobre las personas y sobre los animales en toda la tierra de Egipto". Y tomaron el hollín del horno, y se pusieron de pie ante el Faraón, y Moshé lo arrojó hacia el Cielo; y se produjo sarpullido inflamado con úlceras en las personas y en los animales» (Éxodo 9:8-10).

Después les envió la plaga de granizo, como está escrito: «Hasta ahora has oprimido a Mi pueblo, y no los envías. He aquí que mañana, en este mismo momento, haré llover un granizo muy pesado, que no hubo como él en Egipto, desde el día de su fundación hasta ahora […] Y El Eterno dijo a Moshé: "Extiende tu mano hacia el Cielo y habrá granizo en toda la tierra de Egipto, sobre el hombre, y sobre el animal, y sobre toda planta del campo en la tierra de Egipto". Y Moshé extendió su vara hacia el Cielo, y El Eterno hizo que tronara y granizara, y fuera fuego en dirección a la tierra, y El Eterno hizo llover granizo sobre la tierra de Egipto. Y hubo granizo y fuego introducido en medio del granizo, muy pesado, como jamás hubo en toda la tierra de Egipto desde que fue una nación. Y el granizo golpeó en toda la tierra de Egipto, a todo lo que había en el campo, desde el hombre, hasta el animal; y a toda planta del campo el granizo la golpeó, y quebró a todo árbol del campo» (Éxodo 9:17-25).

Después envió la plaga de langostas, como está escrito: «El Eterno le dijo a Moshé: "Ve al Faraón, porque Yo he endurecido su corazón, y el corazón de sus siervos, para poner en medio de ellos estas señales Mías. Y para que cuentes a tus hijos y a los hijos de tus hijos las cosas que Yo hice en Egipto, y mis señales que hice entre ellos, y sepáis que Yo soy El Eterno". Moshé y Aarón vinieron al Faraón y le dijeron: "Así ha dicho El Eterno, Dios de los hebreos: ¿Hasta cuándo te rehusarás a humillarte ante Mí? Envía a Mi pueblo y me servirá. Pues si te rehúsas a enviar a mi pueblo, he aquí que mañana traeré langostas en tu territorio. Y cubrirá la faz de la tierra, no pudiendo la tierra ser vista, y comerá el resto de lo que se salvó del granizo; y comerá todo árbol que os crece en el campo [...]". El Eterno dijo a Moshé: "Extiende tu mano sobre la tierra de Egipto por la langosta, a fin de que suba sobre la tierra de Egipto y consuma toda la hierba de la tierra, todo lo que dejó el granizo". Y Moshé extendió su vara sobre la tierra de Egipto y El Eterno hizo venir un viento oriental sobre la tierra todo aquel día y toda aquella noche; y al llegar la mañana, el viento oriental trajo la langosta. Y la langosta subió por toda la tierra de Egipto y se posó en todo el territorio de Egipto muy pesadamente; antes de eso no hubo langosta como esa, ni la habrá después. Y cubrió la faz de toda la tierra, y oscureció la tierra; y consumió toda la hierba de la tierra, y todo el fruto de los árboles que había dejado el granizo; y no quedó en toda la tierra de Egipto verdor en los árboles ni en la hierba del campo» (Éxodo 10:1-15).

Después envió la plaga de oscuridad, como está escrito: «Y dijo El Eterno a Moshé: "Extiende tu mano hacia el Cielo y haya oscuridad sobre la tierra de Egipto; y la oscuridad sea palpable". Y Moshé extendió su mano hacia el Cielo y hubo densa oscuridad en toda la tierra de Egipto por tres días [...]» (Éxodo 10:21-22).

Y después envió la plaga de la muerte de los primogénitos, como está escrito: «El Eterno dijo a Moshé: "Traeré una plaga más sobre el Faraón, y sobre Egipto, después de lo cual os enviará de aquí, enviando a todos completamente; os expulsará totalmente de aquí [...]". Y Moshé dijo: "Así ha dicho El Eterno: como a la medianoche, Yo saldré en medio de Egipto. Y morirá todo primogénito de la tierra de Egipto, desde el primogénito del Faraón que se sienta en su trono, hasta el primogénito de la sierva que está tras el molino, y todo primogénito de los animales [...]". Y a la medianoche aconteció que El Eterno golpeó a todo primogénito en la tierra de Egipto, desde el primogénito del Faraón que se sentaba en su trono, hasta el primogénito del cautivo que se hallaba en prisión, y a todo primogénito animal. Y el Faraón se levantó esa noche, él y todos sus siervos, y todo Egipto; y hubo un tremendo clamor en Egipto, pues no había casa donde no hubiese allí algún muerto. Y llamó a Moshé y a Aarón en la noche, y les dijo: "Levantaos, salid de en medio de mi pueblo, también vosotros, también los hijos de Israel, y marchad y servid a El Eterno, como habéis hablado. También tomad a vuestras ovejas y a vuestras vacas, como habéis hablado, y marchaos y bendecidme también a mí"» (Éxodo 11:1-10 y 12:1-32).

La explicación de los órdenes

La explicación del asunto es ésta: en el Libro de los Salmos se manifiesta: «Envió la oscuridad y oscureció». La oscuridad era la última plaga, y el final de los 3 órdenes, porque las plagas vinieron en 3 órdenes: sangre, ranas y piojos; enjambre, peste y sarpullido; granizo, langostas, oscuridad y muerte de los primogénitos (a la medianoche). Enseña acerca de tres asuntos (Malbi"m en su explicación al Salmo 105:28).

Respecto a los 3 órdenes mencionados por el sabio Malbi"m, consta en la Hagada de Pésaj, que es el nombre del libro que se lee en la festividad de Pésaj, y narra los milagros que Dios hizo a Israel en la salida de Egipto, esta declaración: «Esas diez plagas que El Santo, Bendito Sea, trajo a los egipcios en Egipto, estas son: sangre, ranas, piojos, enjambre, peste, sarpullido, granizo, langostas, oscuridad, muerte de los primogénitos». Rabí Yehuda les colocaba señales:

דְּצַ"ךְ עַדַ"שׁ בְּאַחַ"ב

Las letras hebreas mencionadas en las iniciales puestas por Rabí Yehuda son las iniciales de las diez plagas:

La letra *dalet* es la inicial de *dam,* que significa «sangre».
La letra *tzadi* es la inicial de *tzefardea,* que significa «ranas».
La letra *caf* es la inicial de *quinim,* que significa «piojos».

La letra *ain* es la inicial de *arov,* que significa «enjambre».

La letra *dalet* es la inicial de *dever,* que significa «peste».

La letra *shin* es la inicial de *shejin,* que significa «sarpullido».

La letra *bet* es la inicial de *barad,* que significa «granizo».

La letra *álef* es la inicial de *arbé,* que significa «langostas».

La letra *jet* es la inicial de *joshej,* que significa «oscuridad».

La letra *bet* es la inicial de *bejorot,* que significa «primogénitos».

Vemos que las 10 plagas de Egipto tenían un orden en el que fueron enviadas, pero tenían otro orden de agrupación de estas por razones específicas, para enseñarnos asuntos trascendentales ocultos en esas plagas. Y los sabios se refirieron a esos órdenes explicando asuntos relevantes.

Las tres primeras plagas están vinculadas con la tierra. Las tres plagas centrales están vinculadas con asuntos circunstanciales. Las tres últimas plagas están vinculadas con el aire. Y la muerte de los primogénitos no tiene compatibilidad con las otras, por eso la ubicó junto a las últimas tres (Rashba"m).

Las compatibilidades

¿Qué significa: «No tiene compatibilidad con las otras»? Se refiere a una enseñanza mencionada por los sabios acerca de la compatibilidad de las letras.

Para explicarlo, mencionaremos primeramente una enseñanza del Midrash:

Una mujer le preguntó a Rabí Iosei bar Jalafta:

—¿En cuántos días creó Dios el universo?

Rabí Iosei le respondió:

—En seis días, como está escrito: «En seis días hizo Dios los Cielos y la Tierra» (Éxodo 31:17).

La señora volvió a preguntar:

—¿Qué hace desde entonces?

El sabio le explicó que Dios desde ese momento se ocupa de hallar las parejas ideales de las personas para que formalicen su matrimonio.

La mujer le dijo:

—¿Esa es Su tarea? Yo también puedo hacerlo. ¿Cuántos siervos y siervas poseo? En un instante puedo encontrar la pareja de cada uno y hacer que se casen.

El sabio le dijo:

—Si es tan fácil para ti, has de saber que para el Creador del universo es algo muy complicado, tanto como lo fue partir el mar para que el pueblo hebreo pasara cuando salió de Egipto.

Ambos se retiraron, cada uno a su sitio, y cuando llegó a su morada, la señora tomó mil esclavos y mil esclavas, y los hizo formar en hileras. Después determinó:

—¡Mengano contraerá enlace con Zutana; Plonit lo hará con Almoní!

Y de este modo, formó mil matrimonios en una noche.

Al poco tiempo, los recién casados regresaron a ella, uno con el ojo hinchado, el otro con la pierna lesionada, uno con la cabeza maltrecha. Ella les dijo:

—¿Qué sucede con vosotros?

Todos le respondieron de la misma manera:

—¡No quiero a esta mujer por esposa!

—¡No deseo seguir con este individuo, no lo soporto!

De inmediato la mujer envió informar a Rabí Iosei bar Jalafta:

—No hay ningún dios como el vuestro! ¡Es verdadera, bella y magnífica vuestra Torá! ¡Todo lo que has dicho, son cosas ciertas!

Se refiere a formar parejas humanas, pero hay un asunto profundo detrás de esa enseñanza, y está vinculado con las letras. En el tratado talmúdico de Sucá se menciona un sistema de intercambio de letras consistente en formar unidades, decenas y centenas. El mismo se denomina *Alef Bet de Rabí Jía*.

Las combinaciones de las letras

Para realizar las combinaciones se toman las letras cuyo valor numérico corresponde a unidades, y se las asocia para formar una decena. Las letras cuyo valor numérico corresponde a decenas, deben asociarse para formar una centena. Respecto a las letras cuyo valor numérico corresponde a centenas, el modo de asociarlas dependerá del alfabeto que tomemos, el original de 22 letras, o el completo de 27 letras.

Si tomamos el alfabeto de 22 letras, hay sólo cuatro que poseen valor numérico expresado en centenas, las letras: *kuf, resh, shin* y *tav*. Por eso, se las asocia entre sí formando con ellas el valor 500. En cambio, si se toma el alfabeto completo, de 27 letras, se forman unidades de mil, ya que los valores de estas letras lo permiten.

Este procedimiento posibilitará que casi todas las letras posean pareja, pero es inevitable que ciertas letras se queden sin una pareja. Pues la letra *he*, cuyo valor es 5 no posee ninguna letra que, de acuerdo con su valor numérico, pueda asociarse a ella para formar una decena. Por lo tanto, queda sola. Y lo mismo ocurre con la letra *nun*, cuyo valor es 50, entre las decenas. E idéntica situación se produce con la letra *mem* final en el sistema completo de 27 letras; ya que su valor es 500 y no posee compañera para formar una unidad de mil. Por eso, para solucionarlo, se unen entre sí a las letras que han quedado solas.

DESARROLLO DEL ALEF BET DE RABÍ JÍA

El sistema mencionado consta en el tratado talmúdico de Sucá en forma sintética. Y el exegeta Rashi lo explicó paso a paso de acuerdo con el modo extendido del alfabeto, tomando las 27 letras, y asignándoles los valores numéricos que corresponden. Este mismo sistema también se menciona en el libro *Ein Yakov*, que contiene extractos selectos del Talmud. Allí, en la exégesis de Rashi, se explica el sistema de acuerdo con el alfabeto original de 22 letras.[2]

---

2. La explicación del alfabeto original compuesto de 22 letras, como así del alfabeto completo de 27 letras, puede consultarse en el libro *Las Claves de la Numerología*

Los órdenes secuenciales

Considerando lo mencionado, podremos comprender lo citado previamente acerca de las plagas de Egipto y sus órdenes. Pues, según lo explicado por Rashba"m, la última plaga del tercer orden es la plaga de oscuridad, tal como mencionó el sabio Malbi"m. Y todo eso está indicado en el Salmo que hemos citado previamente. Ya que comienza mencionando la plaga de oscuridad, y sigue con el orden textual mencionado en el texto bíblico. Vemos a partir de aquí, la profundidad de los Salmos, y lo concerniente a la disposición de los diferentes órdenes de las letras indicadas en estos.

Así se puede comprender lo que mencionó el sabio Jid"á, y lo que se menciona en el libro *Kitzur Shnei Lujot Habrit* respecto a la disposición de todos los versículos de los Salmos ordenados por letras, resultando 22 órdenes, en correspondencia con las 22 letras del alfabeto hebreo. Y a través de ese sistema la persona que tiene una aflicción puede pedir al Creador a través de la mención de todos los versículos asociados a cada una de las letras de su aflicción. Sin embargo, debe considerarse que los versículos que deben pronunciarse para poder utilizar este sistema son muchos. Y si bien hay personas que lo pueden hacer, y tienen la capacidad de concentrase apropiadamente para realizar este procedimiento, hay muchas personas a las que no les resulta sencillo. Por eso, debemos saber que en los Salmos hay otras opciones que el rey David dejó indicadas. Hallamos un Salmo específico, que es el 119, el cual está ordenado alfabéticamente; y no sólo eso, sino que hay 8 versículos para cada letra. Es decir, hay 8 versículos que comienzan con cada una de las letras del alfabeto hebreo, y por eso, ese Salmo está compuesto de 176 versículos; ya que en el alfabeto hebreo hay 22 letras,[3] y multiplicando 22 por 8, da como resultado 176.

Cabalística. Y se recomienda consultar también el libro: *Los Fundamentos de la Numerología Cabalística,* y el libro *Numerología y Cábala.* En esos tres libros se explican detalles relevantes de las letras del alfabeto hebreo.

3. 22 es la cantidad de letras que contiene el alfabeto hebreo. Y si bien dijimos que hay un alfabeto que contiene 27 letras, no significa que tenga 5 letras adicionales, sino que tiene gráficos diferentes para cinco de esas 22 letras, para escribirlas cada vez que éstas aparecen al final de las palabras. Esas 5 letras que tienen gráficos

La aplicación del Salmo 119

Los sabios han enseñado que la utilización de ese Salmo es muy importante para diversas situaciones de la vida. Por ejemplo, cuando una persona está enferma y sufre de algún padecimiento, se acostumbra a mencionar el nombre de la persona que sufre ese padecimiento a través de los versículos de ese Salmo que están vinculados con las letras de su nombre. Es decir, se pronuncian los 8 versículos del capítulo 119 de los Salmos, que corresponden con cada una de las letras del nombre de la persona. Si el nombre de la persona está compuesto por 5 letras, se pronunciarán 40 versículos, 8 versículos correspondientes a cada una de las letras del nombre de la persona. Y si alguna de las letras de su nombre se repite, se repiten esos 8 versículos correspondientes a esa letra.

También este sistema es utilizado para el recuerdo de las almas de las personas que han partido de este mundo. Pues, tal como fue enseñado, recordando el nombre a través de los Salmos su alma se eleva.

Pedidos especiales al Creador

Y no sólo eso, sino que también este sistema es utilizado para pedir por asuntos que se necesitan solucionar, por ejemplo, paz en el hogar. Tal como hallamos en el libro *Avia Jidot*, donde se menciona en nombre del libro *Bet El*, que aquella persona que tiene problemas de paz en el hogar pronuncie los versículos del Salmo 119 que corresponden con las letras de la expresión: «paz en el hogar». Esta enseñanza también consta en el libro *Segulot Israel*, apartado *Shin*, y también en los libros *Jaravot Vesiftoteihem*, y *Shalom Bait*.

---

diferentes para colocar al final de las palabras son éstas: *caf, mem, nun, pe* y *tzadi*. Y si bien según las enseñanzas previamente citadas esas cinco letras tienen valores numéricos diferentes, aun así, no se altera el nombre de esas letras, sino que se las denomina según su nombre y se les agrega el denominativo *sofit*, es decir: «final». Por ejemplo: *caf sofit*. Así, pues, estas 5 letras, cuando aparecen al final de las palabras, se denominan de este modo: *caf sofit, mem sofit, nun sofit, pe sofit* y *tzadi sofit*.

Ahora bien, para aplicar este sistema también se deben pronunciar varios versículos. Por ejemplo, lo mencionado en el libro *Avia Jidot*, que para un problema de paz en el hogar se mencionen los versículos correspondientes a las letras de la expresión «paz en el hogar», se deben pronunciar 64 versículos. Ya que la expresión «paz en el hogar» se escribe así con letras hebreas:

שלום בבית

Se observa que la expresión «paz en el hogar», se describe mediante 8 letras, y si se deben pronunciar 8 versículos en correspondencia con cada letra, resulta que se han de pronunciar 64 versículos. Y hay personas que tienen la capacidad de pronunciar los 64 versículos y poder concentrarse en los mismos para poder vincularse con la energía suprema que conecta con ese asunto, aunque a otras personas les es difícil. Por eso, debemos saber que también para eso hay solución, ya que además de escribir un Salmo con 8 versículos dedicados a cada letra del alfabeto hebreo, el rey David también escribió un Salmo dedicando un versículo a cada letra del alfabeto hebreo. Ese es el Salmo 145, el cual es un Salmo selecto (véase Talmud, tratado de Berajot 4b). Y también el Salmo 25 lo escribió siguiendo el orden alfabético en la mayoría del Salmo. Hallamos una alusión que indica que hay circunstancias en las cuales se pronuncian 8 versículos por letra, y en otras circunstancias, un versículo por letra.

Un versículo por letra

Veamos un ejemplo: en los libros de oraciones de Roh Hashana[4] se menciona la plegaria que se pronuncia antes de escuchar los sonidos del cuerno denominado *Shofar,* que es un precepto bíblico, como está escrito: «El Eterno habló a Moisés diciendo: "Habla a los hijos de Israel, diciendo: En el mes séptimo, el primero del mes, será para vosotros —día de— descanso absoluto, recordatorio de —sonido de— que-

---

4. El libro de oraciones de Rosh Hashana se denomina *Majzor.*

branto –con el cuerno denominado shofar–, una Santa Convocación. Toda labor de trabajo no haréis y ofreceréis ofrenda ígnea a El Eterno"» (Levítico 23:23-25).

Antes de hacer sonar el Shofar se pronuncia 7 veces el Salmo 47, una plegaria especial, y también versículos especiales, tal como consta en el libro de oraciones denominado *Majzor*. Antes de hacer sonar el shofar, quien hará sonar el shofar ha de decir este versículo en voz alta:

מִן הַמֵּצַר קָרָאתִי יָּהּ עָנָנִי בַמֶּרְחָב יָהּ

«Desde la aflicción invoqué a Dios; Dios me respondió dándome amplitud» (Salmo 18:5).

Y también ha de decir estos versículos cuyas iniciales son las letras hebreas: kuf, resh, ain, sin, tet, nun.

קוֹלִי שָׁמָעְתָּ אל תַּעְלֵם אָזְנְךָ לְרַוְחָתִי לְשַׁוְעָתִי.

ראֹשׁ דְּבָרְךָ אֱמֶת וּלְעוֹלָם כָּל מִשְׁפַּט צִדְקֶךָ

עָרֹב עַבְדְּךָ לְטוֹב אַל יַעַשְׁקֻנִי זֵדִים

שָׂשׂ אָנֹכִי עַל אִמְרָתֶךָ כְּמוֹצֵא שָׁלָל רָב

טוּב טַעַם וָדַעַת לַמְּדֵנִי כִּי בְמִצְוֹתֶיךָ הֶאֱמָנְתִּי

נִדְבוֹת פִּי רְצֵה נָא ה' וּמִשְׁפָּטֶיךָ לַמְּדֵנִי

«Has oído mi voz, no apartes tu oído a mi clamor para favorecerme» (Lamentaciones 3:56).

«Tu palabra es verdadera desde el comienzo, y todo juicio de Tu justicia es eterno» (Salmo 119:160).

«Avala a tu siervo para bien, y no me opriman los inicuos» (Salmo 119:122).

«Yo me regocijo con Tu palabra, como quien halla un gran tesoro» (Salmo 119:162).

«Enséñame buena razón y sabiduría, porque he creído en Tus preceptos» (Salmo 119:162).

«El Eterno, acepta por favor las ofrendas de mi boca, y enséñame Tus juicios» (Salmo 119:108).

Esos 6 versículos que se pronuncian para mencionar las letras iniciales que constan en los mismos, corresponden con las mismas letras que se pronuncian en las palabras de la conocida plegaria denominada *Ana Vejoaj*.[5] Y también, cuando se recuerda el alma de una persona que ya ha fallecido. Pero la costumbre en ese caso es pronunciar los 8 versículos que corresponden a cada letra. Es decir, en Rosh Hashana se pronuncia un solo versículo por lo que en otras ocasiones se pronuncian 8 versículos. Vemos que este sistema se utiliza de acuerdo con la situación y las circunstancias, a veces recitando 8 versículos, y a veces, un versículo por letra, de la palabra que se desea o necesita aludir.

La fonética

Este sistema de codificación de lo que se desea mencionar, o pedir, a través de la inclusión de las letras en las iniciales de las palabras que se pronuncian, es algo muy importante para evitar la presencia de las energías negativas, tal como fue enseñado por los sabios. Por tal razón, es importante saber leer las palabras en la lengua original, el hebreo. Ya que las letras fueron incluidas en el comienzo de las palabras en esa lengua. Y si no se sabe leer correctamente en hebreo, es importante conocer el modo en que se pronuncian las letras, con su vocalización. Por eso, además de incluir los textos con las iniciales de lo que se desea pedir, vamos a añadir la fonética de esas palabras para que se las pueda pronunciar correctamente.

---

5. Cada palabra de esa oración comienza con una de las letras mencionadas. Y a continuación, constan en las iniciales de las palabras que siguen en esa oración, otras letras correspondientes a Nombres sagrados importantes. Esa oración se pronuncia todos los días antes de la plegaria matutina y también fue incluida en la cuenta del Omer. O sea, la cuenta que se realiza desde que termina el primer día de la festividad de Pésaj, hasta que llega la festividad de Shavuot, en la que se conmemora la entrega de la Torá.

Ahora bien, debe saberse que cuando el pueblo hebreo comenzó a dispersarse, debido a la opresión, después de la destrucción del Templo Sagrado, se generaron diferencias en las formas de pronunciar las vocales, y también algunas consonantes. Por eso, hay diferencias en la forma en que pronuncian las vocales y algunas consonantes en la comunidad marroquí, a cómo lo hacen los miembros de la comunidad teimanita, por ejemplo. Y lo mismo con muchas otras comunidades sefaradíes. Y eso también sucedió con las comunidades asquenazíes. No es lo mismo la pronunciación de las vocales y algunas consonantes por parte de la comunidad que se radicó en las zonas de Hungría, o Polonia. Además, no todos conservaron en forma meticulosa los detalles de la forma tradicional ancestral de pronunciación de los signos de puntuación y entonación. Por lo tanto, para escribir la fonética de las palabras vamos a tomar el modo más universal posible.

SALMOS PARA PEDIR SANACIÓN

A continuación, mencionaremos diferentes órganos y partes del cuerpo para pedir sanación mencionando un versículo por cada letra de la de las palabras «sanación para», y a continuación, el órgano o la parte del cuerpo que corresponda. Por ejemplo, si la persona tiene un padecimiento o un dolor en su dedo, mencionaremos todas las letras que corresponden con la expresión «sanación para el dedo», de acuerdo con el sistema previamente mencionado, es decir un versículo por cada letra. Y quien tiene la capacidad de concentrarse en más versículos por cada letra, puede pronunciar los 8 versículos que se mencionan en el capítulo 119 del Libro de los Salmos para cada letra del padecimiento. A todos los versículos del Salmo mencionado los halláis en este mismo libro, pues fueron mencionados previamente.

Amígdalas

Traducción

«Observa mi aflicción y sálvame, porque no he olvidado Tu Torá.[1] Repara en mí y agráciame conforme a Tu juicio para los que aman Tu Nombre.[2] Y venga a mí tu bondad, El Eterno; Tu salvación, conforme a tu palabra.[3] Bienaventurados quienes guardan Sus testimonios, y

---

1. Salmo 119:153. Versículo correspondiente a la letra *resh*.
2. Salmo 119:132. Versículo correspondiente a la letra *pe*.
3. Salmo 119:41. Versículo correspondiente a la letra *vav*.

Lo buscan con todo el corazón.[4] He aquí he anhelado Tus preceptos; vivifícame con Tu justicia.[5] Jamás olvidaré Tus preceptos, porque con ellos me vivificas.[6] Yo me regocijo con Tu palabra, como quien hallara un gran tesoro.[7] He clamado –a Ti– con todo el corazón, El Eterno, respóndeme y guardaré Tus prescripciones.[8] Mi alma está abatida hasta el polvo; vivifícame conforme a Tu palabra.[9] Tus misericordias vengan a mí y viviré, porque Tu Torá es mi regodeo.[10] Cuán agradables son Tus palabras para mi paladar, más que la miel en mi boca».[11]

Fonética

Ree oní vejaltzeni, ki toratja lo shajajti. Pené elai vejaneni, kemishpat lehoavei shemeja. Vivouni jasadeja Adonai; teshuatja keimrateja. Ashrei[12] notzrei edotav; bejol leb idreshuhu. Hine tahavti lefikudeja; betzidkatja jaieni. Leolam lo eshkaj pikudeja; ki bam jiitani. Sas anoji al imrateja, kemotze shalal rav. Karati vejol lev; aneni Adonai, jukeja etzora. Davká leafar nafshi, jaieni kidvareja. Ievouni rajameja veejié, ki toratja shashuai. Ma nimletzu lejiki imrateja, midvash lefi.

Hebreo

רְאֵה עָנְיִי וְחַלְּצֵנִי כִּי תוֹרָתְךָ לֹא שָׁכָחְתִּי: פְּנֵה אֵלַי וְחָנֵּנִי כְּמִשְׁפָּט לְאֹהֲבֵי שְׁמֶךָ: וִיבֹאֻנִי חֲסָדֶךָ יְהוָה תְּשׁוּעָתְךָ כְּאִמְרָתֶךָ: אַשְׁרֵי נֹצְרֵי עֵדֹתָיו בְּכָל לֵב יִדְרְשׁוּהוּ: הִנֵּה תָּאַבְתִּי לְפִקֻּדֶיךָ בְּצִדְקָתְךָ חַיֵּנִי: לְעוֹלָם לֹא אֶשְׁכַּח פִּקּוּדֶיךָ כִּי בָם חִיִּיתָנִי: שָׂשׂ אָנֹכִי עַל אִמְרָתֶךָ כְּמוֹ

---

4. Salmo 119:2. Versículo correspondiente a la letra *álef*.

5. Salmo 119:40. Versículo correspondiente a la letra *he*.

6. Salmo 119:93. Versículo correspondiente a la letra *lámed*.

7. Salmo 119:162. Versículo correspondiente a la letra *shin*.

8. Salmo 119:145. Versículo correspondiente a la letra *kuf*.

9. Salmo 119:25. Versículo correspondiente a la letra *dalet*.

10. Salmo 119:77. Versículo correspondiente a la letra *yud*.

11. Salmo 119:103. Versículo correspondiente a la letra *mem*.

12. Según la tradición ancestral sefaradí no se pronuncia la última letra «i», por eso, las personas de origen sefaradí que conocen meticulosamente la tradición pronuncian «ashré». Y lo mismo con muchas otras palabras que terminan con la letra yud, aunque hay excepciones. Y lo mismo con muchas otras palabras que terminan con la letra yud, aunque hay excepciones.

צֵא שָׁלָל רָב: קָרָאתִי בְכָל לֵב עֲנֵנִי יְהוָה חֻקֶּיךָ אֶצֹּרָה: דָּבְקָה לֶעָפָר נַפְשִׁי חַיֵּנִי כִּדְבָרֶךָ: יְבֹאֻנִי רַחֲמֶיךָ וְאֶחְיֶה כִּי תוֹרָתְךָ שַׁעֲשֻׁעָי: מַה נִּמְלְצוּ לְחִכִּי אִמְרָתֶךָ מִדְּבַשׁ לְפִי:

Boca

Traducción

«Observa mi aflicción y sálvame, porque no he olvidado Tu Torá.[13] Repara en mí y agráciame conforme a Tu juicio para los que aman Tu Nombre.[14] Y venga a mí tu bondad, El Eterno; Tu salvación, conforme a tu palabra.[15] Bienaventurados quienes guardan Sus testimonios, y Lo buscan con todo el corazón.[16] He aquí he anhelado Tus preceptos; vivifícame con Tu justicia.[17] Jamás olvidaré Tus preceptos, porque con ellos me vivificas.[18] Tus testimonios son maravillosos, por eso mi alma los ha guardado.[19] El Eterno, enséñame el camino de Tus prescripciones, y lo guardaré hasta el final».[20]

Fonética

Ree oní vejaltzeni, ki toratja lo shajajti. Pené elai vejaneni, kemishpat le-hoavei shemeja. Vivouni jasadeja Adonai; teshuatja keimrateja. Ashrei[21] notzrei edotav; bejol leb idreshuhu. Hine tahavti lefikudeja; betzidkatja jaieni. Leolam lo eshkaj pikudeja; ki bam jiitani. Pelaot edoteja, al ken netzaratam nafshi. Oreni Adonai derej jukeja; veetzarena ekev.

---

13. Salmo 119:153. Versículo correspondiente a la letra *resh*.
14. Salmo 119:132. Versículo correspondiente a la letra *pe*.
15. Salmo 119:41. Versículo correspondiente a la letra *vav*.
16. Salmo 119:2. Versículo correspondiente a la letra *álef*.
17. Salmo 119:40. Versículo correspondiente a la letra *he*.
18. Salmo 119:93. Versículo correspondiente a la letra *lámed*.
19. Salmo 119:129. Versículo correspondiente a la letra *pe*.
20. Salmo 119:33. Versículo correspondiente a la letra *he*.
21. Según la tradición ancestral sefaradí no se pronuncia la última letra «i», por eso, las personas de origen sefaradí que conocen meticulosamente la tradición pronuncian «ashré». Y lo mismo con muchas otras palabras que terminan con la letra yud, aunque hay excepciones.

Hebreo

רְאֵה עָנְיִי וְחַלְּצֵנִי כִּי תוֹרָתְךָ לֹא שָׁכָחְתִּי: פְּנֵה אֵלַי וְחָנֵּנִי כְּמִשְׁפָּט לְאֹהֲבֵי שְׁמֶךָ: וִיבֹאֻנִי חֲסָדֶךָ יְהוָה תְּשׁוּעָתְךָ כְּאִמְרָתֶךָ: אַשְׁרֵי נֹצְרֵי עֵדֹתָיו בְּכָל לֵב יִדְרְשׁוּהוּ: הִנֵּה תָּאַבְתִּי לְפִקֻּדֶיךָ בְּצִדְקָתְךָ חַיֵּנִי: לְעוֹלָם לֹא אֶשְׁכַּח פִּקּוּדֶיךָ כִּי בָם חִיִּיתָנִי: פְּלָאוֹת עֵדְוֹתֶיךָ עַל כֵּן נְצָרָתַם נַפְשִׁי: הוֹרֵנִי יְהוָה דֶּרֶךְ חֻקֶּיךָ וְאֶצְּרֶנָּה עֵקֶב:

Brazo

Traducción

«Observa mi aflicción y sálvame, porque no he olvidado Tu Torá.[22] Repara en mí y agráciame conforme a Tu juicio para los que aman Tu Nombre.[23] Y venga a mí tu bondad, El Eterno; Tu salvación, conforme a tu palabra.[24] Bienaventurados quienes guardan Sus testimonios, y Lo buscan con todo el corazón.[25] He aquí he anhelado Tus preceptos; vivifícame con Tu justicia.[26] Jamás olvidaré Tus preceptos, porque con ellos me vivificas.[27] Recordé Tus juicios desde siempre, El Eterno, y me consolé.[28] El Eterno, Tus misericordias son muchas, vivifícame conforme a Tus juicios.[29] Y no quites jamás la palabra de verdad de mi boca, porque anhelo Tu juicio.[30] Mis ojos han desfallecido anhelando por Tu salvación, y por la palabra de Tu misericordiosa justicia».[31]

Fonética

Ree oní vejaltzeni, ki toratja lo shajajti. Pené elai vejaneni, kemishpat lehoavei shemeja. Vivouni jasadeja Adonai; teshuatja keimrateja. As-

---

22. Salmo 119:153. Versículo correspondiente a la letra *resh*.
23. Salmo 119:132. Versículo correspondiente a la letra *pe*.
24. Salmo 119:41. Versículo correspondiente a la letra *vav*.
25. Salmo 119:2. Versículo correspondiente a la letra *álef*.
26. Salmo 119:40. Versículo correspondiente a la letra *he*.
27. Salmo 119:93. Versículo correspondiente a la letra *lámed*.
28. Salmo 119:52. Versículo correspondiente a la letra *zain*.
29. Salmo 119:156. Versículo correspondiente a la letra *resh*.
30. Salmo 119:43. Versículo correspondiente a la letra *vav*.
31. Salmo 119:123. Versículo correspondiente a la letra *ain*.

hrei[32] *notzrei edotav; bejol leb idreshuhu. Hine tahavti lefikudeja; betzi-dkatja jaieni. Leolam lo eshkaj pikudeja; ki bam jiitani. Zajarti mishpa-teja meolam Adonai, vaetnejam. Rajameja rabim Adonai; kemishpateja jaieni. Veal tatzel mipi devar emet ad meod, ki lemishpateja ijalti. Einai kalu lishuateja; uleimrat tzidkeja.*

Hebreo

רְאֵה עָנְיִי וְחַלְּצֵנִי כִּי תוֹרָתְךָ לֹא שָׁכָחְתִּי׃ פְּנֵה אֵלַי וְחָנֵּנִי כְּמִשְׁפָּט לְאֹהֲבֵי שְׁמֶךָ׃ וִיבֹאֻנִי חֲסָדֶךָ יְהוָה תְּשׁוּעָתְךָ כְּאִמְרָתֶךָ׃ אַשְׁרֵי נֹצְרֵי עֵדֹתָיו בְּכָל לֵב יִדְרְשׁוּהוּ׃ הִנֵּה תָּאַבְתִּי לְפִקֻּדֶיךָ בְּצִדְקָתְךָ חַיֵּנִי׃ לְעוֹלָם לֹא אֶשְׁכַּח פִּקּוּדֶיךָ כִּי בָם חִיִּיתָנִי׃ זָכַרְתִּי מִשְׁפָּטֶיךָ מֵעוֹלָם יְהוָה וָאֶתְנֶחָם׃ רַחֲמֶיךָ רַבִּים יְהוָה כְּמִשְׁפָּטֶיךָ חַיֵּנִי׃ וְאַל תַּצֵּל מִפִּי דְבַר אֱמֶת עַד מְאֹד כִּי לְמִשְׁפָּטֶךָ יִחָלְתִּי׃ עֵינַי כָּלוּ לִישׁוּעָתֶךָ וּלְאִמְרַת צִדְקֶךָ׃

Bronquios

Traducción

«Observa mi aflicción y sálvame, porque no he olvidado Tu Torá.[33] Repara en mí y agráciame, conforme a Tu juicio para los que aman Tu Nombre.[34] Y venga a mí tu bondad, El Eterno; Tu salvación, conforme a tu palabra.[35] Bienaventurados quienes guardan Sus testimonios, y Lo buscan con todo el corazón.[36] He aquí he anhelado Tus precep-tos; vivifícame con Tu justicia.[37] Jamás olvidaré Tus preceptos, porque con ellos me vivificas.[38] Ayúdame y tendré salvación, y me ocuparé de

---

32. Según la tradición ancestral sefaradí no se pronuncia la última letra «i», por eso, las personas de origen sefaradí que conocen meticulosamente la tradición pronuncian «ashré». Y lo mismo con muchas otras palabras que terminan con la letra yud, aunque hay excepciones.
33. Salmo 119:153. Versículo correspondiente a la letra *resh*.
34. Salmo 119:132. Versículo correspondiente a la letra *pe*.
35. Salmo 119:41. Versículo correspondiente a la letra *vav*.
36. Salmo 119:2. Versículo correspondiente a la letra *álef*.
37. Salmo 119:40. Versículo correspondiente a la letra *he*.
38. Salmo 119:93. Versículo correspondiente a la letra *lámed*.

Tus prescripciones siempre.[39] Tus misericordias vengan a mí y viviré, porque Tu Torá es mi regodeo.[40] Cuán agradables son Tus palabras para mi paladar, más que la miel en mi boca.[41] Tus testimonios son maravillosos, por eso mi alma los ha guardado.[42] Y no quites jamás la palabra de verdad de mi boca, porque anhelo Tu juicio.[43] Tu palabra es lámpara para mis pies, y luz para mi sendero.[44] Y guardaré Tu Torá continuamente, por siempre.[45] Aproxímese mi plegaria delante de Ti, El Eterno, otórgame entendimiento conforme a Tu palabra».[46]

Fonética

Ree oní vejaltzeni, ki toratja lo shajajti. Pené elai vejaneni, kemishpat lehoavei shemeja. Vivouni jasadeja Adonai; teshuatja keimrateja. Ashrei[47] notzrei edotav; bejol leb idreshuhu. Hine tahavti lefikudeja; betzidka-tja jaieni. Leolam lo eshkaj pikudeja; ki bam jiitani. Seadeni veivashea, veesha vejukeja tamid. Ievouni rajameja veejié, ki toratja shashuai. Ma nimletzu lejiki imrateja, midvash lefi. Pelaot edoteja, al ken netzaratam nafshi. Veal tatzel mipi devar emet ad meod, ki lemishpateja ijalti. Ner leragli devareja, veor lintivati. Veeshmerá toratja tamid, leolam vaed. Tikrav rinati lefaneja Adonai; kidvarja avineni.

Hebreo

רְאֵה עָנְיִי וְחַלְּצֵנִי כִּי תוֹרָתְךָ לֹא שָׁכָחְתִּי: פְּנֵה אֵלַי וְחָנֵּנִי כְּמִשְׁפָּט לְאֹהֲבֵי שְׁמֶךָ: וִיבֹאֻנִי
חֲסָדֶךָ יְהוָה תְּשׁוּעָתְךָ כְּאִמְרָתֶךָ: אַשְׁרֵי נֹצְרֵי עֵדֹתָיו בְּכָל לֵב יִדְרְשׁוּהוּ: הִנֵּה תָּאַבְתִּי לְפִ־

---

39. Salmo 119:117. Versículo correspondiente a la letra *samej.*
40. Salmo 119:77. Versículo correspondiente a la letra *yud.*
41. Salmo 119:103. Versículo correspondiente a la letra *mem.*
42. Salmo 119:129. Versículo correspondiente a la letra *pe.*
43. Salmo 119:43. Versículo correspondiente a la letra *vav.*
44. Salmo 119:105. Versículo correspondiente a la letra *nun.*
45. Salmo 119:44. Versículo correspondiente a la letra *vav.*
46. Salmo 119:169. Versículo correspondiente a la letra *tav.*
47. Según la tradición ancestral sefaradí no se pronuncia la última letra «i», por eso, las personas de origen sefaradí que conocen meticulosamente la tradición pronuncian «ashré». Y lo mismo con muchas otras palabras que terminan con la letra yud, aunque hay excepciones.

קָדֶיךָ בְּצִדְקָתְךָ חַיֵּנִי: לְעוֹלָם לֹא אֶשְׁכַּח פִּקּוּדֶיךָ כִּי בָם חִיִּיתָנִי: סְעָדֵנִי וְאִוָּשֵׁעָה וְאֶשְׁעָה
בְחֻקֶּיךָ תָמִיד: יְבֹאוּנִי רַחֲמֶיךָ וְאֶחְיֶה כִּי תוֹרָתְךָ שַׁעֲשֻׁעָי: מַה נִּמְלְצוּ לְחִכִּי אִמְרָתֶךָ מִדְּבַשׁ
לְפִי: פְּלָאוֹת עֵדְוֹתֶיךָ עַל כֵּן נְצָרָתַם נַפְשִׁי: וְאַל תַּצֵּל מִפִּי דְבַר אֱמֶת עַד מְאֹד כִּי לְמִשְׁ־
פָּטֶךָ יִחָלְתִּי: נֵר לְרַגְלִי דְבָרֶךָ וְאוֹר לִנְתִיבָתִי: וְאֶשְׁמְרָה תוֹרָתְךָ תָמִיד לְעוֹלָם וָעֶד: תִּקְרַב
רִנָּתִי לְפָנֶיךָ יְהוָה כִּדְבָרְךָ הֲבִינֵנִי:

Cartílagos

Traducción

«Observa mi aflicción y sálvame, porque no he olvidado Tu Torá.[48] Repara en mí y agráciame conforme a Tu juicio para los que aman Tu Nombre.[49] Y venga a mí tu bondad, El Eterno; Tu salvación, conforme a tu palabra.[50] Bienaventurados quienes guardan Sus testimonios, y Lo buscan con todo el corazón.[51] He aquí he anhelado Tus preceptos; vivifícame con Tu justicia.[52] Jamás olvidaré Tus preceptos, porque con ellos me vivificas.[53] Ayúdame y tendré salvación, y me ocuparé de Tus prescripciones siempre.[54] Imploré ante Ti con todo el corazón; ten misericordia de mí conforme a Tu palabra.[55] Y no quites jamás la palabra de verdad de mi boca, porque anhelo Tu juicio.[56] Tú eres mi refugio y mi escudo, he esperado Tu palabra.[57] Tus misericordias vengan a mí y viviré, porque Tu Torá es mi regodeo.[58] Cuán agradables son Tus palabras para mi paladar, más que la miel en mi boca».[59]

---

48. Salmo 119:153. Versículo correspondiente a la letra *resh*.
49. Salmo 119:132. Versículo correspondiente a la letra *pe*.
50. Salmo 119:41. Versículo correspondiente a la letra *vav*.
51. Salmo 119:2. Versículo correspondiente a la letra *álef*.
52. Salmo 119:40. Versículo correspondiente a la letra *he*.
53. Salmo 119:93. Versículo correspondiente a la letra *lámed*.
54. Salmo 119:117. Versículo correspondiente a la letra *samej*.
55. Salmo 119:58. Versículo correspondiente a la letra *jet*.
56. Salmo 119:43. Versículo correspondiente a la letra *vav*.
57. Salmo 119:114. Versículo correspondiente a la letra *samej*.
58. Salmo 119:77. Versículo correspondiente a la letra *yud*.
59. Salmo 119:103. Versículo correspondiente a la letra *mem*.

Fonética

*Ree oní vejaltzeni, ki toratja lo shajajti. Pené elai vejaneni, kemish-
pat lehoavei shemeja. Vivouni jasadeja Adonai; teshuatja keimrateja.
Ashrei[60] notzrei edotav; bejol leb idreshuhu. Hine tahavti lefikudeja;
betzidkatja jaieni. Leolam lo eshkaj pikudeja; ki bam jiitani. Seadeni
veivashea, veesha vejukeja tamid. Jiliti faneja bejol lev; janeni keimrateja. Veal tatzel mipi devar emet ad meod, ki lemishpateja ijalti. Sitri
umaguini ata; lidvrja ijalti. Ievouni rajameja veejié, ki toratja shashuai. Ma nimletzu lejiki imrateja, midvash lefi.*

Hebreo

רְאֵה עָנְיִי וְחַלְּצֵנִי כִּי תוֹרָתְךָ לֹא שָׁכָחְתִּי: פְּנֵה אֵלַי וְחָנֵּנִי כְּמִשְׁפָּט לְאֹהֲבֵי שְׁמֶךָ: וִיבֹאֻנִי
חֲסָדֶךָ יְהוָה תְּשׁוּעָתְךָ כְּאִמְרָתֶךָ: אַשְׁרֵי נֹצְרֵי עֵדֹתָיו בְּכָל לֵב יִדְרְשׁוּהוּ: הִנֵּה תָּאַבְתִּי לְפִ-
קֻדֶיךָ בְּצִדְקָתְךָ חַיֵּנִי: לְעוֹלָם לֹא אֶשְׁכַּח פִּקּוּדֶיךָ כִּי בָם חִיִּיתָנִי: סְעָדֵנִי וְאִוָּשֵׁעָה וְאֶשְׁעָה
בְחֻקֶּיךָ תָמִיד: חִלִּיתִי פָנֶיךָ בְכָל לֵב חָנֵּנִי כְּאִמְרָתֶךָ: וְאַל תַּצֵּל מִפִּי דְבַר אֱמֶת עַד מְאֹד כִּי
לְמִשְׁפָּטֶךָ יִחָלְתִּי: סִתְרִי וּמָגִנִּי אָתָּה לִדְבָרְךָ יִחָלְתִּי: יְבֹאוּנִי רַחֲמֶיךָ וְאֶחְיֶה כִּי תוֹרָתְךָ שַׁעֲ-
שָׁעָי: מַה נִּמְלְצוּ לְחִכִּי אִמְרָתֶךָ מִדְּבַשׁ לְפִי:

Cerebro

Traducción

«Observa mi aflicción y sálvame, porque no he olvidado Tu Torá.[61]
Repara en mí y agráciame conforme a Tu juicio para los que aman Tu
Nombre.[62] Y venga a mí tu bondad, El Eterno; Tu salvación, conforme
a tu palabra.[63] Bienaventurados quienes guardan Sus testimonios, y

---

60. Según la tradición ancestral sefaradí no se pronuncia la última letra «i», por
eso, las personas de origen sefaradí que conocen meticulosamente la tradición
pronuncian «ashré». Y lo mismo con muchas otras palabras que terminan con la
letra yud, aunque hay excepciones.
61. Salmo 119:153. Versículo correspondiente a la letra *resh*.
62. Salmo 119:132. Versículo correspondiente a la letra *pe*.
63. Salmo 119:41. Versículo correspondiente a la letra *vav*.

Lo buscan con todo el corazón.[64] He aquí he anhelado Tus preceptos; vivifícame con Tu justicia.[65] Jamás olvidaré Tus preceptos, porque con ellos me vivificas.[66] Cuán agradables son Tus palabras para mi paladar, más que la miel en mi boca.[67] Imploré ante Ti con todo el corazón; ten misericordia de mí conforme a Tu palabra».[68]

Fonética

Ree oní vejaltzeni, ki toratja lo shajajti. Pené elai vejaneni, kemishpat lehoavei shemeja. Vivouni jasadeja Adonai; teshuatja keimrateja. Ashrei[69] notzrei edotav; bejol leb idreshuhu. Hine tahavti lefikudeja; betzidkatja jaieni. Leolam lo eshkaj pikudeja; ki bam jiitani. Ma nimletzu lejiki imrateja, midvash lefi. Jiliti faneja bejol lev; janeni keimrateja.

Hebreo

רְאֵה עָנְיִי וְחַלְּצֵנִי כִּי תוֹרָתְךָ לֹא שָׁכָחְתִּי: פְּנֵה אֵלַי וְחָנֵּנִי כְּמִשְׁפָּט לְאֹהֲבֵי שְׁמֶךָ: וִיבֹאֻנִי חֲסָדֶךָ יְהוָה תְּשׁוּעָתְךָ כְּאִמְרָתֶךָ: אַשְׁרֵי נֹצְרֵי עֵדֹתָיו בְּכָל לֵב יִדְרְשׁוּהוּ: הִנֵּה תָּאַבְתִּי לְפִקֻּדֶיךָ בְּצִדְקָתְךָ חַיֵּנִי: לְעוֹלָם לֹא אֶשְׁכַּח פִּקּוּדֶיךָ כִּי בָם חִיִּיתָנִי: מַה נִּמְלְצוּ לְחִכִּי אִמְרָתֶךָ מִדְּבַשׁ לְפִי: חָלִּיתִי פָנֶיךָ בְכָל לֵב חָנֵּנִי כְּאִמְרָתֶךָ:

Cintura

Traducción

«Observa mi aflicción y sálvame, porque no he olvidado Tu Torá.[70] Repara en mí y agráciame, conforme a Tu juicio para los que aman Tu

---

64. Salmo 119:2. Versículo correspondiente a la letra *álef.*
65. Salmo 119:40. Versículo correspondiente a la letra *he.*
66. Salmo 119:93. Versículo correspondiente a la letra *lámed.*
67. Salmo 119:103. Versículo correspondiente a la letra *mem.*
68. Salmo 119:58. Versículo correspondiente a la letra *jet.*
69. Según la tradición ancestral sefaradí no se pronuncia la última letra «i», por eso, las personas de origen sefaradí que conocen meticulosamente la tradición pronuncian «ashré». Y lo mismo con muchas otras palabras que terminan con la letra yud, aunque hay excepciones.
70. Salmo 119:153. Versículo correspondiente a la letra *resh.*

Nombre.[71] Y venga a mí tu bondad, El Eterno; Tu salvación, conforme a tu palabra.[72] Bienaventurados quienes guardan Sus testimonios, y Lo buscan con todo el corazón.[73] He aquí he anhelado Tus preceptos; vivifícame con Tu justicia.[74] Jamás olvidaré Tus preceptos, porque con ellos me vivificas.[75] Cuán agradables son Tus palabras para mi paladar, más que la miel en mi boca.[76] Y no quites jamás la palabra de verdad de mi boca, porque anhelo Tu juicio.[77] Aproxímese mi plegaria delante de Ti, El Eterno, otórgame entendimiento conforme a Tu palabra.[78] Tu palabra es lámpara para mis pies, y luz para mi sendero».[79]

Fonética

Ree oní vejaltzeni, ki toratja lo shajajti. Pené elai vejaneni, kemishpat lehoavei shemeja. Vivouni jasadeja Adonai; teshuatja keimrateja. Ashrei[80] notzrei edotav; bejol leb idreshuhu. Hine tahavti lefikudeja; betzidkatja jaieni. Leolam lo eshkaj pikudeja; ki bam jiitani. Ma nimletzu lejiki imrateja, midvash lefi. Veal tatzel mipi devar emet ad meod, ki lemishpateja ijalti. Tikrav rinati lefaneja Adonai; kidvarja avineni. Ner leragli devareja, veor lintivati.

Hebreo

רְאֵה עָנְיִי וְחַלְּצֵנִי כִּי תוֹרָתְךָ לֹא שָׁכָחְתִּי: פְּנֵה אֵלַי וְחָנֵּנִי כְּמִשְׁפָּט לְאֹהֲבֵי שְׁמֶךָ: וִיבֹאֻנִי חֲסָדֶךָ יְהוָה תְּשׁוּעָתְךָ כְּאִמְרָתֶךָ: אַשְׁרֵי נֹצְרֵי עֵדֹתָיו בְּכָל לֵב יִדְרְשׁוּהוּ: הִנֵּה תָּאַבְתִּי לְפִ-

---

71. Salmo 119:132. Versículo correspondiente a la letra *pe*.
72. Salmo 119:41. Versículo correspondiente a la letra *vav*.
73. Salmo 119:2. Versículo correspondiente a la letra *álef*.
74. Salmo 119:40. Versículo correspondiente a la letra *he*.
75. Salmo 119:93. Versículo correspondiente a la letra *lámed*.
76. Salmo 119:103. Versículo correspondiente a la letra *mem*.
77. Salmo 119:43. Versículo correspondiente a la letra *vav*.
78. Salmo 119:169. Versículo correspondiente a la letra *tav*.
79. Salmo 119:105. Versículo correspondiente a la letra *nun*.
80. Según la tradición ancestral sefaradí no se pronuncia la última letra «i», por eso, las personas de origen sefaradí que conocen meticulosamente la tradición pronuncian «ashré». Y lo mismo con muchas otras palabras que terminan con la letra yud, aunque hay excepciones.

קֶדֶיךָ בְּצִדְקָתְךָ חַיֵּנִי: לְעוֹלָם לֹא אֶשְׁכַּח פִּקּוּדֶיךָ כִּי בָם חִיִּיתָנִי: מַה נִּמְלְצוּ לְחִכִּי אִמְרָתֶךָ
מִדְּבַשׁ לְפִי: וְאַל תַּצֵּל מִפִּי דְבַר אֱמֶת עַד מְאֹד כִּי לְמִשְׁפָּטֶךָ יִחָלְתִּי: תִּקְרַב רִנָּתִי לְפָנֶיךָ
יְהוָה כִּדְבָרְךָ הֲבִינֵנִי: נֵר לְרַגְלִי דְבָרֶךָ וְאוֹר לִנְתִיבָתִי:

Codo

Traducción

«Observa mi aflicción y sálvame, porque no he olvidado Tu Torá.[81] Repara en mí y agráciame conforme a Tu juicio para los que aman Tu Nombre.[82] Y venga a mí tu bondad, El Eterno; Tu salvación, conforme a tu palabra.[83] Bienaventurados quienes guardan Sus testimonios, y Lo buscan con todo el corazón.[84] He aquí he anhelado Tus preceptos; vivifícame con Tu justicia.[85] Jamás olvidaré Tus preceptos, porque con ellos me vivificas.[86] Cuán agradables son Tus palabras para mi paladar, más que la miel en mi boca.[87] El Eterno, Tus misericordias son muchas, vivifícame conforme a Tus juicios.[88] Tus testimonios son maravillosos, por eso mi alma los ha guardado.[89] He clamado –a Ti– con todo el corazón, El Eterno, respóndeme y guardaré Tus prescripciones».[90]

Fonética

Ree oní vejaltzeni, ki toratja lo shajajti. Pené elai vejaneni, kemishpat lehoavei shemeja. Vivouni jasadeja Adonai; teshuatja keimrateja. Ashrei[91] notzrei edotav; bejol leb idreshuhu. Hine tahavti lefikudeja; be-

---

81. Salmo 119:153. Versículo correspondiente a la letra *resh*.
82. Salmo 119:132. Versículo correspondiente a la letra *pe*.
83. Salmo 119:41. Versículo correspondiente a la letra *vav*.
84. Salmo 119:2. Versículo correspondiente a la letra *álef*.
85. Salmo 119:40. Versículo correspondiente a la letra *he*.
86. Salmo 119:93. Versículo correspondiente a la letra *lámed*.
87. Salmo 119:103. Versículo correspondiente a la letra *mem*.
88. Salmo 119:156. Versículo correspondiente a la letra *resh*.
89. Salmo 119:129. Versículo correspondiente a la letra *pe*.
90. Salmo 119:145. Versículo correspondiente a la letra *kuf*.
91. Según la tradición ancestral sefaradí no se pronuncia la última letra «i», por eso, las personas de origen sefaradí que conocen meticulosamente la tradición

tzidkatja jaieni. Leolam lo eshkaj pikudeja; ki bam jiitani. Ma nimlet-
zu lejiki imrateja, midvash lefi. Rajameja rabim Adonai; kemishpateja
jaieni. Pelaot edoteja, al ken netzaratam nafshi. Karati vejol lev; aneni
Adonai, jukeja etzora.

Hebreo

רְאֵה עָנְיִי וְחַלְּצֵנִי כִּי תוֹרָתְךָ לֹא שָׁכָחְתִּי: פְּנֵה אֵלַי וְחָנֵּנִי כְּמִשְׁפָּט לְאֹהֲבֵי שְׁמֶךָ: וִיבֹאֻנִי חֲסָדֶךָ יְהוָה תְּשׁוּעָתְךָ כְּאִמְרָתֶךָ: אַשְׁרֵי נֹצְרֵי עֵדֹתָיו בְּכָל לֵב יִדְרְשׁוּהוּ: הִנֵּה תָּאַבְתִּי לְפִקֻּדֶיךָ בְּצִדְקָתְךָ חַיֵּנִי: לְעוֹלָם לֹא אֶשְׁכַּח פִּקּוּדֶיךָ כִּי בָם חִיִּיתָנִי: מַה נִּמְלְצוּ לְחִכִּי אִמְרָתֶךָ מִדְּבַשׁ לְפִי: רַחֲמֶיךָ רַבִּים יְהוָה כְּמִשְׁפָּטֶיךָ חַיֵּנִי: פְּלָאוֹת עֵדְוֹתֶיךָ עַל כֵּן נְצָרָתַם נַפְשִׁי: קָרָאתִי בְכָל לֵב עֲנֵנִי יְהוָה חֻקֶּיךָ אֶצֹּרָה:

Corazón

Traducción

«Observa mi aflicción y sálvame, porque no he olvidado Tu Torá.[92] Repara en mí y agráciame conforme a Tu juicio para los que aman Tu Nombre.[93] Y venga a mí tu bondad, El Eterno; Tu salvación, conforme a tu palabra.[94] Bienaventurados quienes guardan Sus testimonios, y Lo buscan con todo el corazón.[95] He aquí he anhelado Tus preceptos; vivifícame con Tu justicia.[96] Jamás olvidaré Tus preceptos, porque con ellos me vivificas.[97] Tu fidelidad permanece de generación en generación; has fundado la Tierra y perdura.[98] Bendito eres Tú, El Eterno; enséñame Tus prescripciones».[99]

---

pronuncian «ashré». Y lo mismo con muchas otras palabras que terminan con la letra yud, aunque hay excepciones.

92. Salmo 119:153. Versículo correspondiente a la letra *resh*.
93. Salmo 119:132. Versículo correspondiente a la letra *pe*.
94. Salmo 119:41. Versículo correspondiente a la letra *vav*.
95. Salmo 119:2. Versículo correspondiente a la letra *álef*.
96. Salmo 119:40. Versículo correspondiente a la letra *he*.
97. Salmo 119:93. Versículo correspondiente a la letra *lámed*.
98. Salmo 119:90. Versículo correspondiente a la letra *lámed*.
99. Salmo 119:12. Versículo correspondiente a la letra *bet*.

Fonética

Ree oní vejaltzeni, ki toratja lo shajajti. Pené elai vejaneni, kemishpat le-hoavei shemeja. Vivouni jasadeja Adonai; teshuatja keimrateja. Ashrei[100] notzrei edotav; bejol leb idreshuhu. Hine tahavti lefikudeja; betzidkatja jaieni. Leolam lo eshkaj pikudeja; ki bam jiitani. Ledor vador emunateja; konanta eretz, vataamod. Baruj ata Adonai, lamdeni jukeja.

Hebreo

רְאֵה עָנְיִי וְחַלְּצֵנִי כִּי תוֹרָתְךָ לֹא שָׁכָחְתִּי: פְּנֵה אֵלַי וְחָנֵּנִי כְּמִשְׁפָּט לְאֹהֲבֵי שְׁמֶךָ: וִיבֹאֻנִי חֲסָדֶךָ יְהֹוָה תְּשׁוּעָתְךָ כְּאִמְרָתֶךָ: אַשְׁרֵי נֹצְרֵי עֵדֹתָיו בְּכָל לֵב יִדְרְשׁוּהוּ: הִנֵּה תָּאַבְתִּי לְפִקֻּדֶיךָ בְּצִדְקָתְךָ חַיֵּנִי: לְעוֹלָם לֹא אֶשְׁכַּח פִּקּוּדֶיךָ כִּי בָם חִיִּיתָנִי: לְדֹר וָדֹר אֱמוּנָתֶךָ כּוֹנַנְתָּ אֶרֶץ וַתַּעֲמֹד: בָּרוּךְ אַתָּה יְהֹוָה לַמְּדֵנִי חֻקֶּיךָ:

Cuello

Traducción

«Observa mi aflicción y sálvame, porque no he olvidado Tu Torá.[101] Repara en mí y agráciame conforme a Tu juicio para los que aman Tu Nombre.[102] Y venga a mí tu bondad, El Eterno; Tu salvación, conforme a tu palabra.[103] Bienaventurados quienes guardan Sus testimonios, y Lo buscan con todo el corazón.[104] He aquí he anhelado Tus preceptos; vivifícame con Tu justicia.[105] Jamás olvidaré Tus preceptos, porque con ellos

---

100. Según la tradición ancestral sefaradí no se pronuncia la última letra «i», por eso, las personas de origen sefaradí que conocen meticulosamente la tradición pronuncian «ashré». Y lo mismo con muchas otras palabras que terminan con la letra *yud,* aunque hay excepciones.
101. Salmo 119:153. Versículo correspondiente a la letra *resh.*
102. Salmo 119:132. Versículo correspondiente a la letra *pe.*
103. Salmo 119:41. Versículo correspondiente a la letra *vav.*
104. Salmo 119:2. Versículo correspondiente a la letra *álef.*
105. Salmo 119:40. Versículo correspondiente a la letra *he.*

me vivificas.[106] El Eterno, Tú eres justo, y Tus juicios son rectos.[107] Y no quites jamás la palabra de verdad de mi boca, porque anhelo Tu juicio.[108] Y guardaré Tu Torá continuamente, por siempre.[109] Bienaventurados los de camino íntegro, quienes andan en la ley de El Eterno.[110] El Eterno, Tus misericordias son muchas, vivifícame conforme a Tus juicios».[111]

Fonética

Ree oní vejaltzeni, ki toratja lo shajajti. Pené elai vejaneni, kemishpat lehoavei shemeja. Vivouni jasadeja Adonai; teshuatja keimrateja. Ashrei[112] notzrei edotav; bejol leb idreshuhu. Hine tahavti lefikudeja; betzidkatja jaieni. Leolam lo eshkaj pikudeja; ki bam jiitani. Tzadik ata Adonai, veiashar mishpateja. Veal tatzel mipi devar emet ad meod, ki lemishpateja ijalti. Veeshmerá toratja tamid, leolam vaed. Ashrei[113] temimei darej; haoljim betorat Adonai. Rajameja rabim Adonai; kemishpateja jaieni.

Hebreo

רְאֵה עָנְיִי וְחַלְּצֵנִי כִּי תוֹרָתְךָ לֹא שָׁכָחְתִּי: פְּנֵה אֵלַי וְחָנֵּנִי כְּמִשְׁפָּט לְאֹהֲבֵי שְׁמֶךָ: וִיבֹא־
נִי חֲסָדֶךָ יְהוָה תְּשׁוּעָתְךָ כְּאִמְרָתֶךָ: אַשְׁרֵי נֹצְרֵי עֵדֹתָיו בְּכָל לֵב יִדְרְשׁוּהוּ: הִנֵּה תָּאַבְ־
תִּי לְפִקֻּדֶיךָ בְּצִדְקָתְךָ חַיֵּנִי: לְעוֹלָם לֹא אֶשְׁכַּח פִּקּוּדֶיךָ כִּי בָם חִיִּיתָנִי: צַדִּיק אַתָּה יְהוָה
וְיָשָׁר מִשְׁפָּטֶיךָ: וְאַל תַּצֵּל מִפִּי דְבַר אֱמֶת עַד מְאֹד כִּי לְמִשְׁפָּטֶךָ יִחָלְתִּי: וְאֶשְׁמְרָה תוֹ־

---

106. Salmo 119:93. Versículo correspondiente a la letra *lámed*.

107. Salmo 119:137. Versículo correspondiente a la letra *tzadi*.

108. Salmo 119:43. Versículo correspondiente a la letra *vav*.

109. Salmo 119:44. Versículo correspondiente a la letra *vav*.

110. Salmo 119:1. Versículo correspondiente a la letra *álef*.

111. Salmo 119:156. Versículo correspondiente a la letra *resh*.

112. Según la tradición ancestral sefaradí no se pronuncia la última letra «i», por eso, las personas de origen sefaradí que conocen meticulosamente la tradición pronuncian «ashré». Y lo mismo con muchas otras palabras que terminan con la letra yud, aunque hay excepciones.

113. Según la tradición ancestral sefaradí no se pronuncia la última letra «i», por eso, las personas de origen sefaradí que conocen meticulosamente la tradición pronuncian «ashré». Y lo mismo con muchas otras palabras que terminan con la letra *yud*, aunque hay excepciones.

רְתְךָ תָמִיד לְעוֹלָם וָעֶד: אַשְׁרֵי תְמִימֵי דָרֶךְ הַהֹלְכִים בְּתוֹרַת יְהוָה: רַחֲמֶיךָ רַבִּים יְהוָה
כְּמִשְׁפָּטֶיךָ חַיֵּנִי:

Dedo

Traducción

«Observa mi aflicción y sálvame, porque no he olvidado Tu Torá.[114] Repara en mí y agráciame conforme a Tu juicio para los que aman Tu Nombre.[115] Y venga a mí tu bondad, El Eterno; Tu salvación, conforme a tu palabra.[116] Bienaventurados quienes guardan Sus testimonios, y Lo buscan con todo el corazón.[117] He aquí he anhelado Tus preceptos; vivifícame con Tu justicia.[118] Jamás olvidaré Tus preceptos, porque con ellos me vivificas.[119] Bienaventurados los de camino íntegro, quienes andan en la ley de El Eterno.[120] El Eterno, Tú eres justo, y Tus juicios son rectos.[121] Bendito eres Tú, El Eterno; enséñame Tus prescripciones.[122] Mis ojos han desfallecido anhelando por Tu salvación, y por la palabra de Tu misericordiosa justicia».[123]

Fonética

Ree oní vejaltzeni, ki toratja lo shajajti. Pené elai vejaneni, kemishpat lehoavei shemeja. Vivouni jasadeja Adonai; teshuatja keimrateja. Ashrei[124]

---

114. Salmo 119:153. Versículo correspondiente a la letra *resh.*
115. Salmo 119:132. Versículo correspondiente a la letra *pe.*
116. Salmo 119:41. Versículo correspondiente a la letra *vav.*
117. Salmo 119:2. Versículo correspondiente a la letra *álef.*
118. Salmo 119:40. Versículo correspondiente a la letra *he.*
119. Salmo 119:93. Versículo correspondiente a la letra *lámed.*
120. Salmo 119:1. Versículo correspondiente a la letra *álef.*
121. Salmo 119:137. Versículo correspondiente a la letra *tzadi.*
122. Salmo 119:12. Versículo correspondiente a la letra *bet.*
123. Salmo 119:123. Versículo correspondiente a la letra *ain.*
124. Según la tradición ancestral sefaradí no se pronuncia la última letra «i», por eso, las personas de origen sefaradí que conocen meticulosamente la tradición pronuncian «ashré». Y lo mismo con muchas otras palabras que terminan con la letra *yud,* aunque hay excepciones.

notzrei edotav; bejol leb idreshuhu. Hine tahavti lefikudeja; betzidkatja jaieni. Leolam lo eshkaj pikudeja; ki bam jiitani. Ashrei[125] *temimei darej; haoljim betorat Adonai. Tzadik ata Adonai, veiashar mishpateja. Baruj ata Adonai, lamdeni jukeja. Einai kalu lishuateja; uleimrat tzidkeja.*

Hebreo

רְאֵה עָנְיִי וְחַלְּצֵנִי כִּי תוֹרָתְךָ לֹא שָׁכָחְתִּי: פְּנֵה אֵלַי וְחָנֵּנִי כְּמִשְׁפָּט לְאֹהֲבֵי שְׁמֶךָ: וִיבֹאֻנִי חֲסָדֶךָ יְהוָה תְּשׁוּעָתְךָ כְּאִמְרָתֶךָ: אַשְׁרֵי נֹצְרֵי עֵדֹתָיו בְּכָל לֵב יִדְרְשׁוּהוּ: הִנֵּה תָּאַבְתִּי לְפִקֻּדֶיךָ בְּצִדְקָתְךָ חַיֵּנִי: לְעוֹלָם לֹא אֶשְׁכַּח פִּקּוּדֶיךָ כִּי בָם חִיִּיתָנִי: אַשְׁרֵי תְמִימֵי דָרֶךְ הַהֹלְכִים בְּתוֹרַת יְהוָה: צַדִּיק אַתָּה יְהוָה וְיָשָׁר מִשְׁפָּטֶיךָ: בָּרוּךְ אַתָּה יְהוָה לַמְּדֵנִי חֻקֶּיךָ: עֵינַי כָּלוּ לִישׁוּעָתֶךָ וּלְאִמְרַת צִדְקֶךָ:

Dedos

Traducción

«Observa mi aflicción y sálvame, porque no he olvidado Tu Torá.[126] Repara en mí y agráciame conforme a Tu juicio para los que aman Tu Nombre.[127] Y venga a mí tu bondad, El Eterno; Tu salvación, conforme a tu palabra.[128] Bienaventurados quienes guardan Sus testimonios, y Lo buscan con todo el corazón.[129] He aquí he anhelado Tus preceptos; vivifícame con Tu justicia.[130] Jamás olvidaré Tus preceptos, porque con ellos me vivificas.[131] Bienaventurados los de camino íntegro, quienes andan en la ley de El Eterno.[132] El Eterno,

---

125. Según la tradición ancestral sefaradí no se pronuncia la última letra «i», por eso, las personas de origen sefaradí que conocen meticulosamente la tradición pronuncian «ashré». Y lo mismo con muchas otras palabras que terminan con la letra *yud*, aunque hay excepciones.
126. Salmo 119:153. Versículo correspondiente a la letra *resh*.
127. Salmo 119:132. Versículo correspondiente a la letra *pe*.
128. Salmo 119:41. Versículo correspondiente a la letra *vav*.
129. Salmo 119:2. Versículo correspondiente a la letra *álef*.
130. Salmo 119:40. Versículo correspondiente a la letra *he*.
131. Salmo 119:93. Versículo correspondiente a la letra *lámed*.
132. Salmo 119:1. Versículo correspondiente a la letra *álef*.

Tú eres justo, y Tus juicios son rectos.[133] Bendito eres Tú, El Eterno; enséñame Tus prescripciones.[134] Mis ojos han desfallecido anhelando por Tu salvación, y por la palabra de Tu misericordiosa justicia.[135] Y no quites jamás la palabra de verdad de mi boca, porque anhelo Tu juicio.[136] Aproxímese mi plegaria delante de Ti, El Eterno, otórgame entendimiento conforme a Tu palabra».[137]

Fonética

Ree oní vejaltzeni, ki toratja lo shajajti. Pené elai vejaneni, kemishpat lehoavei shemeja. Vivouni jasadeja Adonai; teshuatja keimrateja. Ashrei[138] *notzrei edotav; bejol leb idreshuhu. Hine tahavti lefikudeja; betzidkatja jaieni. Leolam lo eshkaj pikudeja; ki bam jiitani. Ashrei*[139] *temimei darej; haoljim betorat Adonai. Tzadik ata Adonai, veiashar mishpateja. Baruj ata Adonai, lamdeni jukeja. Einai kalu lishuateja; uleimrat tzidkeja. Veal tatzel mipi devar emet ad meod, ki lemishpateja ijalti. Tikrav rinati lefaneja Adonai; kidvarja avineni.*

Hebreo

רְאֵה עָנְיִי וְחַלְּצֵנִי כִּי תוֹרָתְךָ לֹא שָׁכָחְתִּי: פְּנֵה אֵלַי וְחָנֵּנִי כְּמִשְׁפָּט לְאֹהֲבֵי שְׁמֶךָ: וִיבֹאֻנִי חֲסָדֶךָ יְהוָה תְּשׁוּעָתְךָ כְּאִמְרָתֶךָ: אַשְׁרֵי נֹצְרֵי עֵדֹתָיו בְּכָל לֵב יִדְרְשׁוּהוּ: הִנֵּה תָּאַבְתִּי לְפִקֻּדֶיךָ בְּצִדְקָתְךָ חַיֵּנִי: לְעוֹלָם לֹא אֶשְׁכַּח פִּקּוּדֶיךָ כִּי בָם חִיִּיתָנִי: אַשְׁרֵי תְמִימֵי דָרֶךְ הַהֹלְכִים בְּתוֹרַת יְהוָה: צַדִּיק אַתָּה יְהוָה וְיָשָׁר מִשְׁפָּטֶיךָ: בָּרוּךְ אַתָּה יְהוָה לַמְּדֵנִי חֻקֶּיךָ: עֵינַי כָּלוּ

---

133. Salmo 119:137. Versículo correspondiente a la letra *tzadi*.

134. Salmo 119:12. Versículo correspondiente a la letra *bet*.

135. Salmo 119:123. Versículo correspondiente a la letra *ain*.

136. Salmo 119:43. Versículo correspondiente a la letra *vav*.

137. Salmo 119:169. Versículo correspondiente a la letra *tav*.

138. Según la tradición ancestral sefaradí no se pronuncia la última letra «i», por eso, las personas de origen sefaradí que conocen meticulosamente la tradición pronuncian «ashré». Y lo mismo con muchas otras palabras que terminan con la letra *yud*, aunque hay excepciones.

139. Según la tradición ancestral sefaradí no se pronuncia la última letra «i», por eso, las personas de origen sefaradí que conocen meticulosamente la tradición pronuncian «ashré». Y lo mismo con muchas otras palabras que terminan con la letra *yud*, aunque hay excepciones.

לִישׁוּעָתֶךָ וּלְאִמְרַת צִדְקֶךָ: וְאַל תַּצֵּל מִפִּי דְבַר אֱמֶת עַד מְאֹד כִּי לְמִשְׁפָּטֶךָ יִחָלְתִּי: תִּקְרַב רִנָּתִי לְפָנֶיךָ יְהֹוָה כִּדְבָרְךָ הֲבִינֵנִי:

Diafragma

Traducción

«Observa mi aflicción y sálvame, porque no he olvidado Tu Torá.[140] Repara en mí y agráciame conforme a Tu juicio para los que aman Tu Nombre.[141] Y venga a mí tu bondad, El Eterno; Tu salvación, conforme a tu palabra.[142] Bienaventurados quienes guardan Sus testimonios, y Lo buscan con todo el corazón.[143] He aquí he anhelado Tus preceptos; vivifícame con Tu justicia.[144] Jamás olvidaré Tus preceptos, porque con ellos me vivificas.[145] Ayúdame y tendré salvación, y me ocuparé de Tus prescripciones siempre.[146] El Eterno, Tus misericordias son muchas, vivifícame conforme a Tus juicios.[147] Mis ojos han desfallecido anhelando por Tu salvación, y por la palabra de Tu misericordiosa justicia.[148] Tus testimonios son maravillosos, por eso mi alma los ha guardado.[149] Aproxímese mi plegaria delante de Ti, El Eterno, otórgame entendimiento conforme a Tu palabra».[150]

Fonética

Ree oní vejaltzeni, ki toratja lo shajajti. Pené elai vejaneni, kemishpat lehoavei shemeja. Vivouni jasadeja Adonai; teshuatja keimrateja.

---

140. Salmo 119:153. Versículo correspondiente a la letra *resh*.
141. Salmo 119:132. Versículo correspondiente a la letra *pe*.
142. Salmo 119:41. Versículo correspondiente a la letra *vav*.
143. Salmo 119:2. Versículo correspondiente a la letra *álef*.
144. Salmo 119:40. Versículo correspondiente a la letra *he*.
145. Salmo 119:93. Versículo correspondiente a la letra *lámed*.
146. Salmo 119:117. Versículo correspondiente a la letra *samej*.
147. Salmo 119:156. Versículo correspondiente a la letra *resh*.
148. Salmo 119:123. Versículo correspondiente a la letra *ain*.
149. Salmo 119:129. Versículo correspondiente a la letra *pe*.
150. Salmo 119:169. Versículo correspondiente a la letra *tav*.

Ashrei[151] *notzrei edotav; bejol leb idreshuhu. Hine tahavti lefikudeja; betzidkatja jaieni. Leolam lo eshkaj pikudeja; ki bam jiitani. Seadeni veivashea, veesha vejukeja tamid. Rajameja rabim Adonai; kemishpateja jaieni. Einai kalu lishuateja; uleimrat tzidkeja. Pelaot edoteja, al ken netzaratam nafshi. Tikrav rinati lefaneja Adonai; kidvarja avineni.*

Hebreo

רְאֵה עָנְיִי וְחַלְּצֵנִי כִּי תוֹרָתְךָ לֹא שָׁכָחְתִּי: פְּנֵה אֵלַי וְחָנֵּנִי כְּמִשְׁפָּט לְאֹהֲבֵי שְׁמֶךָ: וִיבֹאֻנִי חֲסָדֶךָ יְהוָה תְּשׁוּעָתְךָ כְּאִמְרָתֶךָ: אַשְׁרֵי נֹצְרֵי עֵדֹתָיו בְּכָל לֵב יִדְרְשׁוּהוּ: הִנֵּה תָּאַבְתִּי לְפִקֻּדֶיךָ בְּצִדְקָתְךָ חַיֵּנִי: לְעוֹלָם לֹא אֶשְׁכַּח פִּקּוּדֶיךָ כִּי בָם חִיִּיתָנִי: סְעָדֵנִי וְאִוָּשֵׁעָה וְאֶשְׁעָה בְחֻקֶּיךָ תָמִיד: רַחֲמֶיךָ רַבִּים יְהוָה כְּמִשְׁפָּטֶיךָ חַיֵּנִי: עֵינַי כָּלוּ לִישׁוּעָתֶךָ וּלְאִמְרַת צִדְקֶךָ: פְּלָאוֹת עֵדְוֹתֶיךָ עַל כֵּן נְצָרָתַם נַפְשִׁי: תִּקְרַב רִנָּתִי לְפָנֶיךָ יְהוָה כִּדְבָרְךָ הֲבִינֵנִי:

Diente

Traducción

«Observa mi aflicción y sálvame, porque no he olvidado Tu Torá.[152] Repara en mí y agráciame, conforme a Tu juicio para los que aman Tu Nombre.[153] Y venga a mí tu bondad, El Eterno; Tu salvación, conforme a tu palabra.[154] Bienaventurados quienes guardan Sus testimonios, y Lo buscan con todo el corazón.[155] He aquí he anhelado Tus preceptos; vivifícame con Tu justicia.[156] Jamás olvidaré Tus preceptos, porque con ellos me vivificas.[157] Yo me regocijo con Tu palabra, como quien

---

151. Según la tradición ancestral sefaradí no se pronuncia la última letra «i», por eso, las personas de origen sefaradí que conocen meticulosamente la tradición pronuncian «ashré». Y lo mismo con muchas otras palabras que terminan con la letra *yud*, aunque hay excepciones.
152. Salmo 119:153. Versículo correspondiente a la letra *resh*.
153. Salmo 119:132. Versículo correspondiente a la letra *pe*.
154. Salmo 119:41. Versículo correspondiente a la letra *vav*.
155. Salmo. 119:2. Versículo correspondiente a la letra *álef*.
156. Salmo 119:40. Versículo correspondiente a la letra *he*.
157. Salmo 119:93. Versículo correspondiente a la letra *lámed*.

hallara un gran tesoro.[158] Tu palabra es lámpara para mis pies, y luz para mi sendero».[159]

Fonética

Ree oní vejaltzeni, ki toratja lo shajajti. Pené elai vejaneni, kemishpat le-hoavei shemeja. Vivouni jasadeja Adonai; teshuatja keimrateja. Ashrei[160] *notzrei edotav; bejol leb idreshuhu. Hine tahavti lefikudeja; betzidkatja jaieni. Leolam lo eshkaj pikudeja; ki bam jiitani. Sas anoji al imrateja, kemotze shalal rav. Ner leragli devareja, veor lintivati.*

Hebreo

רְאֵה עָנְיִי וְחַלְּצֵנִי כִּי תוֹרָתְךָ לֹא שָׁכָחְתִּי: פְּנֵה אֵלַי וְחָנֵּנִי כְּמִשְׁפָּט לְאֹהֲבֵי שְׁמֶךָ: וִיבֹאֻנִי חֲסָדֶךָ יְהֹוָה תְּשׁוּעָתְךָ כְּאִמְרָתֶךָ: אַשְׁרֵי נֹצְרֵי עֵדֹתָיו בְּכָל לֵב יִדְרְשׁוּהוּ: הִנֵּה תָּאַבְתִּי לְפִקֻדֶיךָ בְּצִדְקָתְךָ חַיֵּנִי: לְעוֹלָם לֹא אֶשְׁכַּח פִּקּוּדֶיךָ כִּי בָם חִיִּיתָנִי: שָׂשׂ אָנֹכִי עַל אִמְרָתֶךָ כְּמוֹצֵא שָׁלָל רָב: נֵר לְרַגְלִי דְבָרֶךָ וְאוֹר לִנְתִיבָתִי:

Dientes

Traducción

«Observa mi aflicción y sálvame, porque no he olvidado Tu Torá.[161] Repara en mí y agráciame conforme a Tu juicio para los que aman Tu Nombre.[162] Y venga a mí tu bondad, El Eterno; Tu salvación, conforme a tu palabra.[163] Bienaventurados quienes guardan Sus testimonios, y Lo buscan con todo el corazón.[164] He aquí he anhelado Tus precep-

---

158. Salmo 119:162. Versículo correspondiente a la letra *shin*.

159. Salmo 119:105. Versículo correspondiente a la letra *nun*.

160. Según la tradición ancestral sefaradí no se pronuncia la última letra «i», por eso, las personas de origen sefaradí que conocen meticulosamente la tradición pronuncian «ashré». Y lo mismo con muchas otras palabras que terminan con la letra *yud*, aunque hay excepciones.

161. Salmo 119:153. Versículo correspondiente a la letra *resh*.

162. Salmo 119:132. Versículo correspondiente a la letra *pe*.

163. Salmo 119:41. Versículo correspondiente a la letra *vav*.

164. Salmo 119:2. Versículo correspondiente a la letra *álef*.

tos; vivifícame con Tu justicia.[165] Jamás olvidaré Tus preceptos, porque con ellos me vivificas.[166] Yo me regocijo con Tu palabra, como quien hallara un gran tesoro.[167] Tus misericordias vengan a mí y viviré, porque Tu Torá es mi regodeo.[168] Tu palabra es lámpara para mis pies, y luz para mi sendero.[169] Tus manos me han hecho y me han preparado; hazme entender, y aprenderé Tus preceptos.[170] Quienes Te temen me verán y se alegrarán, porque he esperado Tu palabra.[171] Cuán agradables son Tus palabras para mi paladar, más que la miel en mi boca».[172]

Fonética

Ree oní vejaltzeni, ki toratja lo shajajti. Pené elai vejaneni, kemishpat lehoavei shemeja. Vivouni jasadeja Adonai; teshuatja keimrateja. Ashrei[173] notzrei edotav; bejol leb idreshuhu. Hine tahavti lefikudeja; betzidkatja jaieni. Leolam lo eshkaj pikudeja; ki bam jiitani. Sas anoji al imrateja, kemotze shalal rav. Ievouni rajameja veejié, ki toratja shashuai. Ner leragli devareja, veor lintivati. Iadeja asuni, vaijonenuni; avineni, veelmedá mitzvoteja. Iereeja iruni veismaju; ki lidvarja ijalti. Ma nimletzu lejiki imrateja, midvash lefi.

Hebreo

רְאֵה עָנְיִי וְחַלְּצֵנִי כִּי תוֹרָתְךָ לֹא שָׁכָחְתִּי: פְּנֵה אֵלַי וְחָנֵּנִי כְּמִשְׁפָּט לְאֹהֲבֵי שְׁמֶךָ: וִיבֹאֻנִי
חֲסָדֶךָ יְהוָה תְּשׁוּעָתְךָ כְּאִמְרָתֶךָ: אַשְׁרֵי נֹצְרֵי עֵדֹתָיו בְּכָל לֵב יִדְרְשׁוּהוּ: הִנֵּה תָּאַבְתִּי לְפִקֻּ-
דֶיךָ בְּצִדְקָתְךָ חַיֵּנִי: לְעוֹלָם לֹא אֶשְׁכַּח פִּקּוּדֶיךָ כִּי בָם חִיִּיתָנִי: שָׂשׂ אָנֹכִי עַל אִמְרָתֶךָ כְּמוֹ-

---

165. Salmo 119:40. Versículo correspondiente a la letra *he*.
166. Salmo 119:93. Versículo correspondiente a la letra *lámed*.
167. Salmo 119:162. Versículo correspondiente a la letra *shin*.
168. Salmo 119:77. Versículo correspondiente a la letra *yud*.
169. Salmo 119:105. Versículo correspondiente a la letra *nun*.
170. Salmo 119:73. Versículo correspondiente a la letra *yud*.
171. Salmo 119:74. Versículo correspondiente a la letra *yud*.
172. Salmo 119:103. Versículo correspondiente a la letra *mem*.
173. Según la tradición ancestral sefaradí no se pronuncia la última letra «i», por eso, las personas de origen sefaradí que conocen meticulosamente la tradición pronuncian «ashré». Y lo mismo con muchas otras palabras que terminan con la letra *yud*, aunque hay excepciones.

צֵא שָׁלָל רָב: יְבֹאוּנִי רַחֲמֶיךָ וְאֶחְיֶה כִּי תוֹרָתְךָ שַׁעֲשֻׁעָי: נֵר לְרַגְלִי דְבָרֶךָ וְאוֹר לִנְתִיבָתִי:
יָדֶיךָ עָשׂוּנִי וַיְכוֹנְנוּנִי הֲבִינֵנִי וְאֶלְמְדָה מִצְוֹתֶיךָ: יְרֵאֶיךָ יִרְאוּנִי וְיִשְׂמָחוּ כִּי לִדְבָרְךָ יִחָלְתִּי:
מַה נִּמְלְצוּ לְחִכִּי אִמְרָתֶךָ מִדְּבַשׁ לְפִי:

Encías

Traducción

«Observa mi aflicción y sálvame, porque no he olvidado Tu Torá.[174] Repara en mí y agráciame, conforme a Tu juicio para los que aman Tu Nombre.[175] Y venga a mí tu bondad, El Eterno; Tu salvación, conforme a tu palabra.[176] Bienaventurados quienes guardan Sus testimonios, y Lo buscan con todo el corazón.[177] He aquí he anhelado Tus preceptos; vivifícame con Tu justicia.[178] Jamás olvidaré Tus preceptos, porque con ellos me vivificas.[179] Imploré ante Ti con todo el corazón; ten misericordia de mí conforme a Tu palabra.[180] Tu palabra es lámpara para mis pies, y luz para mi sendero.[181] Tus misericordias vengan a mí y viviré, porque Tu Torá es mi regodeo.[182] Mi alma anhela por Tu salvación; espero por Tu palabra.[183] Tus manos me han hecho y me han preparado; hazme entender, y aprenderé Tus preceptos.[184] Quiénes Te temen me verán y se alegrarán, porque he esperado Tu palabra.[185] Cuán agradables son Tus palabras para mi paladar, más que la miel en mi boca».[186]

---

174. Salmo 119:153. Versículo correspondiente a la letra *resh*.
175. Salmo 119:132. Versículo correspondiente a la letra *pe*.
176. Salmo 119:41. Versículo correspondiente a la letra *vav*.
177. Salmo 119:2. Versículo correspondiente a la letra *álef*.
178. Salmo 119:40. Versículo correspondiente a la letra *he*.
179. Salmo 119:93. Versículo correspondiente a la letra *lámed*.
180. Salmo 119:58. Versículo correspondiente a la letra *jet*.
181. Salmo 119:105. Versículo correspondiente a la letra *nun*.
182. Salmo 119:77. Versículo correspondiente a la letra *yud*.
183. Salmo 119:81. Versículo correspondiente a la letra *caf*.
184. Salmo 119:73. Versículo correspondiente a la letra *yud*.
185. Salmo 119:74. Versículo correspondiente a la letra *yud*.
186. Salmo 119:103. Versículo correspondiente a la letra *mem*.

Fonética

Ree oní vejaltzeni, ki toratja lo shajajti. Pené elai vejaneni, kemish-
pat lehoavei shemeja. Vivouni jasadeja Adonai; teshuatja keimrateja.
Ashrei[187] notzrei edotav; bejol leb idreshuhu. Hine tahavti lefikude-
ja; betzidkatja jaieni. Leolam lo eshkaj pikudeja; ki bam jiitani. Jiliti
faneja bejol lev; janeni keimrateja. Ner leragli devareja, veor lintivati.
Ievouni rajameja veejié, ki toratja shashuai. Kalta lishuatja nafshi; li-
dvarja ijalti. Iadeja asuni, vaijonenuni; avineni, veelmedá mitzvoteja.
Iereeja iruni veismaju; ki lidvarja ijalti. Ma nimletzu lejiki imrateja,
midvash lefi.

Hebreo

רְאֵה עָנְיִי וְחַלְּצֵנִי כִּי תוֹרָתְךָ לֹא שָׁכָחְתִּי: פְּנֵה אֵלַי וְחָנֵּנִי כְּמִשְׁפָּט לְאֹהֲבֵי שְׁמֶךָ: וִיבֹא־
נִי חֲסָדֶךָ יְהוָה תְּשׁוּעָתְךָ כְּאִמְרָתֶךָ: אַשְׁרֵי נֹצְרֵי עֵדֹתָיו בְּכָל לֵב יִדְרְשׁוּהוּ: הִנֵּה תָּאַבְתִּי
לְפִקֻּדֶיךָ בְּצִדְקָתְךָ חַיֵּנִי: לְעוֹלָם לֹא אֶשְׁכַּח פִּקּוּדֶיךָ כִּי בָם חִיִּיתָנִי: חֲלִיתִי פָנֶיךָ בְּכָל לֵב
חָנֵּנִי כְּאִמְרָתֶךָ: נֵר לְרַגְלִי דְבָרֶךָ וְאוֹר לִנְתִיבָתִי: יְבֹאוּנִי רַחֲמֶיךָ וְאֶחְיֶה כִּי תוֹרָתְךָ שַׁעֲשֻׁ־
עָי: כָּלְתָה לִתְשׁוּעָתְךָ נַפְשִׁי לִדְבָרְךָ יִחָלְתִּי: יָדֶיךָ עָשׂוּנִי וַיְכוֹנְנוּנִי הֲבִינֵנִי וְאֶלְמְדָה מִצְוֹתֶיךָ:
יְרֵאֶיךָ יִרְאוּנִי וְיִשְׂמָחוּ כִּי לִדְבָרְךָ יִחָלְתִּי: מַה נִּמְלְצוּ לְחִכִּי אִמְרָתֶךָ מִדְּבַשׁ לְפִי:

Esófago

Traducción

«Observa mi aflicción y sálvame, porque no he olvidado Tu Torá.[188]
Repara en mí y agráciame conforme a Tu juicio para los que aman Tu
Nombre.[189] Y venga a mí tu bondad, El Eterno; Tu salvación, confor-

---

187. Según la tradición ancestral sefaradí no se pronuncia la última letra «i», por
eso, las personas de origen sefaradí que conocen meticulosamente la tradición
pronuncian «ashré». Y lo mismo con muchas otras palabras que terminan con
la letra *yud*, aunque hay excepciones.
188. Salmo 119:153. Versículo correspondiente a la letra *resh*.
189. Salmo 119:132. Versículo correspondiente a la letra *pe*.

me a tu palabra.[190] Bienaventurados quienes guardan Sus testimonios, y Lo buscan con todo el corazón.[191] He aquí he anhelado Tus preceptos; vivifícame con Tu justicia.[192] Jamás olvidaré Tus preceptos, porque con ellos me vivificas.[193] Y no quites jamás la palabra de verdad de mi boca, porque anhelo Tu juicio.[194] Yo me regocijo con Tu palabra, como quien hallara un gran tesoro.[195] Me es mejor la Torá de tu boca, que millares de oro y plata».[196]

Fonética

Ree oní vejaltzeni, ki toratja lo shajajti. Pené elai vejaneni, kemishpat le-hoavei shemeja. Vivouni jasadeja Adonai; teshuatja keimrateja. Ashrei[197] notzrei edotav; bejol leb idreshuhu. Hine tahavti lefikudeja; betzidkatja jaieni. Leolam lo eshkaj pikudeja; ki bam jiitani. Veal tatzel mipi devar emet ad meod, ki lemishpateja ijalti. Sas anoji al imrateja, kemotze shalal rav. Tov li torat pija, mealjei zahav vajasef.

Hebreo

רְאֵה עָנְיִי וְחַלְּצֵנִי כִּי תוֹרָתְךָ לֹא שָׁכָחְתִּי: פְּנֵה אֵלַי וְחָנֵּנִי כְּמִשְׁפָּט לְאֹהֲבֵי שְׁמֶךָ: וִיבֹאֻנִי חֲסָדֶךָ יְהוָה תְּשׁוּעָתְךָ כְּאִמְרָתֶךָ: אַשְׁרֵי נֹצְרֵי עֵדֹתָיו בְּכָל לֵב יִדְרְשׁוּהוּ: הִנֵּה תָּאַבְתִּי לְפִקֻּדֶיךָ בְּצִדְקָתְךָ חַיֵּנִי: לְעוֹלָם לֹא אֶשְׁכַּח פִּקּוּדֶיךָ כִּי בָם חִיִּיתָנִי: וְאַל תַּצֵּל מִפִּי דְבַר אֱמֶת עַד מְאֹד כִּי לְמִשְׁפָּטֶךָ יִחָלְתִּי: שָׂשׂ אָנֹכִי עַל אִמְרָתֶךָ כְּמוֹצֵא שָׁלָל רָב: טוֹב לִי תוֹרַת פִּיךָ מֵאַלְפֵי זָהָב וָכָסֶף:

---

190. Salmo 119:41. Versículo correspondiente a la letra *vav*.

191. Salmo 119:2. Versículo correspondiente a la letra *álef*.

192. Salmo 119:40. Versículo correspondiente a la letra *he*.

193. Salmo 119:93. Versículo correspondiente a la letra *lámed*.

194. Salmo 119:43. Versículo correspondiente a la letra *vav*.

195. Salmo 119:162. Versículo correspondiente a la letra *shin*.

196. Salmo 119:72. Versículo correspondiente a la letra *tet*.

197. Según la tradición ancestral sefaradí no se pronuncia la última letra «i», por eso, las personas de origen sefaradí que conocen meticulosamente la tradición pronuncian «ashré». Y lo mismo con muchas otras palabras que terminan con la letra *yud*, aunque hay excepciones.

Espalda

Traducción

«Observa mi aflicción y sálvame, porque no he olvidado Tu Torá.[198] Repara en mí y agráciame conforme a Tu juicio para los que aman Tu Nombre.[199] Y venga a mí tu bondad, El Eterno; Tu salvación, conforme a tu palabra.[200] Bienaventurados quienes guardan Sus testimonios, y Lo buscan con todo el corazón.[201] He aquí he anhelado Tus preceptos; vivifícame con Tu justicia.[202] Jamás olvidaré Tus preceptos, porque con ellos me vivificas.[203] Abre mis ojos y observaré las maravillas de Tu Torá.[204] Bendito eres Tú, El Eterno; enséñame Tus prescripciones».[205]

Fonética

Ree oní vejaltzeni, ki toratja lo shajajti. Pené elai vejaneni, kemishpat lehoavei shemeja. Vivouni jasadeja Adonai; teshuatja keimrateja. Ashrei[206] notzrei edotav; bejol leb idreshuhu. Hine tahavti lefikudeja; betzidkatja jaieni. Leolam lo eshkaj pikudeja; ki bam jiitani. Gal einai veabita niflaot mitorateja. Baruj ata Adonai, lamdeni jukeja.

Hebreo

רְאֵה עָנְיִי וְחַלְּצֵנִי כִּי תוֹרָתְךָ לֹא שָׁכָחְתִּי: פְּנֵה אֵלַי וְחָנֵּנִי כְּמִשְׁפָּט לְאֹהֲבֵי שְׁמֶךָ: וִיבֹאֻנִי
חֲסָדֶךָ יְהֹוָה תְּשׁוּעָתְךָ כְּאִמְרָתֶךָ: אַשְׁרֵי נֹצְרֵי עֵדֹתָיו בְּכָל לֵב יִדְרְשׁוּהוּ: הִנֵּה תָּאַבְתִּי לְפִ-

---

198. Salmo 119:153. Versículo correspondiente a la letra *resh*.
199. Salmo 119:132. Versículo correspondiente a la letra *pe*.
200. Salmo 119:41. Versículo correspondiente a la letra *vav*.
201. Salmo 119:2. Versículo correspondiente a la letra *álef*.
202. Salmo 119:40. Versículo correspondiente a la letra *he*.
203. Salmo 119:93. Versículo correspondiente a la letra *lámed*.
204. Salmo 119:18. Versículo correspondiente a la letra *guímel*.
205. Salmo 119:12. Versículo correspondiente a la letra *bet*.
206. Según la tradición ancestral sefaradí no se pronuncia la última letra «i», por eso, las personas de origen sefaradí que conocen meticulosamente la tradición pronuncian «ashré». Y lo mismo con muchas otras palabras que terminan con la letra *yud*, aunque hay excepciones.

קֶֽדֶיךָ בְּצִדְקָתְךָ חַיֵּֽנִי: לְעוֹלָם לֹא אֶשְׁכַּח פִּקּוּדֶיךָ כִּי בָם חִיִּיתָֽנִי: גַּל עֵינַי וְאַבִּֽיטָה נִפְלָאוֹת מִתּוֹרָתֶֽךָ: בָּרוּךְ אַתָּה יְהוָה לַמְּדֵֽנִי חֻקֶּֽיךָ:

Estómago

Traducción

«Observa mi aflicción y sálvame, porque no he olvidado Tu Torá.[207] Repara en mí y agráciame conforme a Tu juicio para los que aman Tu Nombre.[208] Y venga a mí tu bondad, El Eterno; Tu salvación, conforme a tu palabra.[209] Bienaventurados quienes guardan Sus testimonios, y Lo buscan con todo el corazón.[210] He aquí he anhelado Tus preceptos; vivifícame con Tu justicia.[211] Jamás olvidaré Tus preceptos, porque con ellos me vivificas.[212] Bendito eres Tú, El Eterno; enséñame Tus prescripciones.[213] Me es mejor la Torá de tu boca, que millares de oro y plata.[214] Tu palabra es lámpara para mis pies, y luz para mi sendero».[215]

Fonética

Ree oní vejaltzeni, ki toratja lo shajajti. Pené elai vejaneni, kemishpat lehoavei shemeja. Vivouni jasadeja Adonai; teshuatja keimrateja. Ashrei[216] notzrei edotav; bejol leb idreshuhu. Hine tahavti lefikudeja; betzidkatja jaieni. Leolam lo eshkaj pikudeja; ki bam jiitani. Baruj ata Adonai, lam-

---

207. Salmo 119:153.Versículo correspondiente a la letra *resh*.

208. Salmo 119:132. Versículo correspondiente a la letra *pe*.

209. Salmo 119:41. Versículo correspondiente a la letra *vav*.

210. Salmo 119:2. Versículo correspondiente a la letra *álef*.

211. Salmo 119:40. Versículo correspondiente a la letra *he*.

212. Salmo 119:93. Versículo correspondiente a la letra *lámed*.

213. Salmo 119:12. Versículo correspondiente a la letra *bet*.

214. Salmo 119:72. Versículo correspondiente a la letra *tet*.

215. Salmo 119:105. Versículo correspondiente a la letra *nun*.

216. Según la tradición ancestral sefaradí no se pronuncia la última letra «i», por eso, las personas de origen sefaradí que conocen meticulosamente la tradición pronuncian «ashré». Y lo mismo con muchas otras palabras que terminan con la letra *yud*, aunque hay excepciones.

*deni jukeja. Tov li torat pija, mealjei zahav vajasef. Ner leragli devareja,
veor lintivati.*

Hebreo

רְאֵה עָנְיִי וְחַלְּצֵנִי כִּי תוֹרָתְךָ לֹא שָׁכָחְתִּי: פְּנֵה אֵלַי וְחָנֵּנִי כְּמִשְׁפָּט לְאֹהֲבֵי שְׁמֶךָ: וִיבֹאֻנִי
חֲסָדֶךָ יְהוָה תְּשׁוּעָתְךָ כְּאִמְרָתֶךָ: אַשְׁרֵי נֹצְרֵי עֵדֹתָיו בְּכָל לֵב יִדְרְשׁוּהוּ: הִנֵּה תָּאַבְתִּי לְפִ-
קֻּדֶיךָ בְּצִדְקָתְךָ חַיֵּנִי: לְעוֹלָם לֹא אֶשְׁכַּח פִּקּוּדֶיךָ כִּי בָם חִיִּיתָנִי: בָּרוּךְ אַתָּה יְהוָה לַמְּדֵנִי
חֻקֶּיךָ: טוֹב לִי תוֹרַת פִּיךָ מֵאַלְפֵי זָהָב וָכָסֶף: נֵר לְרַגְלִי דְבָרֶךָ וְאוֹר לִנְתִיבָתִי:

Frente

Traducción

«Observa mi aflicción y sálvame, porque no he olvidado Tu Torá.[217]
Repara en mí y agráciame conforme a Tu juicio para los que aman Tu
Nombre.[218] Y venga a mí tu bondad, El Eterno; Tu salvación, conforme a tu palabra.[219] Bienaventurados quienes guardan Sus testimonios,
y Lo buscan con todo el corazón.[220] He aquí he anhelado Tus preceptos; vivifícame con Tu justicia.[221] Jamás olvidaré Tus preceptos, porque
con ellos me vivificas.[222] Cuán agradables son Tus palabras para mi
paladar, más que la miel en mi boca.[223] El Eterno, Tú eres justo, y Tus
juicios son rectos.[224] Imploré ante Ti con todo el corazón; ten misericordia de mí conforme a Tu palabra».[225]

---

217. Salmo 119:153. Versículo correspondiente a la letra *resh*.
218. Salmo 119:132. Versículo correspondiente a la letra *pe*.
219. Salmo 119:41. Versículo correspondiente a la letra *vav*.
220. Salmo 119:2. Versículo correspondiente a la letra *álef*.
221. Salmo 119:40. Versículo correspondiente a la letra *he*.
222. Salmo 119:93. Versículo correspondiente a la letra *lámed*.
223. Salmo 119:103 Versículo correspondiente a la letra *mem*.
224. Salmo 119:137 Versículo correspondiente a la letra *tzadi*.
225. Salmo 119:58 Versículo correspondiente a la letra *jet*.

Fonética

Ree oní vejaltzeni, ki toratja lo shajajti. Pené elai vejaneni, kemish-pat lehoavei shemeja. Vivouni jasadeja Adonai; teshuatja keimrateja. Ashrei[226] notzrei edotav; bejol leb idreshuhu. Hine tahavti lefikudeja; betzidkatja jaieni. Leolam lo eshkaj pikudeja; ki bam jiitani. Ma nimletzu lejiki imrateja, midvash lefi. Tzadik ata Adonai, veiashar mishpateja. Jiliti faneja bejol lev; janeni keimrateja.

Hebreo

רְאֵה עָנְיִי וְחַלְּצֵנִי כִּי תוֹרָתְךָ לֹא שָׁכָחְתִּי: פְּנֵה אֵלַי וְחָנֵּנִי כְּמִשְׁפָּט לְאֹהֲבֵי שְׁמֶךָ: וִיבֹאֻנִי חֲסָדֶךָ יְהוָה תְּשׁוּעָתְךָ כְּאִמְרָתֶךָ: אַשְׁרֵי נֹצְרֵי עֵדֹתָיו בְּכָל לֵב יִדְרְשׁוּהוּ: הִנֵּה תָּאַבְתִּי לְפִקֻּדֶיךָ בְּצִדְקָתְךָ חַיֵּנִי: לְעוֹלָם לֹא אֶשְׁכַּח פִּקּוּדֶיךָ כִּי בָם חִיִּיתָנִי: מַה נִּמְלְצוּ לְחִכִּי אִמְרָתֶךָ מִדְּבַשׁ לְפִי: צַדִּיק אַתָּה יְהוָה וְיָשָׁר מִשְׁפָּטֶיךָ: חָלִיתִי פָנֶיךָ בְכָל לֵב חָנֵּנִי כְאִמְרָתֶךָ:

Garganta

Traducción

«Observa mi aflicción y sálvame, porque no he olvidado Tu Torá.[227] Repara en mí y agráciame conforme a Tu juicio para los que aman Tu Nombre.[228] Y venga a mí tu bondad, El Eterno; Tu salvación, conforme a tu palabra.[229] Bienaventurados quienes guardan Sus testimonios, y Lo buscan con todo el corazón.[230] He aquí he anhelado Tus preceptos; vivifícame con Tu justicia.[231] Jamás olvidaré Tus preceptos, por-

---

226. Según la tradición ancestral sefaradí no se pronuncia la última letra «i», por eso, las personas de origen sefaradí que conocen meticulosamente la tradición pronuncian «ashré». Y lo mismo con muchas otras palabras que terminan con la letra *yud*, aunque hay excepciones.

227. Salmo 119:153. Versículo correspondiente a la letra *resh*.

228. Salmo 119:132. Versículo correspondiente a la letra *pe*.

229. Salmo 119:41. Versículo correspondiente a la letra *vav*.

230. Salmo 119:2. Versículo correspondiente a la letra *álef*.

231. Salmo 119:40. Versículo correspondiente a la letra *he*.

que con ellos me vivificas.[232] Abre mis ojos y observaré las maravillas de Tu Torá.[233] El Eterno, Tus misericordias son muchas, vivifícame conforme a Tus juicios.[234] Y no quites jamás la palabra de verdad de mi boca, porque anhelo Tu juicio.[235] Tu palabra es lámpara para mis pies, y luz para mi sendero».[236]

Fonética

Ree oní vejaltzeni, ki toratja lo shajajti. Pené elai vejaneni, kemishpat le-hoavei shemeja. Vivouni jasadeja Adonai; teshuatja keimrateja. Ashrei[237] *notzrei edotav; bejol leb idreshuhu. Hine tahavti lefikudeja; betzidkatja jaieni. Leolam lo eshkaj pikudeja; ki bam jiitani. Gal einai veabita ni-flaot mitorateja. Rajameja rabim Adonai; kemishpateja jaieni. Veal tatzel mipi devar emet ad meod, ki lemishpateja ijalti. Ner leragli devareja, veor lintivati.*

Hebreo

רְאֵה עָנְיִי וְחַלְּצֵנִי כִּי תוֹרָתְךָ לֹא שָׁכָחְתִּי: פְּנֵה אֵלַי וְחָנֵּנִי כְּמִשְׁפָּט לְאֹהֲבֵי שְׁמֶךָ: וִיבֹאֻנִי חֲסָדֶךָ יְהוָה תְּשׁוּעָתְךָ כְּאִמְרָתֶךָ: אַשְׁרֵי נֹצְרֵי עֵדֹתָיו בְּכָל לֵב יִדְרְשׁוּהוּ: הִנֵּה תָּאַבְתִּי לְפִקֻּדֶיךָ בְּצִדְקָתְךָ חַיֵּנִי: לְעוֹלָם לֹא אֶשְׁכַּח פִּקּוּדֶיךָ כִּי בָם חִיִּיתָנִי: גַּל עֵינַי וְאַבִּיטָה נִפְלָאוֹת מִתּוֹרָתֶךָ: רַחֲמֶיךָ רַבִּים יְהוָה כְּמִשְׁפָּטֶיךָ חַיֵּנִי: וְאַל תַּצֵּל מִפִּי דְבַר אֱמֶת עַד מְאֹד כִּי לְמִשְׁפָּטֶךָ יִחָלְתִּי: נֵר לְרַגְלִי דְבָרֶךָ וְאוֹר לִנְתִיבָתִי:

---

232. Salmo 119:93. Versículo correspondiente a la letra *lámed*.

233. Salmo 119:18. Versículo correspondiente a la letra *guímel*.

234. Salmo 119:156. Versículo correspondiente a la letra *resh*.

235. Salmo 119:43. Versículo correspondiente a la letra *vav*.

236. Salmo 119:105. Versículo correspondiente a la letra *nun*.

237. Según la tradición ancestral sefaradí no se pronuncia la última letra «i», por eso, las personas de origen sefaradí que conocen meticulosamente la tradición pronuncian «ashré». Y lo mismo con muchas otras palabras que terminan con la letra *yud*, aunque hay excepciones.

Hígado

Traducción

«Observa mi aflicción y sálvame, porque no he olvidado Tu Torá.[238] Repara en mí y agráciame conforme a Tu juicio para los que aman Tu Nombre.[239] Y venga a mí tu bondad, El Eterno; Tu salvación, conforme a tu palabra.[240] Bienaventurados quienes guardan Sus testimonios, y Lo buscan con todo el corazón.[241] He aquí he anhelado Tus preceptos; vivifícame con Tu justicia.[242] Jamás olvidaré Tus preceptos, porque con ellos me vivificas.[243] Mi alma anhela por Tu salvación; espero por Tu palabra.[244] Bendito eres Tú, El Eterno; enséñame Tus prescripciones.[245] Mi alma está abatida hasta el polvo; vivifícame conforme a Tu palabra».[246]

Fonética

Ree oní vejaltzeni, ki toratja lo shajajti. Pené elai vejaneni, kemishpat lehoavei shemeja. Vivouni jasadeja Adonai; teshuatja keimrateja. Ashrei[247] notzrei edotav; bejol leb idreshuhu. Hine tahavti lefikudeja; betzidkatja jaieni. Leolam lo eshkaj pikudeja; ki bam jiitani. Kalta lishuatja nafshi; lidvarja ijalti. Baruj ata Adonai, lamdeni jukeja. Davká leafar nafshi, jaieni kidvareja.

---

238. Salmo 119:153. Versículo correspondiente a la letra *resh*.
239. Salmo 119:132. Versículo correspondiente a la letra *pe*.
240. Salmo 119:41. Versículo correspondiente a la letra *vav*.
241. Salmo 119:2. Versículo correspondiente a la letra *álef*.
242. Salmo 119:40. Versículo correspondiente a la letra *he*.
243. Salmo 119:93. Versículo correspondiente a la letra *lámed*.
244. Salmo 119:81. Versículo correspondiente a la letra *Caf*.
245. Salmo 119:12. Versículo correspondiente a la letra *bet*.
246. Salmo 119:25. Versículo correspondiente a la letra *dalet*.
247. Según la tradición ancestral sefaradí no se pronuncia la última letra «i», por eso, las personas de origen sefaradí que conocen meticulosamente la tradición pronuncian «ashré». Y lo mismo con muchas otras palabras que terminan con la letra *yud*, aunque hay excepciones.

Hebreo

רְאֵה עָנְיִי וְחַלְּצֵנִי כִּי תוֹרָתְךָ לֹא שָׁכָחְתִּי: פְּנֵה אֵלַי וְחָנֵּנִי כְּמִשְׁפָּט לְאֹהֲבֵי שְׁמֶךָ: וִיבֹאֻנִי חֲסָדֶךָ יְהוָה תְּשׁוּעָתְךָ כְּאִמְרָתֶךָ: אַשְׁרֵי נֹצְרֵי עֵדֹתָיו בְּכָל לֵב יִדְרְשׁוּהוּ: הִנֵּה תָּאַבְתִּי לְפִקֻּדֶיךָ בְּצִדְקָתְךָ חַיֵּנִי: לְעוֹלָם לֹא אֶשְׁכַּח פִּקּוּדֶיךָ כִּי בָם חִיִּיתָנִי: כָּלְתָה לִתְשׁוּעָתְךָ נַפְשִׁי לִדְבָרְךָ יִחָלְתִּי: בָּרוּךְ אַתָּה יְהוָה לַמְּדֵנִי חֻקֶּיךָ: דָּבְקָה לֶעָפָר נַפְשִׁי חַיֵּנִי כִּדְבָרֶךָ:

Hombro

Traducción

«Observa mi aflicción y sálvame, porque no he olvidado Tu Torá.[248] Repara en mí y agráciame conforme a Tu juicio para los que aman Tu Nombre.[249] Y venga a mí tu bondad, El Eterno; Tu salvación, conforme a tu palabra.[250] Bienaventurados quienes guardan Sus testimonios, y Lo buscan con todo el corazón.[251] He aquí he anhelado Tus preceptos; vivifícame con Tu justicia.[252] Jamás olvidaré Tus preceptos, porque con ellos me vivificas.[253] Mi alma anhela por Tu salvación; espero por Tu palabra.[254] Aproxímese mi plegaria delante de Ti, El Eterno, otórgame entendimiento conforme a Tu palabra.[255] Tus testimonios son maravillosos, por eso mi alma los ha guardado».[256]

Fonética

Ree oní vejaltzeni, ki toratja lo shajajti. Pené elai vejaneni, kemishpat lehoavei shemeja. Vivouni jasadeja Adonai; teshuatja keimrateja. As-

---

248. Salmo 119:153. Versículo correspondiente a la letra *resh.*
249. Salmo 119:132. Versículo correspondiente a la letra *pe.*
250. Salmo 119:41. Versículo correspondiente a la letra *vav.*
251. Salmo 119:2. Versículo correspondiente a la letra *álef.*
252. Salmo 119:40. Versículo correspondiente a la letra *he.*
253. Salmo 119:93. Versículo correspondiente a la letra *lámed.*
254. Salmo 119:81. Versículo correspondiente a la letra *Caf.*
255. Salmo 119:169. Versículo correspondiente a la letra *tav.*
256. Salmo 119:129. Versículo correspondiente a la letra *pe.*

hrei[257] notzrei edotav; bejol leb idreshuhu. Hine tahavti lefikudeja; betzi-dkatja jaieni. Leolam lo eshkaj pikudeja; ki bam jiitani. Kalta lishuatja nafshi; lidvarja ijalti. Tikrav rinati lefaneja Adonai; kidvarja avineni. Pelaot edoteja, al ken netzaratam nafshi.

Hebreo

רְאֵה עָנְיִי וְחַלְּצֵנִי כִּי תוֹרָתְךָ לֹא שָׁכָחְתִּי: פְּנֵה אֵלַי וְחָנֵּנִי כְּמִשְׁפָּט לְאֹהֲבֵי שְׁמֶךָ: וִיבֹא־נִי חֲסָדֶךָ יְהוָה תְּשׁוּעָתְךָ כְּאִמְרָתֶךָ: אַשְׁרֵי נֹצְרֵי עֵדֹתָיו בְּכָל לֵב יִדְרְשׁוּהוּ: הִנֵּה תָּאַבְתִּי לְפִקֻּדֶיךָ בְּצִדְקָתְךָ חַיֵּנִי: לְעוֹלָם לֹא אֶשְׁכַּח פִּקּוּדֶיךָ כִּי בָם חִיִּיתָנִי: כָּלְתָה לִתְשׁוּעָתְךָ נַפְשִׁי לִדְבָרְךָ יִחָלְתִּי: תִּקְרַב רִנָּתִי לְפָנֶיךָ יְהוָה כִּדְבָרְךָ הֲבִינֵנִי: פְּלָאוֹת עֵדְוֹתֶיךָ עַל כֵּן נְצָרָתַם נַפְשִׁי:

Huesos

Traducción

«Observa mi aflicción y sálvame, porque no he olvidado Tu Torá.[258] Repara en mí y agráciame conforme a Tu juicio para los que aman Tu Nombre.[259] Y venga a mí tu bondad, El Eterno; Tu salvación, conforme a tu palabra.[260] Bienaventurados quienes guardan Sus testimonios, y Lo buscan con todo el corazón.[261] He aquí he anhelado Tus precep-tos; vivifícame con Tu justicia.[262] Jamás olvidaré Tus preceptos, porque con ellos me vivificas.[263] Mis ojos han desfallecido anhelando por Tu salvación, y por la palabra de Tu misericordiosa justicia.[264] El Eterno,

---

257. Según la tradición ancestral sefaradí no se pronuncia la última letra «i», por eso, las personas de origen sefaradí que conocen meticulosamente la tradición pronuncian «ashré». Y lo mismo con muchas otras palabras que terminan con la letra *yud*, aunque hay excepciones.

258. Salmo 119:153. Versículo correspondiente a la letra *resh*.

259. Salmo 119:132. Versículo correspondiente a la letra *pe*.

260. Salmo 119:41. Versículo correspondiente a la letra *vav*.

261. Salmo 119:2. Versículo correspondiente a la letra *álef*.

262. Salmo 119:40. Versículo correspondiente a la letra *he*.

263. Salmo 119:93. Versículo correspondiente a la letra *lámed*.

264. Salmo 119:123. Versículo correspondiente a la letra *ain*.

118

Tú eres justo, y Tus juicios son rectos.[265] Cuán agradables son Tus palabras para mi paladar, más que la miel en mi boca.[266] Y no quites jamás la palabra de verdad de mi boca, porque anhelo Tu juicio.[267] Aproxímese mi plegaria delante de Ti, El Eterno, otórgame entendimiento conforme a Tu palabra».[268]

Fonética

Ree oní vejaltzeni, ki toratja lo shajajti. Pené elai vejaneni, kemishpat lehoavei shemeja. Vivouni jasadeja Adonai; teshuatja keimrateja. Ashrei[269] notzrei edotav; bejol leb idreshuhu. Hine tahavti lefikudeja; betzidkatja jaieni. Leolam lo eshkaj pikudeja; ki bam jiitani. Einai kalu lishuateja; uleimrat tzidkeja. Tzadik ata Adonai, veiashar mishpateja. Ma nimletzu lejiki imrateja, midvash lefi. Veal tatzel mipi devar emet ad meod, ki lemishpateja ijalti. Tikrav rinati lefaneja Adonai; kidvarja avineni.

Hebreo

רְאֵה עָנְיִי וְחַלְּצֵנִי כִּי תוֹרָתְךָ לֹא שָׁכָחְתִּי: פְּנֵה אֵלַי וְחָנֵּנִי כְּמִשְׁפָּט לְאֹהֲבֵי שְׁמֶךָ: וִיבֹאֻנִי חֲסָדֶךָ יְהֹוָה תְּשׁוּעָתְךָ כְּאִמְרָתֶךָ: אַשְׁרֵי נֹצְרֵי עֵדֹתָיו בְּכָל לֵב יִדְרְשׁוּהוּ: הִנֵּה תָּאַבְתִּי לְפִקֻּדֶיךָ בְּצִדְקָתְךָ חַיֵּנִי: לְעוֹלָם לֹא אֶשְׁכַּח פִּקּוּדֶיךָ כִּי בָם חִיִּיתָנִי: עֵינַי כָּלוּ לִישׁוּעָתְךָ וּלְאִמְרַת צִדְקֶךָ: צַדִּיק אַתָּה יְהֹוָה וְיָשָׁר מִשְׁפָּטֶיךָ: מַה נִּמְלְצוּ לְחִכִּי אִמְרָתֶךָ מִדְּבַשׁ לְפִי: וְאַל תַּצֵּל מִפִּי דְבַר אֱמֶת עַד מְאֹד כִּי לְמִשְׁפָּטֶךָ יִחָלְתִּי: תִּקְרַב רִנָּתִי לְפָנֶיךָ יְהֹוָה כִּדְבָרְךָ הֲבִינֵנִי:

---

265. Salmo 119:137. Versículo correspondiente a la letra *tzadi*.

266. Salmo 119:103. Versículo correspondiente a la letra *mem*.

267. Salmo 119:43. Versículo correspondiente a la letra *vav*.

268. Salmo 119:169. Versículo correspondiente a la letra *tav*.

269. Según la tradición ancestral sefaradí no se pronuncia la última letra «i», por eso, las personas de origen sefaradí que conocen meticulosamente la tradición pronuncian «ashré». Y lo mismo con muchas otras palabras que terminan con la letra *yud*, aunque hay excepciones.

Intestino Delgado

Traducción

«Observa mi aflicción y sálvame, porque no he olvidado Tu Torá.[270] Repara en mí y agráciame conforme a Tu juicio para los que aman Tu Nombre.[271] Y venga a mí tu bondad, El Eterno; Tu salvación, conforme a tu palabra.[272] Bienaventurados quienes guardan Sus testimonios, y Lo buscan con todo el corazón.[273] He aquí he anhelado Tus preceptos; vivifícame con Tu justicia.[274] Jamás olvidaré Tus preceptos, porque con ellos me vivificas.[275] Cuán agradables son Tus palabras para mi paladar, más que la miel en mi boca.[276] Mis ojos han desfallecido anhelando por Tu salvación, y por la palabra de Tu misericordiosa justicia.[277] Tus misericordias vengan a mí y viviré, porque Tu Torá es mi regodeo.[278] El Eterno, enséñame el camino de Tus prescripciones, y lo guardaré hasta el final.[279] Mi alma está abatida hasta el polvo; vivifícame conforme a Tu palabra.[280] He clamado –a Ti– con todo el corazón, El Eterno, respóndeme y guardaré Tus prescripciones».[281]

Fonética

Ree oní vejaltzeni, ki toratja lo shajajti. Pené elai vejaneni, kemishpat lehoavei shemeja. Vivouni jasadeja Adonai; teshuatja keimrateja. Ashrei[282] notzrei edotav; bejol leb idreshuhu. Hine tahavti lefikudeja; betzi-

---

270. Salmo 119:153. Versículo correspondiente a la letra *resh*.
271. Salmo 119:132. Versículo correspondiente a la letra *pe*.
272. Salmo 119:41. Versículo correspondiente a la letra *vav*.
273. Salmo 119:2. Versículo correspondiente a la letra *álef*.
274. Salmo 119:40. Versículo correspondiente a la letra *he*.
275. Salmo 119:93. Versículo correspondiente a la letra *lámed*.
276. Salmo 119:103. Versículo correspondiente a la letra *mem*.
277. Salmo 119:123. Versículo correspondiente a la letra *ain*.
278. Salmo 119:77. Versículo correspondiente a la letra *yud*.
279. Salmo 119:33. Versículo correspondiente a la letra *he*.
280. Salmo 119:25. Versículo correspondiente a la letra *dalet*.
281. Salmo 119:145. Versículo correspondiente a la letra *kuf*.
282. Según la tradición ancestral sefaradí no se pronuncia la última letra «i», por

dkatja jaieni. Leolam lo eshkaj pikudeja; ki bam jiitani. Ma nimletzu lejiki imrateja, midvash lefi. Einai kalu lishuateja; uleimrat tzidkeja. Ievouni rajameja veejié, ki toratja shashuai. Oreni Adonai derej jukeja; veetzarena ekev. Davká leafar nafshi, jaieni kidvareja. Karati vejol lev; aneni Adonai, jukeja etzora.

Hebreo

רְאֵה עָנְיִי וְחַלְּצֵנִי כִּי תוֹרָתְךָ לֹא שָׁכָחְתִּי: פְּנֵה אֵלַי וְחָנֵּנִי כְּמִשְׁפָּט לְאֹהֲבֵי שְׁמֶךָ: וִיבֹאֻנִי חֲסָדֶךָ יְהוָה תְּשׁוּעָתְךָ כְּאִמְרָתֶךָ: אַשְׁרֵי נֹצְרֵי עֵדֹתָיו בְּכָל לֵב יִדְרְשׁוּהוּ: הִנֵּה תָּאַבְתִּי לְפִקֻּדֶיךָ בְּצִדְקָתְךָ חַיֵּנִי: לְעוֹלָם לֹא אֶשְׁכַּח פִּקּוּדֶיךָ כִּי בָם חִיִּיתָנִי: מַה נִּמְלְצוּ לְחִכִּי אִמְרָתֶךָ מִדְּבַשׁ לְפִי: עֵינַי כָּלוּ לִישׁוּעָתְךָ וּלְאִמְרַת צִדְקֶךָ: יְבֹאוּנִי רַחֲמֶיךָ וְאֶחְיֶה כִּי תוֹרָתְךָ שַׁעֲשֻׁעָי: הוֹרֵנִי יְהוָה דֶּרֶךְ חֻקֶּיךָ וְאֶצְּרֶנָּה עֵקֶב: דָּבְקָה לֶעָפָר נַפְשִׁי חַיֵּנִי כִּדְבָרֶךָ: קָרָאתִי בְכָל לֵב עֲנֵנִי יְהוָה חֻקֶּיךָ אֶצֹּרָה:

Intestino Grueso

Traducción

«Observa mi aflicción y sálvame, porque no he olvidado Tu Torá.[283] Repara en mí y agráciame conforme a Tu juicio para los que aman Tu Nombre.[284] Y venga a mí tu bondad, El Eterno; Tu salvación, conforme a tu palabra.[285] Bienaventurados quienes guardan Sus testimonios, y Lo buscan con todo el corazón.[286] He aquí he anhelado Tus preceptos; vivifícame con Tu justicia.[287] Jamás olvidaré Tus preceptos, porque con ellos me vivificas.[288] Cuán agradables son Tus palabras para

---

eso, las personas de origen sefaradí que conocen meticulosamente la tradición pronuncian «ashré». Y lo mismo con muchas otras palabras que terminan con la letra *yud*, aunque hay excepciones.

283. Salmo 119:153. Versículo correspondiente a la letra *resh*.
284. Salmo 119:132. Versículo correspondiente a la letra *pe*.
285. Salmo 119:41. Versículo correspondiente a la letra *vav*.
286. Salmo 119:2. Versículo correspondiente a la letra *álef*.
287. Salmo 119:40. Versículo correspondiente a la letra *he*.
288. Salmo 119:93. Versículo correspondiente a la letra *lámed*.

mi paladar, más que la miel en mi boca.[289] Mis ojos han desfallecido anhelando por Tu salvación, y por la palabra de Tu misericordiosa justicia.[290] Tus misericordias vengan a mí y viviré, porque Tu Torá es mi regodeo.[291] El Eterno, enséñame el camino de Tus prescripciones, y lo guardaré hasta el final.[292] Abre mis ojos y observaré las maravillas de Tu Torá.[293] Ayúdame y tendré salvación, y me ocuparé de Tus prescripciones siempre».[294]

Fonética

Ree oní vejaltzeni, ki toratja lo shajajti. Pené elai vejaneni, kemishpat lehoavei shemeja. Vivouni jasadeja Adonai; teshuatja keimrateja. Ashrei[295] notzrei edotav; bejol leb idreshuhu. Hine tahavti lefikudeja; betzidkatja jaieni. Leolam lo eshkaj pikudeja; ki bam jiitani. Ma nimletzu lejiki imrateja, midvash lefi. Einai kalu lishuateja; uleimrat tzidkeja. Ievouni rajameja veejié, ki toratja shashuai. Oreni Adonai derej jukeja; veetzarena ekev. Gal einai veabita niflaot mitorateja. Seadeni veivashea, veesha vejukeja tamid.

Hebreo

רְאֵה עָנְיִי וְחַלְּצֵנִי כִּי תוֹרָתְךָ לֹא שָׁכָחְתִּי: פְּנֵה אֵלַי וְחָנֵּנִי כְּמִשְׁפָּט לְאֹהֲבֵי שְׁמֶךָ: וִיבֹאֻנִי חֲסָדֶךָ יְהוָה תְּשׁוּעָתְךָ כְּאִמְרָתֶךָ: אַשְׁרֵי נֹצְרֵי עֵדֹתָיו בְּכָל לֵב יִדְרְשׁוּהוּ: הִנֵּה תָּאַבְתִּי לְפִקֻּדֶיךָ בְּצִדְקָתְךָ חַיֵּנִי: לְעוֹלָם לֹא אֶשְׁכַּח פִּקּוּדֶיךָ כִּי בָם חִיִּיתָנִי: מַה נִּמְלְצוּ לְחִכִּי אִמְרָתֶךָ מִדְּבַשׁ לְפִי: עֵינַי כָּלוּ לִישׁוּעָתֶךָ וּלְאִמְרַת צִדְקֶךָ: יְבֹאוּנִי רַחֲמֶיךָ וְאֶחְיֶה כִּי תוֹרָתְךָ שַׁעֲשֻׁעָי: הוֹרֵנִי יְהוָה דֶּרֶךְ חֻקֶּיךָ וְאֶצְּרֶנָּה עֵקֶב: גַּל עֵינַי וְאַבִּיטָה נִפְלָאוֹת מִתּוֹרָתֶךָ: סְעָדֵנִי וְאִוָּשֵׁעָה וְאֶשְׁעָה בְחֻקֶּיךָ תָמִיד:

---

289. Salmo 119:103. Versículo correspondiente a la letra *mem*.
290. Salmo 119:123. Versículo correspondiente a la letra *ain*.
291. Salmo 119:77. Versículo correspondiente a la letra *yud*.
292. Salmo 119:33. Versículo correspondiente a la letra *he*.
293. Salmo 119:18. Versículo correspondiente a la letra *guímel*.
294. Salmo 119:117. Versículo correspondiente a la letra *samej*.
295. Según la tradición ancestral sefaradí no se pronuncia la última letra «i», por eso, las personas de origen sefaradí que conocen meticulosamente la tradición pronuncian «ashré». Y lo mismo con muchas otras palabras que terminan con la letra *yud*, aunque hay excepciones.

Labios

Traducción

«Observa mi aflicción y sálvame, porque no he olvidado Tu Torá.[296] Repara en mí y agráciame conforme a Tu juicio para los que aman Tu Nombre.[297] Y venga a mí tu bondad, El Eterno; Tu salvación, conforme a tu palabra.[298] Bienaventurados quienes guardan Sus testimonios, y Lo buscan con todo el corazón.[299] He aquí he anhelado Tus preceptos; vivifícame con Tu justicia.[300] Jamás olvidaré Tus preceptos, porque con ellos me vivificas.[301] Yo me regocijo con Tu palabra, como quien hallara un gran tesoro.[302] Tus testimonios son maravillosos, por eso mi alma los ha guardado.[303] Aproxímese mi plegaria delante de Ti, El Eterno, otórgame entendimiento conforme a Tu palabra.[304] Tus misericordias vengan a mí y viviré, porque Tu Torá es mi regodeo.[305] Tus manos me han hecho y me han preparado; hazme entender, y aprenderé Tus preceptos.[306] Cuán agradables son Tus palabras para mi paladar, más que la miel en mi boca».[307]

Fonética

Ree oní vejaltzeni, ki toratja lo shajajti. Pené elai vejaneni, kemishpat lehoavei shemeja. Vivouni jasadeja Adonai; teshuatja keimrateja. Ashrei[308] notzrei edotav; bejol leb idreshuhu. Hine tahavti lefikudeja; be-

---

296. Salmo 119:153. Versículo correspondiente a la letra *resh*.
297. Salmo 119:132. Versículo correspondiente a la letra *pe*.
298. Salmo 119:41. Versículo correspondiente a la letra *vav*.
299. Salmo 119:2. Versículo correspondiente a la letra *álef*.
300. Salmo 119:40. Versículo correspondiente a la letra *he*.
301. Salmo 119:93. Versículo correspondiente a la letra *lámed*.
302. Salmo 119:162. Versículo correspondiente a la letra *shin*.
303. Salmo 119:129. Versículo correspondiente a la letra *pe*.
304. Salmo 119:169. Versículo correspondiente a la letra *tav*.
305. Salmo 119:77. Versículo correspondiente a la letra *yud*.
306. Salmo 119:73. Versículo correspondiente a la letra *yud*.
307. Salmo 119:103. Versículo correspondiente a la letra *mem*.
308. Según la tradición ancestral sefaradí no se pronuncia la última letra «i», por

tzidkatja jaieni. Leolam lo eshkaj pikudeja; ki bam jiitani. Sas anoji al imrateja, kemotze shalal rav. Pelaot edoteja, al ken netzaratam nafshi. Tikrav rinati lefaneja Adonai; kidvarja avineni. Ievouni rajameja veejié, ki toratja shashuai. Iadeja asuni, vaijonenuni; avineni, veelmedá mitzvoteja. Ma nimletzu lejiki imrateja, midvash lefi.

Hebreo

רְאֵה עָנְיִי וְחַלְּצֵנִי כִּי תוֹרָתְךָ לֹא שָׁכָחְתִּי: פְּנֵה אֵלַי וְחָנֵּנִי כְּמִשְׁפָּט לְאֹהֲבֵי שְׁמֶךָ: וִיבֹאֻנִי חֲסָדֶךָ יְהוָה תְּשׁוּעָתְךָ כְּאִמְרָתֶךָ: אַשְׁרֵי נֹצְרֵי עֵדֹתָיו בְּכָל לֵב יִדְרְשׁוּהוּ: הִנֵּה תָּאַבְתִּי לְפִקֻּדֶיךָ בְּצִדְקָתְךָ חַיֵּנִי: לְעוֹלָם לֹא אֶשְׁכַּח פִּקּוּדֶיךָ כִּי בָם חִיִּיתָנִי: שָׂשׂ אָנֹכִי עַל אִמְרָתֶךָ כְּמוֹצֵא שָׁלָל רָב: פְּלָאוֹת עֵדְוֹתֶיךָ עַל כֵּן נְצָרָתַם נַפְשִׁי: תִּקְרַב רִנָּתִי לְפָנֶיךָ יְהוָה כִּדְבָרְךָ הֲבִינֵנִי: יְבֹאוּנִי רַחֲמֶיךָ וְאֶחְיֶה כִּי תוֹרָתְךָ שַׁעֲשֻׁעָי: יָדֶיךָ עָשׂוּנִי וַיְכוֹנְנוּנִי הֲבִינֵנִי וְאֶלְמְדָה מִצְוֹתֶיךָ: מַה נִּמְלְצוּ לְחִכִּי אִמְרָתֶךָ מִדְּבַשׁ לְפִי:

Lengua

Traducción

«Observa mi aflicción y sálvame, porque no he olvidado Tu Torá.[309] Repara en mí y agráciame conforme a Tu juicio para los que aman Tu Nombre.[310] Y venga a mí tu bondad, El Eterno; Tu salvación, conforme a tu palabra.[311] Bienaventurados quienes guardan Sus testimonios, y Lo buscan con todo el corazón.[312] He aquí he anhelado Tus preceptos; vivifícame con Tu justicia.[313] Jamás olvidaré Tus preceptos, porque con ellos me vivificas.[314] Tu fidelidad permanece de generación en generación; has fundado la Tierra y perdura.[315] Yo me regocijo con

---

eso, las personas de origen sefaradí que conocen meticulosamente la tradición pronuncian «ashré». Y lo mismo con muchas otras palabras que terminan con la letra *yud*, aunque hay excepciones.

309. Salmo 119:153. Versículo correspondiente a la letra *resh*.
310. Salmo 119:132. Versículo correspondiente a la letra *pe*.
311. Salmo 119:41. Versículo correspondiente a la letra *vav*.
312. Salmo 119:2. Versículo correspondiente a la letra *álef*.
313. Salmo 119:40. Versículo correspondiente a la letra *he*.
314. Salmo 119:93. Versículo correspondiente a la letra *lámed*.
315. Salmo 119:90. Versículo correspondiente a la letra *lámed*.

Tu palabra, como quien hallara un gran tesoro.[316] Y no quites jamás la palabra de verdad de mi boca, porque anhelo Tu juicio.[317] Tu palabra es lámpara para mis pies, y luz para mi sendero».[318]

Fonética

Ree oní vejaltzeni, ki toratja lo shajajti. Pené elai vejaneni, kemishpat lehoavei shemeja. Vivouni jasadeja Adonai; teshuatja keimrateja. Ashrei[319] notzrei edotav; bejol leb idreshuhu. Hine tahavti lefikudeja; betzidkatja jaieni. Leolam lo eshkaj pikudeja; ki bam jiitani. Ledor vador emunateja; konanta eretz, vataamod. Sas anoji al imrateja, kemotze shalal rav. Veal tatzel mipi devar emet ad meod, ki lemishpateja ijalti. Ner leragli devareja, veor lintivati.

Hebreo

רְאֵה עׇנְיִי וְחַלְּצֵנִי כִּי תוֹרָתְךָ לֹא שָׁכָחְתִּי: פְּנֵה אֵלַי וְחׇנֵּנִי כְּמִשְׁפָּט לְאֹהֲבֵי שְׁמֶךָ: וִיבֹאֻנִי חֲסָדֶךָ יְהֹוָה תְּשׁוּעָתְךָ כְּאִמְרָתֶךָ: אַשְׁרֵי נֹצְרֵי עֵדֹתָיו בְּכׇל לֵב יִדְרְשׁוּהוּ: הִנֵּה תָּאַבְתִּי לְפִקֻּדֶיךָ בְּצִדְקָתְךָ חַיֵּנִי: לְעוֹלָם לֹא אֶשְׁכַּח פִּקּוּדֶיךָ כִּי בָם חִיִּיתָנִי: לְדֹר וָדֹר אֱמוּנָתֶךָ כּוֹנַנְתָּ אֶרֶץ וַתַּעֲמֹד: שָׂשׂ אָנֹכִי עַל אִמְרָתֶךָ כְּמוֹצֵא שָׁלָל רָב: וְאַל תַּצֵּל מִפִּי דְבַר אֱמֶת עַד מְאֹד כִּי לְמִשְׁפָּטֶךָ יִחָלְתִּי: נֵר לְרַגְלִי דְבָרֶךָ וְאוֹר לִנְתִיבָתִי:

Ligamentos

Traducción

«Observa mi aflicción y sálvame, porque no he olvidado Tu Torá.[320] Repara en mí y agráciame conforme a Tu juicio para los que aman

---

316. Salmo 119:162. Versículo correspondiente a la letra *shin*.
317. Salmo 119:43. Versículo correspondiente a la letra *vav*.
318. Salmo 119:105. Versículo correspondiente a la letra *nun*.
319. Según la tradición ancestral sefaradí no se pronuncia la última letra «i», por eso, las personas de origen sefaradí que conocen meticulosamente la tradición pronuncian «ashré». Y lo mismo con muchas otras palabras que terminan con la letra *yud*, aunque hay excepciones.
320. Salmo 119:153. Versículo correspondiente a la letra *resh*.

Tu Nombre.[321] Y venga a mí tu bondad, El Eterno; Tu salvación, conforme a tu palabra.[322] Bienaventurados quienes guardan Sus testimonios, y Lo buscan con todo el corazón.[323] He aquí he anhelado Tus preceptos; vivifícame con Tu justicia.[324] Jamás olvidaré Tus preceptos, porque con ellos me vivificas.[325] El Eterno, Tus misericordias son muchas, vivifícame conforme a Tus juicios.[326] El Eterno, Tú eres justo, y Tus juicios son rectos.[327] Y no quites jamás la palabra de verdad de mi boca, porque anhelo Tu juicio.[328] Mis ojos han desfallecido anhelando por Tu salvación, y por la palabra de Tu misericordiosa justicia.[329] Y guardaré Tu Torá continuamente, por siempre.[330] Aproxímese mi plegaria delante de Ti, El Eterno, otórgame entendimiento conforme a Tu palabra».[331]

Fonética

Ree oní vejaltzeni, ki toratja lo shajajti. Pené elai vejaneni, kemishpat lehoavei shemeja. Vivouni jasadeja Adonai; teshuatja keimrateja. Ashrei[332] notzrei edotav; bejol leb idreshuhu. Hine tahavti lefikudeja; betzidkatja jaieni. Leolam lo eshkaj pikudeja; ki bam jiitani. Rajameja rabim Adonai; kemishpateja jaieni. Tzadik ata Adonai, veiashar mishpateja. Veal tatzel mipi devar emet ad meod, ki lemishpateja ijalti. Einai kalu lishuateja; uleimrat tzidkeja. Veeshmerá toratja tamid, leolam vaed. Tikrav rinati lefaneja Adonai; kidvarja avineni.

---

321. Salmo 119:132. Versículo correspondiente a la letra *pe*.
322. Salmo 119:41. Versículo correspondiente a la letra *vav*.
323. Salmo 119:2. Versículo correspondiente a la letra *álef*.
324. Salmo 119:40. Versículo correspondiente a la letra *he*.
325. Salmo 119:93. Versículo correspondiente a la letra *lámed*.
326. Salmo 119:156. Versículo correspondiente a la letra *resh*.
327. Salmo 119:137. Versículo correspondiente a la letra *tzadi*.
328. Salmo 119:43. Versículo correspondiente a la letra *vav*.
329. Salmo 119:123. Versículo correspondiente a la letra *ain*.
330. Salmo 119:44. Versículo correspondiente a la letra *vav*.
331. Salmo 119:169. Versículo correspondiente a la letra *tav*.
332. Según la tradición ancestral sefaradí no se pronuncia la última letra «i», por eso, las personas de origen sefaradí que conocen meticulosamente la tradición pronuncian «ashré». Y lo mismo con muchas otras palabras que terminan con la letra *yud*, aunque hay excepciones.

Hebreo

רְאֵה עָנְיִי וְחַלְּצֵנִי כִּי תוֹרָתְךָ לֹא שָׁכָחְתִּי: פְּנֵה אֵלַי וְחָנֵּנִי כְּמִשְׁפָּט לְאֹהֲבֵי שְׁמֶךָ: וִיבֹאֻנִי חֲסָדֶךָ יְהוָה תְּשׁוּעָתְךָ כְּאִמְרָתֶךָ: אַשְׁרֵי נֹצְרֵי עֵדֹתָיו בְּכָל לֵב יִדְרְשׁוּהוּ: הִנֵּה תָּאַבְתִּי לְפִקֻּדֶיךָ בְּצִדְקָתְךָ חַיֵּנִי: לְעוֹלָם לֹא אֶשְׁכַּח פִּקּוּדֶיךָ כִּי בָם חִיִּיתָנִי: רַחֲמֶיךָ רַבִּים יְהוָה כְּמִשְׁפָּטֶיךָ חַיֵּנִי: צַדִּיק אַתָּה יְהוָה וְיָשָׁר מִשְׁפָּטֶיךָ: וְאַל תַּצֵּל מִפִּי דְבַר אֱמֶת עַד מְאֹד כִּי לְמִשְׁפָּטֶךָ יִחָלְתִּי: עֵינַי כָּלוּ לִישׁוּעָתֶךָ וּלְאִמְרַת צִדְקֶךָ: וְאֶשְׁמְרָה תוֹרָתְךָ תָמִיד לְעוֹלָם וָעֶד: תִּקְרַב רִנָּתִי לְפָנֶיךָ יְהוָה כִּדְבָרְךָ הֲבִינֵנִי:

Mano

Traducción

«Observa mi aflicción y sálvame, porque no he olvidado Tu Torá.[333] Repara en mí y agráciame conforme a Tu juicio para los que aman Tu Nombre.[334] Y venga a mí tu bondad, El Eterno; Tu salvación, conforme a tu palabra.[335] Bienaventurados quienes guardan Sus testimonios, y Lo buscan con todo el corazón.[336] He aquí he anhelado Tus preceptos; vivifícame con Tu justicia.[337] Jamás olvidaré Tus preceptos, porque con ellos me vivificas.[338] Tus misericordias vengan a mí y viviré, porque Tu Torá es mi regodeo.[339] Mi alma está abatida hasta el polvo; vivifícame conforme a Tu palabra».[340]

Fonética

Ree oní vejaltzeni, ki toratja lo shajajti. Pené elai vejaneni, kemishpat lehoavei shemeja. Vivouni jasadeja Adonai; teshuatja keimrateja.

---

333. Salmo 119:153. Versículo correspondiente a la letra *resh*.
334. Salmo 119:132. Versículo correspondiente a la letra *pe*.
335. Salmo 119:41. Versículo correspondiente a la letra *vav*.
336. Salmo 119:2. Versículo correspondiente a la letra *álef*.
337. Salmo 119:40. Versículo correspondiente a la letra *he*.
338. Salmo 119:93. Versículo correspondiente a la letra *lámed*.
339. Salmo 119:77. Versículo correspondiente a la letra *yud*.
340. Salmo 119:25. Versículo correspondiente a la letra *dalet*.

Ashrei[341] *notzrei edotav; bejol leb idreshuhu. Hine tahavti lefikudeja; betzidkatja jaieni. Leolam lo eshkaj pikudeja; ki bam jiitani. Ievouni rajameja veejié, ki toratja shashuai. Davká leafar nafshi, jaieni kidvareja.*

Hebreo

רְאֵה עָנְיִי וְחַלְּצֵנִי כִּי תוֹרָתְךָ לֹא שָׁכָחְתִּי: פְּנֵה אֵלַי וְחָנֵּנִי כְּמִשְׁפָּט לְאֹהֲבֵי שְׁמֶךָ: וִיבֹאֻנִי חֲסָדֶךָ יְהֹוָה תְּשׁוּעָתְךָ כְּאִמְרָתֶךָ: אַשְׁרֵי נֹצְרֵי עֵדֹתָיו בְּכָל לֵב יִדְרְשׁוּהוּ: הִנֵּה תָּאַבְתִּי לְפִקֻּדֶיךָ בְּצִדְקָתְךָ חַיֵּנִי: לְעוֹלָם לֹא אֶשְׁכַּח פִּקּוּדֶיךָ כִּי בָם חִיִּיתָנִי: יְבֹאוּנִי רַחֲמֶיךָ וְאֶחְיֶה כִּי תוֹרָתְךָ שַׁעֲשֻׁעָי: דָּבְקָה לֶעָפָר נַפְשִׁי חַיֵּנִי כִּדְבָרֶךָ:

Médula ósea

Traducción

«Observa mi aflicción y sálvame, porque no he olvidado Tu Torá.[342] Repara en mí y agráciame conforme a Tu juicio para los que aman Tu Nombre.[343] Y venga a mí tu bondad, El Eterno; Tu salvación, conforme a tu palabra.[344] Bienaventurados quienes guardan Sus testimonios, y Lo buscan con todo el corazón.[345] He aquí he anhelado Tus preceptos; vivifícame con Tu justicia.[346] Jamás olvidaré Tus preceptos, porque con ellos me vivificas.[347] Cuán agradables son Tus palabras para mi paladar, más que la miel en mi boca.[348] Imploré ante Ti con todo el corazón; ten misericordia de mí conforme a Tu palabra.[349] Mis ojos han desfallecido anhelando por Tu salvación, y por la palabra de Tu

---

341. Según la tradición ancestral sefaradí no se pronuncia la última letra «i», por eso, las personas de origen sefaradí que conocen meticulosamente la tradición pronuncian «ashré». Y lo mismo con muchas otras palabras que terminan con la letra *yud*, aunque hay excepciones.

342. Salmo 119:153. Versículo correspondiente a la letra *resh*.

343. Salmo 119:132. Versículo correspondiente a la letra *pe*.

344. Salmo 119:41. Versículo correspondiente a la letra *vav*.

345. Salmo 119:2. Versículo correspondiente a la letra *álef*.

346. Salmo 119:40. Versículo correspondiente a la letra *he*.

347. Salmo 119:93. Versículo correspondiente a la letra *lámed*.

348. Salmo 119:103. Versículo correspondiente a la letra *mem*.

349. Salmo 119:58. Versículo correspondiente a la letra *jet*.

misericordiosa justicia.[350] El Eterno, Tú eres justo, y Tus juicios son rectos.[351] ¡Cuánto he amado Tu Torá! Ella es mi palabra todo el día».[352]

Fonética

Ree oní vejaltzeni, ki toratja lo shajajti. Pené elai vejaneni, kemishpat le-hoavei shemeja. Vivouni jasadeja Adonai; teshuatja keimrateja. Ashrei[353] notzrei edotav; bejol leb idreshuhu. Hine tahavti lefikudeja; betzidkatja jaieni. Leolam lo eshkaj pikudeja; ki bam jiitani. Ma nimletzu lejiki imrateja, midvash lefi. Jiliti faneja bejol lev; janeni keimrateja. Einai kalu lishuateja; uleimrat tzidkeja. Tzadik ata Adonai, veiashar mishpa-teja. Ma ahavti torateja; kol haiom hi sijati.

Hebreo

רְאֵה עָנְיִי וְחַלְּצֵנִי כִּי תוֹרָתְךָ לֹא שָׁכָחְתִּי: פְּנֵה אֵלַי וְחָנֵּנִי כְּמִשְׁפָּט לְאֹהֲבֵי שְׁמֶךָ: וִיבֹאֻנִי חֲסָדֶךָ יְהוָה תְּשׁוּעָתְךָ כְּאִמְרָתֶךָ: אַשְׁרֵי נֹצְרֵי עֵדֹתָיו בְּכָל לֵב יִדְרְשׁוּהוּ: הִנֵּה תָּאַבְתִּי לְפִקֻּדֶיךָ בְּצִדְקָתְךָ חַיֵּנִי: לְעוֹלָם לֹא אֶשְׁכַּח פִּקּוּדֶיךָ כִּי בָם חִיִּיתָנִי: מַה נִּמְלְצוּ לְחִכִּי אִמְרָתֶךָ מִדְּבַשׁ לְפִי: חִלִּיתִי פָנֶיךָ בְכָל לֵב חָנֵּנִי כְּאִמְרָתֶךָ: עֵינַי כָּלוּ לִישׁוּעָתֶךָ וּלְאִמְרַת צִדְקֶךָ: צַדִּיק אַתָּה יְהוָה וְיָשָׁר מִשְׁפָּטֶיךָ: מָה אָהַבְתִּי תוֹרָתֶךָ כָּל הַיּוֹם הִיא שִׂיחָתִי:

Mejillas

Traducción

«Observa mi aflicción y sálvame, porque no he olvidado Tu Torá.[354] Repara en mí y agráciame conforme a Tu juicio para los que aman

---

350. Salmo 119:123. Versículo correspondiente a la letra *ain*.
351. Salmo 119:137. Versículo correspondiente a la letra *tzadi*.
352. Salmo 119:97. Versículo correspondiente a la letra *mem*.
353. Según la tradición ancestral sefaradí no se pronuncia la última letra «i», por eso, las personas de origen sefaradí que conocen meticulosamente la tradición pronuncian «ashré». Y lo mismo con muchas otras palabras que terminan con la letra *yud*, aunque hay excepciones.
354. Salmo 119:153. Versículo correspondiente a la letra *resh*.

Tu Nombre.[355] Y venga a mí tu bondad, El Eterno; Tu salvación, conforme a tu palabra.[356] Bienaventurados quienes guardan Sus testimonios, y Lo buscan con todo el corazón.[357] He aquí he anhelado Tus preceptos; vivifícame con Tu justicia.[358] Jamás olvidaré Tus preceptos, porque con ellos me vivificas.[359] Tu fidelidad permanece de generación en generación; has fundado la Tierra y perdura.[360] Imploré ante Ti con todo el corazón; ten misericordia de mí conforme a Tu palabra.[361] Tus misericordias vengan a mí y viviré, porque Tu Torá es mi regodeo.[362] Tus manos me han hecho y me han preparado; hazme entender, y aprenderé Tus preceptos.[363] Cuán agradables son Tus palabras para mi paladar, más que la miel en mi boca».[364]

Fonética

Ree oní vejaltzeni, ki toratja lo shajajti. Pené elai vejaneni, kemishpat lehoavei shemeja. Vivouni jasadeja Adonai; teshuatja keimrateja. Ashrei[365] notzrei edotav; bejol leb idreshuhu. Hine tahavti lefikudeja; betzidkatja jaieni. Leolam lo eshkaj pikudeja; ki bam jiitani. Ledor vador emunateja; konanta eretz, vataamod. Jiliti faneja bejol lev; janeni keimrateja. Ievouni rajameja veejié, ki toratja shashuai. Iadeja asuni, vaijonenuni; avineni, veelmedá mitzvoteja. Ma nimletzu lejiki imrateja, midvash lefi.

---

355. Salmo 119:132. Versículo correspondiente a la letra *pe.*
356. Salmo 119:41. Versículo correspondiente a la letra *vav.*
357. Salmo 119:2. Versículo correspondiente a la letra *álef.*
358. Salmo 119:40. Versículo correspondiente a la letra *he.*
359. Salmo 119:93. Versículo correspondiente a la letra *lámed.*
360. Salmo 119:90. Versículo correspondiente a la letra *lámed.*
361. Salmo 119:58. Versículo correspondiente a la letra *jet.*
362. Salmo 119:77. Versículo correspondiente a la letra *yud.*
363. Salmo 119:73. Versículo correspondiente a la letra *yud.*
364. Salmo 119:103. Versículo correspondiente a la letra *mem.*
365. Según la tradición ancestral sefaradí no se pronuncia la última letra «i», por eso, las personas de origen sefaradí que conocen meticulosamente la tradición pronuncian «ashré». Y lo mismo con muchas otras palabras que terminan con la letra *yud,* aunque hay excepciones.

רְאֵה עָנְיִי וְחַלְּצֵנִי כִּי תוֹרָתְךָ לֹא שָׁכָחְתִּי: פְּנֵה אֵלַי וְחָנֵּנִי כְּמִשְׁפָּט לְאֹהֲבֵי שְׁמֶךָ: וִיבֹאֻנִי חֲסָדֶךָ יְהוָה תְּשׁוּעָתְךָ כְּאִמְרָתֶךָ: אַשְׁרֵי נֹצְרֵי עֵדֹתָיו בְּכָל לֵב יִדְרְשׁוּהוּ: הִנֵּה תָּאַבְתִּי לְפִקֻּדֶיךָ בְּצִדְקָתְךָ חַיֵּנִי: לְעוֹלָם לֹא אֶשְׁכַּח פִּקּוּדֶיךָ כִּי בָם חִיִּיתָנִי: לְדֹר וָדֹר אֱמוּנָתֶךָ כּוֹנַנְתָּ אֶרֶץ וַתַּעֲמֹד: חִלִּיתִי פָנֶיךָ בְּכָל לֵב חָנֵּנִי כְּאִמְרָתֶךָ: יְבֹאוּנִי רַחֲמֶיךָ וְאֶחְיֶה כִּי תוֹרָתְךָ שַׁעֲשֻׁעָי: יָדֶיךָ עָשׂוּנִי וַיְכוֹנְנוּנִי הֲבִינֵנִי וְאֶלְמְדָה מִצְוֹתֶיךָ: מַה נִּמְלְצוּ לְחִכִּי אִמְרָתֶךָ מִדְּבַשׁ לְפִי:

Músculos

Traducción

«Observa mi aflicción y sálvame, porque no he olvidado Tu Torá.[366] Repara en mí y agráciame conforme a Tu juicio para los que aman Tu Nombre.[367] Y venga a mí tu bondad, El Eterno; Tu salvación, conforme a tu palabra.[368] Bienaventurados quienes guardan Sus testimonios, y Lo buscan con todo el corazón.[369] He aquí he anhelado Tus preceptos; vivifícame con Tu justicia.[370] Jamás olvidaré Tus preceptos, porque con ellos me vivificas.[371] Yo me regocijo con Tu palabra, como quien hallara un gran tesoro.[372] El Eterno, Tus misericordias son muchas, vivifícame conforme a Tus juicios.[373] Tus misericordias vengan a mí y viviré, porque Tu Torá es mi regodeo.[374] Observa que —siempre— amé Tus preceptos, El Eterno, vivifícame conforme a Tu bondad.[375] Tus manos me han hecho y me han preparado; hazme entender, y

---

366. Salmo 119:153. Versículo correspondiente a la letra *resh*.
367. Salmo 119:132. Versículo correspondiente a la letra *pe*.
368. Salmo 119:41. Versículo correspondiente a la letra *vav*.
369. Salmo 119:2. Versículo correspondiente a la letra *álef*.
370. Salmo 119:40. Versículo correspondiente a la letra *he*.
371. Salmo 119:93. Versículo correspondiente a la letra *lámed*.
372. Salmo 119:162. Versículo correspondiente a la letra *shin*.
373. Salmo 119:156. Versículo correspondiente a la letra *resh*.
374. Salmo 119:77. Versículo correspondiente a la letra *yud*.
375. Salmo 119:159. Versículo correspondiente a la letra *resh*.

aprenderé Tus preceptos.[376] Cuán agradables son Tus palabras para mi paladar, más que la miel en mi boca».[377]

Fonética

Ree oní vejaltzeni, ki toratja lo shajajti. Pené elai vejaneni, kemishpat le-hoavei shemeja. Vivouni jasadeja Adonai; teshuatja keimrateja. Ashrei[378] notzrei edotav; bejol leb idreshuhu. Hine tahavti lefikudeja; betzidkatja jaieni. Leolam lo eshkaj pikudeja; ki bam jiitani. Sas anoji al imrateja, kemotze shalal rav. Rajameja rabim Adonai; kemishpateja jaieni. Ievouni rajameja veejié, ki toratja shashuai. Ree ki fikudeja ahavti, Adonai, kejas-deja jaieni. Iadeja asuni, vaijonenuni; avineni, veelmedá mitzvoteja. Ma nimletzu lejiki imrateja, midvash lefi.

Hebreo

רְאֵה עָנְיִי וְחַלְּצֵנִי כִּי תוֹרָתְךָ לֹא שָׁכָחְתִּי: פְּנֵה אֵלַי וְחָנֵּנִי כְּמִשְׁפָּט לְאֹהֲבֵי שְׁמֶךָ: וִיבֹאֻנִי חֲסָדֶךָ יְהוָה תְּשׁוּעָתְךָ כְּאִמְרָתֶךָ: אַשְׁרֵי נֹצְרֵי עֵדֹתָיו בְּכָל לֵב יִדְרְשׁוּהוּ: הִנֵּה תָּאַבְתִּי לְפִקֻּ־דֶיךָ בְּצִדְקָתְךָ חַיֵּנִי: לְעוֹלָם לֹא אֶשְׁכַּח פִּקּוּדֶיךָ כִּי בָם חִיִּיתָנִי: שָׂשׂ אָנֹכִי עַל אִמְרָתֶךָ כְּמוֹ־צֵא שָׁלָל רָב: רַחֲמֶיךָ רַבִּים יְהוָה כְּמִשְׁפָּטֶיךָ חַיֵּנִי: יְבֹאוּנִי רַחֲמֶיךָ וְאֶחְיֶה כִּי תוֹרָתְךָ שַׁעֲ־שֻׁעָי: רְאֵה כִּי פִקּוּדֶיךָ אָהָבְתִּי יְהוָה כְּחַסְדְּךָ חַיֵּנִי: יָדֶיךָ עָשׂוּנִי וַיְכוֹנְנוּנִי הֲבִינֵנִי וְאֶלְמְדָה מִצְוֹתֶיךָ: מַה נִּמְלְצוּ לְחִכִּי אִמְרָתֶךָ מִדְּבַשׁ לְפִי:

Nariz

Traducción

«Observa mi aflicción y sálvame, porque no he olvidado Tu Torá.[379] Repara en mí y agráciame conforme a Tu juicio para los que aman Tu

---

376. Salmo 119:73. Versículo correspondiente a la letra *yud*.

377. Salmo 119:103. Versículo correspondiente a la letra *mem*.

378. Según la tradición ancestral sefaradí no se pronuncia la última letra «i», por eso, las personas de origen sefaradí que conocen meticulosamente la tradición pronuncian «ashré». Y lo mismo con muchas otras palabras que terminan con la letra *yud*, aunque hay excepciones.

379. Salmo 119:153. Versículo correspondiente a la letra *resh*.

Nombre.[380] Y venga a mí tu bondad, El Eterno; Tu salvación, conforme a tu palabra.[381] Bienaventurados quienes guardan Sus testimonios, y Lo buscan con todo el corazón.[382] He aquí he anhelado Tus preceptos; vivifícame con Tu justicia.[383] Jamás olvidaré Tus preceptos, porque con ellos me vivificas.[384] Bienaventurados los de camino íntegro, quienes andan en la ley de El Eterno.[385] Tus testimonios son maravillosos, por eso mi alma los ha guardado».[386]

Fonética

Ree oní vejaltzeni, ki toratja lo shajajti. Pené elai vejaneni, kemishpat lehoavei shemeja. Vivouni jasadeja Adonai; teshuatja keimrateja. Ashrei[387] notzrei edotav; bejol leb idreshuhu. Hine tahavti lefikudeja; betzidkatja jaieni. Leolam lo eshkaj pikudeja; ki bam jiitani. Ashrei[388] temimei darej; haoljim betorat Adonai. Pelaot edoteja, al ken netzaratam nafshi.

Hebreo

רְאֵה עָנְיִי וְחַלְּצֵנִי כִּי תוֹרָתְךָ לֹא שָׁכָחְתִּי: פְּנֵה אֵלַי וְחָנֵּנִי כְּמִשְׁפָּט לְאֹהֲבֵי שְׁמֶךָ: וִיבֹאֻנִי חֲסָדֶךָ יְהוָה תְּשׁוּעָתְךָ כְּאִמְרָתֶךָ: אַשְׁרֵי נֹצְרֵי עֵדֹתָיו בְּכָל לֵב יִדְרְשׁוּהוּ: הִנֵּה תָּאַבְתִּי לְפִקֻּ־דֶיךָ בְּצִדְקָתְךָ חַיֵּנִי: לְעוֹלָם לֹא אֶשְׁכַּח פִּקּוּדֶיךָ כִּי בָם חִיִּיתָנִי: אַשְׁרֵי תְמִימֵי דָרֶךְ הַהֹלְכִים בְּתוֹרַת יְהוָה: פְּלָאוֹת עֵדְוֹתֶיךָ עַל כֵּן נְצָרָתַם נַפְשִׁי:

---

380. Salmo 119:132. Versículo correspondiente a la letra *pe*.
381. Salmo 119:41. Versículo correspondiente a la letra *vav*.
382. Salmo 119:2. Versículo correspondiente a la letra *álef*.
383. Salmo 119:40. Versículo correspondiente a la letra *he*.
384. Salmo 119:93. Versículo correspondiente a la letra *lámed*.
385. Salmo 119:1. Versículo correspondiente a la letra *álef*.
386. Salmo 119:129. Versículo correspondiente a la letra *pe*.
387. Según la tradición ancestral sefaradí no se pronuncia la última letra «i», por eso, las personas de origen sefaradí que conocen meticulosamente la tradición pronuncian «ashré». Y lo mismo con muchas otras palabras que terminan con la letra *yud*, aunque hay excepciones.
388. Según la tradición ancestral sefaradí no se pronuncia la última letra «i», por eso, las personas de origen sefaradí que conocen meticulosamente la tradición pronuncian «ashré». Y lo mismo con muchas otras palabras que terminan con la letra *yud*, aunque hay excepciones.

Nervios

Traducción

«Observa mi aflicción y sálvame, porque no he olvidado Tu Torá.[389] Repara en mí y agráciame conforme a Tu juicio para los que aman Tu Nombre.[390] Y venga a mí tu bondad, El Eterno; Tu salvación, conforme a tu palabra.[391] Bienaventurados quienes guardan Sus testimonios, y Lo buscan con todo el corazón.[392] He aquí he anhelado Tus preceptos; vivifícame con Tu justicia.[393] Jamás olvidaré Tus preceptos, porque con ellos me vivificas.[394] Mis ojos han desfallecido anhelando por Tu salvación, y por la palabra de Tu misericordiosa justicia.[395] El Eterno, Tú eres justo, y Tus juicios son rectos.[396] Bendito eres Tú, El Eterno; enséñame Tus prescripciones.[397] Tus misericordias vengan a mí y viviré, porque Tu Torá es mi regodeo.[398] Cuán agradables son Tus palabras para mi paladar, más que la miel en mi boca».[399]

Fonética

Ree oní vejaltzeni, ki toratja lo shajajti. Pené elai vejaneni, kemishpat lehoavei shemeja. Vivouni jasadeja Adonai; teshuatja keimrateja. Ashrei[400] notzrei edotav; bejol leb idreshuhu. Hine tahavti lefikudeja; betzidkatja jaieni. Leolam lo eshkaj pikudeja; ki bam jiitani. Einai kalu lishuate-

---

389. Salmo 119:153. Versículo correspondiente a la letra *resh*.
390. Salmo 119:132. Versículo correspondiente a la letra *pe*.
391. Salmo 119:41. Versículo correspondiente a la letra *vav*.
392. Salmo 119:2. Versículo correspondiente a la letra *álef*.
393. Salmo 119:40. Versículo correspondiente a la letra *he*.
394. Salmo 119:93. Versículo correspondiente a la letra *lámed*.
395. Salmo 119:123. Versículo correspondiente a la letra *ain*.
396. Salmo 119:137. Versículo correspondiente a la letra *tzadi*.
397. Salmo 119:12. Versículo correspondiente a la letra *bet*.
398. Salmo 119:77. Versículo correspondiente a la letra *yud*.
399. Salmo 119:103. Versículo correspondiente a la letra *mem*.
400. Según la tradición ancestral sefaradí no se pronuncia la última letra «i», por eso, las personas de origen sefaradí que conocen meticulosamente la tradición pronuncian «ashré». Y lo mismo con muchas otras palabras que terminan con la letra *yud*, aunque hay excepciones.

Hebreo

רְאֵה עָנְיִי וְחַלְּצֵנִי כִּי תוֹרָתְךָ לֹא שָׁכָחְתִּי: פְּנֵה אֵלַי וְחָנֵּנִי כְּמִשְׁפָּט לְאֹהֲבֵי שְׁמֶךָ: וִיבֹאֻנִי חֲסָדֶךָ יְהֹוָה תְּשׁוּעָתְךָ כְּאִמְרָתֶךָ: אַשְׁרֵי נֹצְרֵי עֵדֹתָיו בְּכָל לֵב יִדְרְשׁוּהוּ: הִנֵּה תָּאַבְתִּי לְפִקֻּדֶיךָ בְּצִדְקָתְךָ חַיֵּנִי: לְעוֹלָם לֹא אֶשְׁכַּח פִּקּוּדֶיךָ כִּי בָם חִיִּיתָנִי: עֵינַי כָּלוּ לִישׁוּעָתֶךָ וּלְאִמְרַת צִדְקֶךָ: צַדִּיק אַתָּה יְהֹוָה וְיָשָׁר מִשְׁפָּטֶיךָ: בָּרוּךְ אַתָּה יְהֹוָה לַמְּדֵנִי חֻקֶּיךָ: יְבֹאוּנִי רַחֲמֶיךָ וְאֶחְיֶה כִּי תוֹרָתְךָ שַׁעֲשֻׁעָי: מַה נִּמְלְצוּ לְחִכִּי אִמְרָתֶךָ מִדְּבַשׁ לְפִי:

Ovarios

Traducción

«Observa mi aflicción y sálvame, porque no he olvidado Tu Torá.[401] Repara en mí y agráciame conforme a Tu juicio para los que aman Tu Nombre.[402] Y venga a mí tu bondad, El Eterno; Tu salvación, conforme a tu palabra.[403] Bienaventurados quienes guardan Sus testimonios, y Lo buscan con todo el corazón.[404] He aquí he anhelado Tus preceptos; vivifícame con Tu justicia.[405] Jamás olvidaré Tus preceptos, porque con ellos me vivificas.[406] Yo me regocijo con Tu palabra, como quien hallara un gran tesoro.[407] Imploré ante Ti con todo el corazón; ten misericordia de mí conforme a Tu palabra.[408] Tu fidelidad permanece de generación en generación; has fundado la Tierra y perdura.[409] Y no quites jamás la palabra de verdad de mi boca, porque anhelo Tu

---

401. Salmo 119:153. Versículo correspondiente a la letra *resh*.
402. Salmo 119:132. Versículo correspondiente a la letra *pe*.
403. Salmo 119:41. Versículo correspondiente a la letra *vav*.
404. Salmo 119:2. Versículo correspondiente a la letra *álef*.
405. Salmo 119:40. Versículo correspondiente a la letra *he*.
406. Salmo 119:93. Versículo correspondiente a la letra *lámed*.
407. Salmo 119:162. Versículo correspondiente a la letra *shin*.
408. Salmo 119:58. Versículo correspondiente a la letra *jet*.
409. Salmo 119:90. Versículo correspondiente a la letra *lámed*.

juicio.[410] Aproxímese mi plegaria delante de Ti, El Eterno, otórgame entendimiento conforme a Tu palabra».[411]

Fonética

Ree oní vejaltzeni, ki toratja lo shajajti. Pené elai vejaneni, kemishpat le-hoavei shemeja. Vivouni jasadeja Adonai; teshuatja keimrateja. Ashrei[412] notzrei edotav; bejol leb idreshuhu. Hine tahavti lefikudeja; betzidkatja jaieni. Leolam lo eshkaj pikudeja; ki bam jiitani. Sas anoji al imrateja, kemotze shalal rav. Jiliti faneja bejol lev; janeni keimrateja. Ledor vador emunateja; konanta eretz, vataamod. Veal tatzel mipi devar emet ad meod, ki lemishpateja ijalti. Tikrav rinati lefaneja Adonai; kidvarja avineni.

Hebreo

רְאֵה עָנְיִי וְחַלְּצֵנִי כִּי תוֹרָתְךָ לֹא שָׁכָחְתִּי: פְּנֵה אֵלַי וְחָנֵּנִי כְּמִשְׁפָּט לְאֹהֲבֵי שְׁמֶךָ: וִיבֹאֻנִי חֲסָדֶךָ יְהוָה תְּשׁוּעָתְךָ כְּאִמְרָתֶךָ: אַשְׁרֵי נֹצְרֵי עֵדֹתָיו בְּכָל לֵב יִדְרְשׁוּהוּ: הִנֵּה תָּאַבְתִּי לְפִקֻּדֶיךָ בְּצִדְקָתְךָ חַיֵּנִי: לְעוֹלָם לֹא אֶשְׁכַּח פִּקּוּדֶיךָ כִּי בָם חִיִּיתָנִי: שָׂשׂ אָנֹכִי עַל אִמְרָתֶךָ כְּמוֹצֵא שָׁלָל רָב: חֲלִיתִי פָנֶיךָ בְּכָל לֵב חָנֵּנִי כְּאִמְרָתֶךָ: לְדֹר וָדֹר אֱמוּנָתֶךָ כּוֹנַנְתָּ אֶרֶץ וַתַּעֲמֹד: וְאַל תַּצֵּל מִפִּי דְבַר אֱמֶת עַד מְאֹד כִּי לְמִשְׁפָּטֶךָ יִחָלְתִּי: תִּקְרַב רִנָּתִי לְפָנֶיךָ יְהוָה כִּדְבָרְךָ הֲבִינֵנִי:

Paladar

Traducción

«Observa mi aflicción y sálvame, porque no he olvidado Tu Torá.[413] Repara en mí y agráciame conforme a Tu juicio para los que aman Tu

---

410. Salmo 119:43. Versículo correspondiente a la letra *vav*.

411. Salmo 119:169. Versículo correspondiente a la letra *tav*.

412. Según la tradición ancestral sefaradí no se pronuncia la última letra «i», por eso, las personas de origen sefaradí que conocen meticulosamente la tradición pronuncian «ashré». Y lo mismo con muchas otras palabras que terminan con la letra *yud*, aunque hay excepciones.

413. Salmo 119:153. Versículo correspondiente a la letra *resh*.

Nombre.[414] Y venga a mí tu bondad, El Eterno; Tu salvación, conforme a tu palabra.[415] Bienaventurados quienes guardan Sus testimonios, y Lo buscan con todo el corazón.[416] He aquí he anhelado Tus preceptos; vivifícame con Tu justicia.[417] Jamás olvidaré Tus preceptos, porque con ellos me vivificas.[418] Imploré ante Ti con todo el corazón; ten misericordia de mí conforme a Tu palabra.[419] Mi alma anhela por Tu salvación; espero por Tu palabra».[420]

Fonética

Ree oní vejaltzeni, ki toratja lo shajajti. Pené elai vejaneni, kemishpat lehoavei shemeja. Vivouni jasadeja Adonai; teshuatja keimrateja. Ashrei[421] notzrei edotav; bejol leb idreshuhu. Hine tahavti lefikudeja; betzidkatja jaieni. Leolam lo eshkaj pikudeja; ki bam jiitani. Jiliti faneja bejol lev; janeni keimrateja. Kalta lishuatja nafshi; lidvarja ijalti.

Hebreo

רְאֵה עָנְיִי וְחַלְּצֵנִי כִּי תוֹרָתְךָ לֹא שָׁכָחְתִּי: פְּנֵה אֵלַי וְחָנֵּנִי כְּמִשְׁפָּט לְאֹהֲבֵי שְׁמֶךָ: וִיבֹאֻנִי חֲסָדֶךָ יְהוָה תְּשׁוּעָתְךָ כְּאִמְרָתֶךָ: אַשְׁרֵי נֹצְרֵי עֵדֹתָיו בְּכָל לֵב יִדְרְשׁוּהוּ: הִנֵּה תָּאַבְתִּי לְפִקֻּדֶיךָ בְּצִדְקָתְךָ חַיֵּנִי: לְעוֹלָם לֹא אֶשְׁכַּח פִּקּוּדֶיךָ כִּי בָם חִיִּיתָנִי: חִלִּיתִי פָנֶיךָ בְכָל לֵב חָנֵּנִי כְּאִמְרָתֶךָ: כָּלְתָה לִתְשׁוּעָתְךָ נַפְשִׁי לִדְבָרְךָ יִחָלְתִּי:

---

414. Salmo 119:132. Versículo correspondiente a la letra *pe*.

415. Salmo 119:41. Versículo correspondiente a la letra *vav*.

416. Salmo 119:2. Versículo correspondiente a la letra *álef*.

417. Salmo 119:40. Versículo correspondiente a la letra *he*.

418. Salmo 119:93. Versículo correspondiente a la letra *lámed*.

419. Salmo 119:58. Versículo correspondiente a la letra *jet*.

420. Salmo 119:81. Versículo correspondiente a la letra *caf*.

421. Según la tradición ancestral sefaradí no se pronuncia la última letra «i», por eso, las personas de origen sefaradí que conocen meticulosamente la tradición pronuncian «ashré». Y lo mismo con muchas otras palabras que terminan con la letra *yud*, aunque hay excepciones.

Páncreas

Traducción

«Observa mi aflicción y sálvame, porque no he olvidado Tu Torá.[422] Repara en mí y agráciame conforme a Tu juicio para los que aman Tu Nombre.[423] Y venga a mí tu bondad, El Eterno; Tu salvación, conforme a tu palabra.[424] Bienaventurados quienes guardan Sus testimonios, y Lo buscan con todo el corazón.[425] He aquí he anhelado Tus preceptos; vivifícame con Tu justicia.[426] Jamás olvidaré Tus preceptos, porque con ellos me vivificas.[427] Tu fidelidad permanece de generación en generación; has fundado la Tierra y perdura.[428] Bendito eres Tú, El Eterno; enséñame Tus prescripciones.[429] Si Tu Torá no fuese mi regodeo, entonces, hubiera fenecido en mi aflicción.[430] Te he buscado con todo mi corazón; no dejes que me desvíe de Tus preceptos».[431]

Fonética

Ree oní vejaltzeni, ki toratja lo shajajti. Pené elai vejaneni, kemishpat lehoavei shemeja. Vivouni jasadeja Adonai; teshuatja keimrateja. Ashrei[432] notzrei edotav; bejol leb idreshuhu. Hine tahavti lefikudeja; betzidkatja jaieni. Leolam lo eshkaj pikudeja; ki bam jiitani. Ledor vador emunateja; konanta eretz, vataamod. Baruj ata Adonai, lamdeni jukeja. Lulei

---

422. Salmo 119:153. Versículo correspondiente a la letra *resh.*
423. Salmo 119:132. Versículo correspondiente a la letra *pe.*
424. Salmo 119:41. Versículo correspondiente a la letra *vav.*
425. Salmo 119:2. Versículo correspondiente a la letra *álef.*
426. Salmo 119:40. Versículo correspondiente a la letra *he.*
427. Salmo 119:93. Versículo correspondiente a la letra *lámed.*
428. Salmo 119:90. Versículo correspondiente a la letra *lámed.*
429. Salmo 119:12. Versículo correspondiente a la letra *bet.*
430. Salmo 119:92. Versículo correspondiente a la letra *lámed.*
431. Salmo 119:10. Versículo correspondiente a la letra *bet.*
432. Según la tradición ancestral sefaradí no se pronuncia la última letra «i», por eso, las personas de origen sefaradí que conocen meticulosamente la tradición pronuncian «ashré». Y lo mismo con muchas otras palabras que terminan con la letra *yud,* aunque hay excepciones.

toratja shaashuai, az avadti veoni. Bejol libi dershtija; al tashgueni mi-mitzvoteja.

Hebreo

רְאֵה עָנְיִי וְחַלְּצֵנִי כִּי תוֹרָתְךָ לֹא שָׁכָחְתִּי: פְּנֵה אֵלַי וְחָנֵּנִי כְּמִשְׁפָּט לְאֹהֲבֵי שְׁמֶךָ: וִיבֹאֻנִי חֲסָדֶךָ יְהוָה תְּשׁוּעָתְךָ כְּאִמְרָתֶךָ: אַשְׁרֵי נֹצְרֵי עֵדֹתָיו בְּכָל לֵב יִדְרְשׁוּהוּ: הִנֵּה תָּאַבְתִּי לְפִקֻּדֶיךָ בְּצִדְקָתְךָ חַיֵּנִי: לְעוֹלָם לֹא אֶשְׁכַּח פִּקּוּדֶיךָ כִּי בָם חִיִּיתָנִי: לְדֹר וָדֹר אֱמוּנָתֶךָ כּוֹנַנְתָּ אֶרֶץ וַתַּעֲמֹד: בָּרוּךְ אַתָּה יְהוָה לַמְּדֵנִי חֻקֶּיךָ: לוּלֵי תוֹרָתְךָ שַׁעֲשֻׁעָי אָז אָבַדְתִּי בְעָנְיִי: בְּכָל

לִבִּי דְרַשְׁתִּיךָ אַל תַּשְׁגֵּנִי מִמִּצְוֹתֶיךָ:

Pelo

Traducción

«Observa mi aflicción y sálvame, porque no he olvidado Tu Torá.[433] Repara en mí y agráciame conforme a Tu juicio para los que aman Tu Nombre.[434] Y venga a mí tu bondad, El Eterno; Tu salvación, conforme a tu palabra.[435] Bienaventurados quienes guardan Sus testimonios, y Lo buscan con todo el corazón.[436] He aquí he anhelado Tus preceptos; vivifícame con Tu justicia.[437] Jamás olvidaré Tus preceptos, porque con ellos me vivificas.[438] Yo me regocijo con Tu palabra, como quien hallara un gran tesoro.[439] Tus misericordias vengan a mí y viviré, porque Tu Torá es mi regodeo.[440] Mis ojos han desfallecido anhelando por Tu salvación, y por la palabra de Tu misericordiosa justicia.[441]

---

433. Salmo 119:153 Versículo correspondiente a la letra *resh.*
434. Salmo 119:132 Versículo correspondiente a la letra *pe.*
435. Salmo 119:41 Versículo correspondiente a la letra *vav.*
436. Salmo 119:2 Versículo correspondiente a la letra *álef.*
437. Salmo 119:40 Versículo correspondiente a la letra *he.*
438. Salmo 119:93 Versículo correspondiente a la letra *lámed.*
439. Salmo 119:162 Versículo correspondiente a la letra *shin.*
440. Salmo 119:77 Versículo correspondiente a la letra *yud.*
441. Salmo 119:123 Versículo correspondiente a la letra *ain.*

El Eterno, Tus misericordias son muchas, vivifícame conforme a Tus juicios».[442]

Fonética

Ree oní vejaltzeni, ki toratja lo shajajti. Pené elai vejaneni, kemishpat lehoavei shemeja. Vivouni jasadeja Adonai; teshuatja keimrateja. Ashrei[443] notzrei edotav; bejol leb idreshuhu. Hine tahavti lefikudeja; betzidkatja jaieni. Leolam lo eshkaj pikudeja; ki bam jiitani. Sas anoji al imrateja, kemotze shalal rav. Ievouni rajameja veejié, ki toratja shashuai. Einai kalu lishuateja; uleimrat tzidkeja. Rajameja rabim Adonai; kemishpateja jaieni.

Hebreo

רְאֵה עָנְיִי וְחַלְּצֵנִי כִּי תוֹרָתְךָ לֹא שָׁכָחְתִּי: פְּנֵה אֵלַי וְחָנֵּנִי כְּמִשְׁפָּט לְאֹהֲבֵי שְׁמֶךָ: וִיבֹאֻנִי חֲסָדֶךָ יְהוָה תְּשׁוּעָתְךָ כְּאִמְרָתֶךָ: אַשְׁרֵי נֹצְרֵי עֵדֹתָיו בְּכָל לֵב יִדְרְשׁוּהוּ: הִנֵּה תָּאַבְתִּי לְפִקֻּדֶיךָ בְּצִדְקָתְךָ חַיֵּנִי: לְעוֹלָם לֹא אֶשְׁכַּח פִּקּוּדֶיךָ כִּי בָם חִיִּיתָנִי: שָׂשׂ אָנֹכִי עַל אִמְרָתֶךָ כְּמוֹצֵא שָׁלָל רָב: יְבֹאֻנִי רַחֲמֶיךָ וְאֶחְיֶה כִּי תוֹרָתְךָ שַׁעֲשֻׁעָי: עֵינַי כָּלוּ לִישׁוּעָתֶךָ וּלְאִמְרַת צִדְקֶךָ: רַחֲמֶיךָ רַבִּים יְהוָה כְּמִשְׁפָּטֶיךָ חַיֵּנִי:

Pene

Traducción

«Observa mi aflicción y sálvame, porque no he olvidado Tu Torá.[444] Repara en mí y agráciame conforme a Tu juicio para los que aman Tu Nombre.[445] Y venga a mí tu bondad, El Eterno; Tu salvación, conforme

---

442. Salmo 119:156 Versículo correspondiente a la letra *resh*.

443. Según la tradición ancestral sefaradí no se pronuncia la última letra «i», por eso, las personas de origen sefaradí que conocen meticulosamente la tradición pronuncian «ashré». Y lo mismo con muchas otras palabras que terminan con la letra *yud*, aunque hay excepciones.

444. Salmo 119:153 Versículo correspondiente a la letra *resh*.

445. Salmo 119:132 Versículo correspondiente a la letra *pe*.

a tu palabra.[446] Bienaventurados quienes guardan Sus testimonios, y Lo buscan con todo el corazón.[447] He aquí he anhelado Tus preceptos; vivifícame con Tu justicia.[448] Jamás olvidaré Tus preceptos, porque con ellos me vivificas.[449] Bienaventurados los de camino íntegro, quienes andan en la ley de El Eterno.[450] Tus misericordias vengan a mí y viviré, porque Tu Torá es mi regodeo.[451] Bendito eres Tú, El Eterno; enséñame Tus prescripciones.[452] El Eterno, Tus misericordias son muchas, vivifícame conforme a Tus juicios.[453] El Eterno, enséñame el camino de Tus prescripciones, y lo guardaré hasta el final.[454] Recordé Tus juicios desde siempre, El Eterno, y me consolé.[455] Mi alma anhela por Tu salvación; espero por Tu palabra.[456] Observa que –siempre– amé Tus preceptos, El Eterno, vivifícame conforme a Tu bondad.[457] Y no quites jamás la palabra de verdad de mi boca, porque anhelo Tu juicio.[458] Aproxímese mi plegaria delante de Ti, El Eterno, otórgame entendimiento conforme a Tu palabra».[459]

Fonética

Ree oní vejaltzeni, ki toratja lo shajajti. Pené elai vejaneni, kemishpat lehoavei shemeja. Vivouni jasadeja Adonai; teshuatja keimrateja. Ashrei[460]

---

446. Salmo 119:41 Versículo correspondiente a la letra *vav*.

447. Salmo 119:2 Versículo correspondiente a la letra *álef*.

448. Salmo 119:40 Versículo correspondiente a la letra *he*.

449. Salmo 119:93 Versículo correspondiente a la letra *lámed*.

450. Salmo 119:1 Versículo correspondiente a la letra *álef*.

451. Salmo 119:77 Versículo correspondiente a la letra *yud*.

452. Salmo 119:12 Versículo correspondiente a la letra *bet*.

453. Salmo 119:156 Versículo correspondiente a la letra *resh*.

454. Salmo 119:33 Versículo correspondiente a la letra *he*.

455. Salmo 119:52 Versículo correspondiente a la letra *zain*.

456. Salmo 119:81 Versículo correspondiente a la letra *Caf*.

457. Salmo 119:159 Versículo correspondiente a la letra *resh*.

458. Salmo 119:43 Versículo correspondiente a la letra *vav*.

459. Salmo 119:169 Versículo correspondiente a la letra *tav*.

460. Según la tradición ancestral sefaradí no se pronuncia la última letra «i», por eso, las personas de origen sefaradí que conocen meticulosamente la tradición pronuncian «ashré». Y lo mismo con muchas otras palabras que terminan con la letra *yud*, aunque hay excepciones.

*notzrei edotav; bejol leb idreshuhu. Hine tahavti lefikudeja; betzidkatja
jaieni. Leolam lo eshkaj pikudeja; ki bam jiitani. Ashrei*[461] *temimei darej;
haoljim betorat Adonai. Ievouni rajameja veejié, ki toratja shashuai. Baruj ata Adonai, lamdeni jukeja. Rajameja rabim Adonai; kemishpateja
jaieni. Oreni Adonai derej jukeja; veetzarena ekev. Zajarti mishpateja
meolam Adonai, vaetnejam. Kalta lishuatja nafshi; lidvarja ijalti. Ree
ki fikudeja ahavti, Adonai, kejasdeja jaieni. Veal tatzel mipi devar emet
ad meod, ki lemishpateja ijalti. Tikrav rinati lefaneja Adonai; kidvarja
avineni.*

Hebreo

רְאֵה עָנְיִי וְחַלְּצֵנִי כִּי תוֹרָתְךָ לֹא שָׁכָחְתִּי: פְּנֵה אֵלַי וְחָנֵּנִי כְּמִשְׁפָּט לְאֹהֲבֵי שְׁמֶךָ: וִיבֹאֻנִי
חֲסָדֶךָ יְהוָה תְּשׁוּעָתְךָ כְּאִמְרָתֶךָ: אַשְׁרֵי נֹצְרֵי עֵדֹתָיו בְּכָל לֵב יִדְרְשׁוּהוּ: הִנֵּה תָּאַבְתִּי לְפִקֻּ-
דֶיךָ בְּצִדְקָתְךָ חַיֵּנִי: לְעוֹלָם לֹא אֶשְׁכַּח פִּקּוּדֶיךָ כִּי בָם חִיִּיתָנִי: אַשְׁרֵי תְמִימֵי דָרֶךְ הַהֹלְכִים
בְּתוֹרַת יְהוָה: יְבֹאוּנִי רַחֲמֶיךָ וְאֶחְיֶה כִּי תוֹרָתְךָ שַׁעֲשֻׁעָי: בָּרוּךְ אַתָּה יְהוָה לַמְּדֵנִי חֻקֶּיךָ:
רַחֲמֶיךָ רַבִּים יְהוָה כְּמִשְׁפָּטֶיךָ חַיֵּנִי: הוֹרֵנִי יְהוָה דֶּרֶךְ חֻקֶּיךָ וְאֶצְּרֶנָּה עֵקֶב: זָכַרְתִּי מִשְׁפָּטֶיךָ
מֵעוֹלָם יְהוָה וָאֶתְנֶחָם: כָּלְתָה לִתְשׁוּעָתְךָ נַפְשִׁי לִדְבָרְךָ יִחָלְתִּי: רְאֵה כִּי פִקּוּדֶיךָ אָהָבְתִּי
יְהוָה כְּחַסְדְּךָ חַיֵּנִי: וְאַל תַּצֵּל מִפִּי דְבַר אֱמֶת עַד מְאֹד כִּי לְמִשְׁפָּטֶךָ יִחָלְתִּי: תְּקָרַב רִנָּתִי
לְפָנֶיךָ יְהוָה כִּדְבָרְךָ הֲבִינֵנִי:

Pie o pierna

Traducción

«Observa mi aflicción y sálvame, porque no he olvidado Tu Torá.[462]
Repara en mí y agráciame conforme a Tu juicio para los que aman
Tu Nombre.[463] Y venga a mí tu bondad, El Eterno; Tu salvación, con-
forme a tu palabra.[464] Bienaventurados quienes guardan Sus testimo-

---

461. Según la tradición ancestral sefaradí no se pronuncia la última letra «i», por
eso, las personas de origen sefaradí que conocen meticulosamente la tradición
pronuncian «ashré». Y lo mismo con muchas otras palabras que terminan con
la letra *yud*, aunque hay excepciones.
462. Salmo 119:153. Versículo correspondiente a la letra *resh*.
463. Salmo 119:132. Versículo correspondiente a la letra *pe*.
464. Salmo 119:41. Versículo correspondiente a la letra *vav*.

nios, y Lo buscan con todo el corazón.[465] He aquí he anhelado Tus preceptos; vivifícame con Tu justicia.[466] Jamás olvidaré Tus preceptos, porque con ellos me vivificas.[467] El Eterno, Tus misericordias son muchas, vivifícame conforme a Tus juicios.[468] Abre mis ojos y observaré las maravillas de Tu Torá.[469] Tu fidelidad permanece de generación en generación; has fundado la Tierra y perdura».[470]

Fonética

Ree oní vejaltzeni, ki toratja lo shajajti. Pené elai vejaneni, kemishpat lehoavei shemeja. Vivouni jasadeja Adonai; teshuatja keimrateja. Ashrei[471] notzrei edotav; bejol leb idreshuhu. Hine tahavti lefikudeja; betzidkatja jaieni. Leolam lo eshkaj pikudeja; ki bam jiitani. Rajameja rabim Adonai; kemishpateja jaieni. Gal einai veabita niflaot mitorateja. Ledor vador emunateja; konanta eretz, vataamod.

Hebreo

רְאֵה עָנְיִי וְחַלְּצֵנִי כִּי תּוֹרָתְךָ לֹא שָׁכָחְתִּי: פְּנֵה אֵלַי וְחָנֵּנִי כְּמִשְׁפָּט לְאֹהֲבֵי שְׁמֶךָ: וִיבֹאֻנִי חֲסָדֶךָ יְהוָה תְּשׁוּעָתְךָ כְּאִמְרָתֶךָ: אַשְׁרֵי נֹצְרֵי עֵדֹתָיו בְּכָל לֵב יִדְרְשׁוּהוּ: הִנֵּה תָּאַבְתִּי לְפִקֻּדֶיךָ בְּצִדְקָתְךָ חַיֵּנִי: לְעוֹלָם לֹא אֶשְׁכַּח פִּקּוּדֶיךָ כִּי בָם חִיִּיתָנִי: רַחֲמֶיךָ רַבִּים יְהוָה כְּמִשְׁפָּטֶיךָ חַיֵּנִי: גַּל עֵינַי וְאַבִּיטָה נִפְלָאוֹת מִתּוֹרָתֶךָ: לְדֹר וָדֹר אֱמוּנָתֶךָ כּוֹנַנְתָּ אֶרֶץ וַתַּעֲמֹד:

---

465. Salmo 119:2. Versículo correspondiente a la letra *álef*.
466. Salmo 119:40. Versículo correspondiente a la letra *he*.
467. Salmo 119:93. Versículo correspondiente a la letra *lámed*.
468. Salmo 119:156. Versículo correspondiente a la letra *resh*.
469. Salmo 119:18. Versículo correspondiente a la letra *guímel*.
470. Salmo 119:90. Versículo correspondiente a la letra *lámed*.
471. Según la tradición ancestral sefaradí no se pronuncia la última letra «i», por eso, las personas de origen sefaradí que conocen meticulosamente la tradición pronuncian «ashré». Y lo mismo con muchas otras palabras que terminan con la letra *yud*, aunque hay excepciones.

Piel

Traducción

«Observa mi aflicción y sálvame, porque no he olvidado Tu Torá.[472] Repara en mí y agráciame conforme a Tu juicio para los que aman Tu Nombre.[473] Y venga a mí tu bondad, El Eterno; Tu salvación, conforme a tu palabra.[474] Bienaventurados quienes guardan Sus testimonios, y Lo buscan con todo el corazón.[475] He aquí he anhelado Tus preceptos; vivifícame con Tu justicia.[476] Jamás olvidaré Tus preceptos, porque con ellos me vivificas.[477] Mis ojos han desfallecido anhelando por Tu salvación, y por la palabra de Tu misericordiosa justicia.[478] Y no quites jamás la palabra de verdad de mi boca, porque anhelo Tu juicio.[479] El Eterno, Tus misericordias son muchas, vivifícame conforme a Tus juicios».[480]

Fonética

Ree oní vejaltzeni, ki toratja lo shajajti. Pené elai vejaneni, kemishpat lehoavei shemeja. Vivouni jasadeja Adonai; teshuatja keimrateja. Ashrei[481] notzrei edotav; bejol leb idreshuhu. Hine tahavti lefikudeja; betzidkatja jaieni. Leolam lo eshkaj pikudeja; ki bam jiitani. Einai kalu lishuateja; uleimrat tzidkeja. Veal tatzel mipi devar emet ad meod, ki lemishpateja ijalti. Rajameja rabim Adonai; kemishpateja jaieni.

---

472. Salmo 119:153. Versículo correspondiente a la letra *resh*.
473. Salmo 119:132. Versículo correspondiente a la letra *pe*.
474. Salmo 119:41. Versículo correspondiente a la letra *vav*.
475. Salmo 119:2. Versículo correspondiente a la letra *álef*.
476. Salmo 119:40. Versículo correspondiente a la letra *he*.
477. Salmo 119:93. Versículo correspondiente a la letra *lámed*.
478. Salmo 119:123. Versículo correspondiente a la letra *ain*.
479. Salmo 119:43. Versículo correspondiente a la letra *vav*.
480. Salmo 119:156. Versículo correspondiente a la letra *resh*.
481. Según la tradición ancestral sefaradí no se pronuncia la última letra «i», por eso, las personas de origen sefaradí que conocen meticulosamente la tradición pronuncian «ashré». Y lo mismo con muchas otras palabras que terminan con la letra *yud*, aunque hay excepciones.

רְאֵה עָנְיִי וְחַלְּצֵנִי כִּי תוֹרָתְךָ לֹא שָׁכָחְתִּי: פְּנֵה אֵלַי וְחָנֵּנִי כְּמִשְׁפָּט לְאֹהֲבֵי שְׁמֶךָ: וִיבֹאֻנִי
חֲסָדֶךָ יְהוָה תְּשׁוּעָתְךָ כְּאִמְרָתֶךָ: אַשְׁרֵי נֹצְרֵי עֵדֹתָיו בְּכָל לֵב יִדְרְשׁוּהוּ: הִנֵּה תָּאַבְתִּי לְפִקֻּדֶיךָ
בְּצִדְקָתְךָ חַיֵּנִי: לְעוֹלָם לֹא אֶשְׁכַּח פִּקּוּדֶיךָ כִּי בָם חִיִּיתָנִי: עֵינַי כָּלוּ לִישׁוּעָתֶךָ וּלְאִמְרַת
צִדְקֶךָ: וְאַל תַּצֵּל מִפִּי דְבַר אֱמֶת עַד מְאֹד כִּי לְמִשְׁפָּטֶךָ יִחָלְתִּי: רַחֲמֶיךָ רַבִּים יְהוָה
כְּמִשְׁפָּטֶיךָ חַיֵּנִי:

Pies o piernas

Traducción

«Observa mi aflicción y sálvame, porque no he olvidado Tu Torá.[482] Repara en mí y agráciame conforme a Tu juicio para los que aman Tu Nombre.[483] Y venga a mí tu bondad, El Eterno; Tu salvación, conforme a tu palabra.[484] Bienaventurados quienes guardan Sus testimonios, y Lo buscan con todo el corazón.[485] He aquí he anhelado Tus preceptos; vivifícame con Tu justicia.[486] Jamás olvidaré Tus preceptos, porque con ellos me vivificas.[487] El Eterno, Tus misericordias son muchas, vivifícame conforme a Tus juicios.[488] Abre mis ojos y observaré las maravillas de Tu Torá.[489] Tu fidelidad permanece de generación en generación; has fundado la Tierra y perdura.[490] Tus misericordias vengan a mí y viviré, porque Tu Torá es mi regodeo.[491] Tus manos me han hecho y me han preparado; hazme entender, y aprenderé Tus precep-

---

482. Salmo 119:153 Versículo correspondiente a la letra *resh*.
483. Salmo 119:132 Versículo correspondiente a la letra *pe*.
484. Salmo 119:41 Versículo correspondiente a la letra *vav*.
485. Salmo 119:2 Versículo correspondiente a la letra *álef*.
486. Salmo 119:40 Versículo correspondiente a la letra *he*.
487. Salmo 119:93 Versículo correspondiente a la letra *lámed*.
488. Salmo 119:156 Versículo correspondiente a la letra *resh*.
489. Salmo 119:18 Versículo correspondiente a la letra *guímel*.
490. Salmo 119:90 Versículo correspondiente a la letra *lámed*.
491. Salmo 119:77 Versículo correspondiente a la letra *yud*.

tos.[492] Cuán agradables son Tus palabras para mi paladar, más que la miel en mi boca».[493]

Fonética

Ree oní vejaltzeni, ki toratja lo shajajti. Pené elai vejaneni, kemishpat le-hoavei shemeja. Vivouni jasadeja Adonai; teshuatja keimrateja. Ashrei[494] notzrei edotav; bejol leb idreshuhu. Hine tahavti lefikudeja; betzidka-tja jaieni. Leolam lo eshkaj pikudeja; ki bam jiitani. Rajameja rabim Adonai; kemishpateja jaieni. Gal einai veabita niflaot mitorateja. Ledor vador emunateja; konanta eretz, vataamod. Ievouni rajameja veejié, ki toratja shashuai. Iadeja asuni, vaijonenuni; avineni, veelmedá mitzvote-ja. Ma nimletzu lejiki imrateja, midvash lefi.

Hebreo

רְאֵה עָנְיִי וְחַלְּצֵנִי כִּי תוֹרָתְךָ לֹא שָׁכָחְתִּי: פְּנֵה אֵלַי וְחָנֵּנִי כְּמִשְׁפָּט לְאֹהֲבֵי שְׁמֶךָ: וִיבֹאֻנִי חֲסָדֶךָ יְהוָה תְּשׁוּעָתְךָ כְּאִמְרָתֶךָ: אַשְׁרֵי נֹצְרֵי עֵדֹתָיו בְּכָל לֵב יִדְרְשׁוּהוּ: הִנֵּה תָּאַבְתִּי לְפִקֻּדֶיךָ בְּצִדְקָתְךָ חַיֵּנִי: לְעוֹלָם לֹא אֶשְׁכַּח פִּקּוּדֶיךָ כִּי בָם חִיִּיתָנִי: רַחֲמֶיךָ רַבִּים יְהוָה כְּמִשְׁפָּטֶיךָ חַיֵּנִי: גַּל עֵינַי וְאַבִּיטָה נִפְלָאוֹת מִתּוֹרָתֶךָ: לְדֹר וָדֹר אֱמוּנָתֶךָ כּוֹנַנְתָּ אֶרֶץ וַתַּעֲמֹד: יִבֹאוּנִי רַחֲמֶיךָ וְאֶחְיֶה כִּי תוֹרָתְךָ שַׁעֲשֻׁעָי: יָדֶיךָ עָשׂוּנִי וַיְכוֹנְנוּנִי הֲבִינֵנִי וְאֶלְמְדָה מִצְוֹתֶיךָ: מַה נִּמְלְצוּ לְחִכִּי אִמְרָתֶךָ מִדְּבַשׁ לְפִי:

---

492. Salmo 119:73 Versículo correspondiente a la letra *yud*.

493. Salmo 119:103 Versículo correspondiente a la letra *mem*.

494. Según la tradición ancestral sefaradí no se pronuncia la última letra «i», por eso, las personas de origen sefaradí que conocen meticulosamente la tradición pronuncian «ashré». Y lo mismo con muchas otras palabras que terminan con la letra *yud*, aunque hay excepciones.

Próstata

Traducción

«Observa mi aflicción y sálvame, porque no he olvidado Tu Torá.[495] Repara en mí y agráciame conforme a Tu juicio para los que aman Tu Nombre.[496] Y venga a mí tu bondad, El Eterno; Tu salvación, conforme a tu palabra.[497] Bienaventurados quienes guardan Sus testimonios, y Lo buscan con todo el corazón.[498] He aquí he anhelado Tus preceptos; vivifícame con Tu justicia.[499] Jamás olvidaré Tus preceptos, porque con ellos me vivificas.[500] Mis ojos han desfallecido anhelando por Tu salvación, y por la palabra de Tu misericordiosa justicia.[501] El Eterno, Tus misericordias son muchas, vivifícame conforme a Tus juicios.[502] Cuán agradables son Tus palabras para mi paladar, más que la miel en mi boca.[503] Y no quites jamás la palabra de verdad de mi boca, porque anhelo Tu juicio.[504] Tu palabra es lámpara para mis pies, y luz para mi sendero.[505] Tus misericordias vengan a mí y viviré, porque Tu Torá es mi regodeo.[506] Aproxímese mi plegaria delante de Ti, El Eterno, otórgame entendimiento conforme a Tu palabra».[507]

---

495. Salmo 119:153. Versículo correspondiente a la letra *resh.*
496. Salmo 119:132. Versículo correspondiente a la letra *pe.*
497. Salmo 119:41. Versículo correspondiente a la letra *vav.*
498. Salmo 119:2. Versículo correspondiente a la letra *álef.*
499. Salmo 119:40. Versículo correspondiente a la letra *he.*
500. Salmo 119:93. Versículo correspondiente a la letra *lámed.*
501. Salmo 119:123. Versículo correspondiente a la letra *ain.*
502. Salmo 119:156. Versículo correspondiente a la letra *resh.*
503. Salmo 119:103. Versículo correspondiente a la letra *mem.*
504. Salmo 119:43. Versículo correspondiente a la letra *vav.*
505. Salmo 119:105. Versículo correspondiente a la letra *nun.*
506. Salmo 119:77. Versículo correspondiente a la letra *yud.*
507. Salmo 119:169. Versículo correspondiente a la letra *tav.*

Fonética

Ree oní vejaltzeni, ki toratja lo shajajti. Pené elai vejaneni, kemishpat lehoavei shemeja. Vivouni jasadeja Adonai; teshuatja keimrateja. Ashrei[508] *notzrei edotav; bejol leb idreshuhu. Hine tahavti lefikudeja; betzidkatja jaieni. Leolam lo eshkaj pikudeja; ki bam jiitani. Einai kalu lishuateja; uleimrat tzidkeja. Rajameja rabim Adonai; kemishpateja jaieni. Ma nimletzu lejiki imrateja, midvash lefi. Veal tatzel mipi devar emet ad meod, ki lemishpateja ijalti. Ner leragli devareja, veor lintivati. Ievouni rajameja veejié, ki toratja shashuai. Tikrav rinati lefaneja Adonai; kidvarja avineni.*

Hebreo

רְאֵה עָנְיִי וְחַלְּצֵנִי כִּי תוֹרָתְךָ לֹא שָׁכָחְתִּי׃ פְּנֵה אֵלַי וְחָנֵּנִי כְּמִשְׁפָּט לְאֹהֲבֵי שְׁמֶךָ׃ וִיבֹאֻנִי חֲסָדֶךָ יְהוָה תְּשׁוּעָתְךָ כְּאִמְרָתֶךָ׃ אַשְׁרֵי נֹצְרֵי עֵדֹתָיו בְּכָל לֵב יִדְרְשׁוּהוּ׃ הִנֵּה תָּאַבְתִּי לְפִקֻּדֶיךָ בְּצִדְקָתְךָ חַיֵּנִי׃ לְעוֹלָם לֹא אֶשְׁכַּח פִּקּוּדֶיךָ כִּי בָם חִיִּיתָנִי׃ עֵינַי כָּלוּ לִישׁוּעָתֶךָ וּלְאִמְרַת צִדְקֶךָ׃ רַחֲמֶיךָ רַבִּים יְהוָה כְּמִשְׁפָּטֶיךָ חַיֵּנִי׃ מַה נִּמְלְצוּ לְחִכִּי אִמְרָתֶךָ מִדְּבַשׁ לְפִי׃ וְאַל תַּצֵּל מִפִּי דְבַר אֱמֶת עַד מְאֹד כִּי לְמִשְׁפָּטֶךָ יִחָלְתִּי׃ נֵר לְרַגְלִי דְבָרֶךָ וְאוֹר לִנְתִיבָתִי׃ יְבֹאוּנִי רַחֲמֶיךָ וְאֶחְיֶה כִּי תוֹרָתְךָ שַׁעֲשֻׁעָי׃ תִּקְרַב רִנָּתִי לְפָנֶיךָ יְהוָה כִּדְבָרְךָ הֲבִינֵנִי׃

Pulmones

Traducción

«Observa mi aflicción y sálvame, porque no he olvidado Tu Torá.[509] Repara en mí y agráciame conforme a Tu juicio para los que aman Tu Nombre.[510] Y venga a mí tu bondad, El Eterno; Tu salvación, conforme a tu palabra.[511] Bienaventurados quienes guardan Sus testi-

---

508. Según la tradición ancestral sefaradí no se pronuncia la última letra «i», por eso, las personas de origen sefaradí que conocen meticulosamente la tradición pronuncian «ashré». Y lo mismo con muchas otras palabras que terminan con la letra *yud*, aunque hay excepciones.
509. Salmo 119:153. Versículo correspondiente a la letra *resh*.
510. Salmo 119:132. Versículo correspondiente a la letra *pe*.
511. Salmo 119:41. Versículo correspondiente a la letra *vav*.

monios, y Lo buscan con todo el corazón.[512] He aquí he anhelado Tus preceptos; vivifícame con Tu justicia.[513] Jamás olvidaré Tus preceptos, porque con ellos me vivificas.[514] El Eterno, Tus misericordias son muchas, vivifícame conforme a Tus juicios.[515] Tus misericordias vengan a mí y viviré, porque Tu Torá es mi regodeo.[516] Bienaventurados los de camino íntegro, quienes andan en la ley de El Eterno.[517] Y no quites jamás la palabra de verdad de mi boca, porque anhelo Tu juicio.[518] Aproxímese mi plegaria delante de Ti, El Eterno, otórgame entendimiento conforme a Tu palabra».[519]

Fonética

Ree oní vejaltzeni, ki toratja lo shajajti. Pené elai vejaneni, kemishpat lehoavei shemeja. Vivouni jasadeja Adonai; teshuatja keimrateja. Ashrei[520] notzrei edotav; bejol leb idreshuhu. Hine tahavti lefikudeja; betzidkatja jaieni. Leolam lo eshkaj pikudeja; ki bam jiitani. Rajameja rabim Adonai; kemishpateja jaieni. Ievouni rajameja veejié, ki toratja shashuai. Ashrei[521] temimei darej; haoljim betorat Adonai. Veal tatzel mipi devar emet ad meod, ki lemishpateja ijalti. Tikrav rinati lefaneja Adonai; kidvarja avineni.

---

512. Salmo 119:2. Versículo correspondiente a la letra *álef.*
513. Salmo 119:40. Versículo correspondiente a la letra *he.*
514. Salmo 119:93. Versículo correspondiente a la letra *lámed.*
515. Salmo 119:156. Versículo correspondiente a la letra *resh.*
516. Salmo 119:77. Versículo correspondiente a la letra *yud.*
517. Salmo 119:1. Versículo correspondiente a la letra *álef.*
518. Salmo 119:43. Versículo correspondiente a la letra *vav.*
519. Salmo 119:169. Versículo correspondiente a la letra *tav.*
520. Según la tradición ancestral sefaradí no se pronuncia la última letra «i», por eso, las personas de origen sefaradí que conocen meticulosamente la tradición pronuncian «ashré». Y lo mismo con muchas otras palabras que terminan con la letra *yud*, aunque hay excepciones.
521. Según la tradición ancestral sefaradí no se pronuncia la última letra «i», por eso, las personas de origen sefaradí que conocen meticulosamente la tradición pronuncian «ashré». Y lo mismo con muchas otras palabras que terminan con la letra *yud*, aunque hay excepciones.

רְאֵה עָנְיִי וְחַלְּצֵנִי כִּי תוֹרָתְךָ לֹא שָׁכָחְתִּי: פְּנֵה אֵלַי וְחָנֵּנִי כְּמִשְׁפָּט לְאֹהֲבֵי שְׁמֶךָ: וִיבֹאֻנִי חֲסָדֶךָ יְהוָה תְּשׁוּעָתְךָ כְּאִמְרָתֶךָ: אַשְׁרֵי נֹצְרֵי עֵדֹתָיו בְּכָל לֵב יִדְרְשׁוּהוּ: הִנֵּה תָּאַבְתִּי לְפִקֻּדֶיךָ בְּצִדְקָתְךָ חַיֵּנִי: לְעוֹלָם לֹא אֶשְׁכַּח פִּקּוּדֶיךָ כִּי בָם חִיִּיתָנִי: רַחֲמֶיךָ רַבִּים יְהוָה כְּמִשְׁפָּטֶיךָ חַיֵּנִי: יְבֹאוּנִי רַחֲמֶיךָ וְאֶחְיֶה כִּי תוֹרָתְךָ שַׁעֲשֻׁעָי: אַשְׁרֵי תְמִימֵי דָרֶךְ הַהֹלְכִים בְּתוֹרַת יְהוָה: וְאַל תַּצֵּל מִפִּי דְבַר אֱמֶת עַד מְאֹד כִּי לְמִשְׁפָּטֶךָ יִחָלְתִּי: תִּקְרַב רִנָּתִי לְפָנֶיךָ יְהוָה כִּדְבָרְךָ הֲבִינֵנִי:

Rodilla

Traducción

«Observa mi aflicción y sálvame, porque no he olvidado Tu Torá.[522] Repara en mí y agráciame conforme a Tu juicio para los que aman Tu Nombre.[523] Y venga a mí tu bondad, El Eterno; Tu salvación, conforme a tu palabra.[524] Bienaventurados quienes guardan Sus testimonios, y Lo buscan con todo el corazón.[525] He aquí he anhelado Tus preceptos; vivifícame con Tu justicia.[526] Jamás olvidaré Tus preceptos, porque con ellos me vivificas.[527] Bendito eres Tú, El Eterno; enséñame Tus prescripciones.[528] El Eterno, Tus misericordias son muchas, vivifícame conforme a Tus juicios.[529] Mi alma anhela por Tu salvación; espero por Tu palabra».[530]

---

522. Salmo 119:153. Versículo correspondiente a la letra *resh*.

523. Salmo 119:132. Versículo correspondiente a la letra *pe*.

524. Salmo 119:41. Versículo correspondiente a la letra *vav*.

525. Salmo 119:2. Versículo correspondiente a la letra *álef*.

526. Salmo 119:40. Versículo correspondiente a la letra *he*.

527. Salmo 119:93. Versículo correspondiente a la letra *lámed*.

528. Salmo 119:12. Versículo correspondiente a la letra *bet*.

529. Salmo 119:156. Versículo correspondiente a la letra *resh*.

530. Salmo 119:81. Versículo correspondiente a la letra *caf*.

Fonética

Ree oní vejaltzeni, ki toratja lo shajajti. Pené elai vejaneni, kemishpat lehoavei shemeja. Vivouni jasadeja Adonai; teshuatja keimrateja. Ashrei[531] notzrei edotav; bejol leb idreshuhu. Hine tahavti lefikudeja; betzidkatja jaieni. Leolam lo eshkaj pikudeja; ki bam jiitani. Baruj ata Adonai, lamdeni jukeja. Rajameja rabim Adonai; kemishpateja jaieni. Kalta lishuatja nafshi; lidvarja ijalti.

Hebreo

רְאֵה עָנְיִי וְחַלְּצֵנִי כִּי תוֹרָתְךָ לֹא שָׁכָחְתִּי: פְּנֵה אֵלַי וְחָנֵּנִי כְּמִשְׁפָּט לְאֹהֲבֵי שְׁמֶךָ: וִיבֹאֻנִי חֲסָדֶךָ יְהוָה תְּשׁוּעָתְךָ כְּאִמְרָתֶךָ: אַשְׁרֵי נֹצְרֵי עֵדֹתָיו בְּכָל לֵב יִדְרְשׁוּהוּ: הִנֵּה תָּאַבְתִּי לְפִקֻּדֶיךָ בְּצִדְקָתְךָ חַיֵּנִי: לְעוֹלָם לֹא אֶשְׁכַּח פִּקּוּדֶיךָ כִּי בָם חִיִּיתָנִי: בָּרוּךְ אַתָּה יְהוָה לַמְּדֵנִי חֻקֶּיךָ: רַחֲמֶיךָ רַבִּים יְהוָה כְּמִשְׁפָּטֶיךָ חַיֵּנִי: כָּלְתָה לִתְשׁוּעָתְךָ נַפְשִׁי לִדְבָרְךָ יִחָלְתִּי:

Rodillas

Traducción

«Observa mi aflicción y sálvame, porque no he olvidado Tu Torá.[532] Repara en mí y agráciame conforme a Tu juicio para los que aman Tu Nombre.[533] Y venga a mí tu bondad, El Eterno; Tu salvación, conforme a tu palabra.[534] Bienaventurados quienes guardan Sus testimonios, y Lo buscan con todo el corazón.[535] He aquí he anhelado Tus preceptos; vivifícame con Tu justicia.[536] Jamás olvidaré Tus preceptos, porque con ellos me vivificas.[537] Bendito eres Tú, El Eterno; enséñame Tus

---

531. Según la tradición ancestral sefaradí no se pronuncia la última letra «i», por eso, las personas de origen sefaradí que conocen meticulosamente la tradición pronuncian «ashré». Y lo mismo con muchas otras palabras que terminan con la letra *yud*, aunque hay excepciones.

532. Salmo 119:153. Versículo correspondiente a la letra *resh*.

533. Salmo 119:132. Versículo correspondiente a la letra *pe*.

534. Salmo 119:41. Versículo correspondiente a la letra *vav*.

535. Salmo 119:2. Versículo correspondiente a la letra *álef*.

536. Salmo 119:40. Versículo correspondiente a la letra *he*.

537. Salmo 119:93. Versículo correspondiente a la letra *lámed*.

prescripciones.[538] El Eterno, Tus misericordias son muchas, vivifícame conforme a Tus juicios.[539] Mi alma anhela por Tu salvación; espero por Tu palabra.[540] Tus misericordias vengan a mí y viviré, porque Tu Torá es mi regodeo.[541] Tus manos me han hecho y me han preparado; hazme entender, y aprenderé Tus preceptos.[542] Cuán agradables son Tus palabras para mi paladar, más que la miel en mi boca».[543]

Fonética

Ree oní vejaltzeni, ki toratja lo shajajti. Pené elai vejaneni, kemishpat lehoavei shemeja. Vivouni jasadeja Adonai; teshuatja keimrateja. Ashrei[544] notzrei edotav; bejol leb idreshuhu. Hine tahavti lefikudeja; betzidkatja jaieni. Leolam lo eshkaj pikudeja; ki bam jiitani. Baruj ata Adonai, lamdeni jukeja. Rajameja rabim Adonai; kemishpateja jaieni. Kalta lishuatja nafshi; lidvarja ijalti. Ievouni rajameja veejié, ki toratja shashuai. Iadeja asuni, vaijonenuni; avineni, veelmedá mitzvoteja. Ma nimletzu lejiki imrateja, midvash lefi.

Hebreo

רְאֵה עָנְיִי וְחַלְּצֵנִי כִּי תוֹרָתְךָ לֹא שָׁכָחְתִּי: פְּנֵה אֵלַי וְחָנֵּנִי כְּמִשְׁפָּט לְאֹהֲבֵי שְׁמֶךָ: וִיבֹאֻנִי חֲסָדֶךָ יְהוָה תְּשׁוּעָתְךָ כְּאִמְרָתֶךָ: אַשְׁרֵי נֹצְרֵי עֵדֹתָיו בְּכָל לֵב יִדְרְשׁוּהוּ: הִנֵּה תָּאַבְתִּי לְפִקֻּדֶיךָ בְּצִדְקָתְךָ חַיֵּנִי: לְעוֹלָם לֹא אֶשְׁכַּח פִּקּוּדֶיךָ כִּי בָם חִיִּיתָנִי: בָּרוּךְ אַתָּה יְהוָה לַמְּדֵנִי חֻקֶּיךָ: רַחֲמֶיךָ רַבִּים יְהוָה כְּמִשְׁפָּטֶיךָ חַיֵּנִי: כָּלְתָה לִתְשׁוּעָתְךָ נַפְשִׁי לִדְבָרְךָ יִחָלְתִּי: יְבֹאֻנִי רַחֲמֶיךָ וְאֶחְיֶה כִּי תוֹרָתְךָ שַׁעֲשֻׁעָי: יָדֶיךָ עָשׂוּנִי וַיְכוֹנְנוּנִי הֲבִינֵנִי וְאֶלְמְדָה מִצְוֹתֶיךָ: מַה נִּמְלְצוּ לְחִכִּי אִמְרָתֶךָ מִדְּבַשׁ לְפִי:

---

538. Salmo 119:12. Versículo correspondiente a la letra *bet.*
539. Salmo 119:156. Versículo correspondiente a la letra *resh.*
540. Salmo 119:81. Versículo correspondiente a la letra *caf.*
541. Salmo 119:77. Versículo correspondiente a la letra *yud.*
542. Salmo 119:73. Versículo correspondiente a la letra *yud.*
543. Salmo 119:103. Versículo correspondiente a la letra *mem.*
544. Según la tradición ancestral sefaradí no se pronuncia la última letra «i», por eso, las personas de origen sefaradí que conocen meticulosamente la tradición pronuncian «ashré». Y lo mismo con muchas otras palabras que terminan con la letra *yud*, aunque hay excepciones.

Rostro

Traducción

«Observa mi aflicción y sálvame, porque no he olvidado Tu Torá.[545] Repara en mí y agráciame conforme a Tu juicio para los que aman Tu Nombre.[546] Y venga a mí tu bondad, El Eterno; Tu salvación, conforme a tu palabra.[547] Bienaventurados quienes guardan Sus testimonios, y Lo buscan con todo el corazón.[548] He aquí he anhelado Tus preceptos; vivifícame con Tu justicia.[549] Jamás olvidaré Tus preceptos, porque con ellos me vivificas.[550] Tus testimonios son maravillosos, por eso mi alma los ha guardado.[551] Tu palabra es lámpara para mis pies, y luz para mi sendero.[552] Tus misericordias vengan a mí y viviré, porque Tu Torá es mi regodeo.[553] Cuán agradables son Tus palabras para mi paladar, más que la miel en mi boca».[554]

Fonética

Ree oní vejaltzeni, ki toratja lo shajajti. Pené elai vejaneni, kemishpat lehoavei shemeja. Vivouni jasadeja Adonai; teshuatja keimrateja. Ashrei[555] notzrei edotav; bejol leb idreshuhu. Hine tahavti lefikudeja; betzidkatja jaieni. Leolam lo eshkaj pikudeja; ki bam jiitani. Pelaot edoteja, al ken netzaratam nafshi. Ner leragli devareja, veor lintivati.

---

545. Salmo 119:153. Versículo correspondiente a la letra *resh*.
546. Salmo 119:132. Versículo correspondiente a la letra *pe*.
547. Salmo 119:41. Versículo correspondiente a la letra *vav*.
548. Salmo 119:2. Versículo correspondiente a la letra *álef*.
549. Salmo 119:40. Versículo correspondiente a la letra *he*.
550. Salmo 119:93. Versículo correspondiente a la letra *lámed*.
551. Salmo 119:129. Versículo correspondiente a la letra *pe*.
552. Salmo 119:105. Versículo correspondiente a la letra *nun*.
553. Salmo 119:77. Versículo correspondiente a la letra *yud*.
554. Salmo 119:103. Versículo correspondiente a la letra *mem*.
555. Según la tradición ancestral sefaradí no se pronuncia la última letra «i», por eso, las personas de origen sefaradí que conocen meticulosamente la tradición pronuncian «ashré». Y lo mismo con muchas otras palabras que terminan con la letra *yud*, aunque hay excepciones.

Ievouni rajameja veejié, ki toratja shashuai. Ma nimletzu lejiki imrateja, midvash lefi.

Hebreo

רְאֵה עָנְיִי וְחַלְּצֵנִי כִּי תוֹרָתְךָ לֹא שָׁכָחְתִּי: פְּנֵה אֵלַי וְחָנֵּנִי כְּמִשְׁפָּט לְאֹהֲבֵי שְׁמֶךָ: וִיבֹאֻנִי חֲסָדֶךָ יְהוָה תְּשׁוּעָתְךָ כְּאִמְרָתֶךָ: אַשְׁרֵי נֹצְרֵי עֵדֹתָיו בְּכָל לֵב יִדְרְשׁוּהוּ: הִנֵּה תָּאַבְתִּי לְפִקֻּדֶיךָ בְּצִדְקָתְךָ חַיֵּנִי: לְעוֹלָם לֹא אֶשְׁכַּח פִּקּוּדֶיךָ כִּי בָם חִיִּיתָנִי: פְּלָאוֹת עֵדְוֹתֶיךָ עַל כֵּן נְצָרָתַם נַפְשִׁי: נֵר לְרַגְלִי דְבָרֶךָ וְאוֹר לִנְתִיבָתִי: יְבֹאוּנִי רַחֲמֶיךָ וְאֶחְיֶה כִּי תוֹרָתְךָ שַׁעֲשֻׁעָי: מַה נִּמְלְצוּ לְחִכִּי אִמְרָתֶךָ מִדְּבַשׁ לְפִי:

Testículos

Traducción

«Observa mi aflicción y sálvame, porque no he olvidado Tu Torá.[556] Repara en mí y agráciame conforme a Tu juicio para los que aman Tu Nombre.[557] Y venga a mí tu bondad, El Eterno; Tu salvación, conforme a tu palabra.[558] Bienaventurados quienes guardan Sus testimonios, y Lo buscan con todo el corazón.[559] He aquí he anhelado Tus preceptos; vivifícame con Tu justicia.[560] Jamás olvidaré Tus preceptos, porque con ellos me vivificas.[561] Bendito eres Tú, El Eterno; enséñame Tus prescripciones.[562] Tus misericordias vengan a mí y viviré, porque Tu Torá es mi regodeo.[563] El Eterno, Tú eres justo, y Tus juicios son rectos.[564] Tus manos me han hecho y me han preparado; hazme entender,

---

556. Salmo 119:153. Versículo correspondiente a la letra *resh*.
557. Salmo 119:132. Versículo correspondiente a la letra *pe*.
558. Salmo 119:41. Versículo correspondiente a la letra *vav*.
559. Salmo 119:2. Versículo correspondiente a la letra *álef*.
560. Salmo 119:40. Versículo correspondiente a la letra *he*.
561. Salmo 119:93. Versículo correspondiente a la letra *lámed*.
562. Salmo 119:12. Versículo correspondiente a la letra *bet*.
563. Salmo 119:77. Versículo correspondiente a la letra *yud*.
564. Salmo 119:137. Versículo correspondiente a la letra *tzadi*.

y aprenderé Tus preceptos.[565] Cuán agradables son Tus palabras para mi paladar, más que la miel en mi boca».[566]

Fonética

Ree oní vejaltzeni, ki toratja lo shajajti. Pené elai vejaneni, kemish-pat lehoavei shemeja. Vivouni jasadeja Adonai; teshuatja keimrateja. Ashrei[567] notzrei edotav; bejol leb idreshuhu. Hine tahavti lefikudeja; betzidkatja jaieni. Leolam lo eshkaj pikudeja; ki bam jiitani. Baruj ata Adonai, lamdeni jukeja. Ievouni rajameja veejié, ki toratja shashuai. Tzadik ata Adonai, veiashar mishpateja. Iadeja asuni, vaijonenuni; avineni, veelmedá mitzvoteja. Ma nimletzu lejiki imrateja, midvash lefi.

Hebreo

רְאֵה עָנְיִי וְחַלְּצֵנִי כִּי תוֹרָתְךָ לֹא שָׁכָחְתִּי: פְּנֵה אֵלַי וְחָנֵּנִי כְּמִשְׁפָּט לְאֹהֲבֵי שְׁמֶךָ: וִיבֹאֻנִי חֲסָדֶךָ יְהוָה תְּשׁוּעָתְךָ כְּאִמְרָתֶךָ: אַשְׁרֵי נֹצְרֵי עֵדֹתָיו בְּכָל לֵב יִדְרְשׁוּהוּ: הִנֵּה תָּאַבְתִּי לְפִקֻּדֶיךָ בְּצִדְקָתְךָ חַיֵּנִי: לְעוֹלָם לֹא אֶשְׁכַּח פִּקּוּדֶיךָ כִּי בָם חִיִּיתָנִי: בָּרוּךְ אַתָּה יְהוָה לַמְּדֵנִי חֻקֶּיךָ: יְבֹאוּנִי רַחֲמֶיךָ וְאֶחְיֶה כִּי תוֹרָתְךָ שַׁעֲשֻׁעָי: צַדִּיק אַתָּה יְהוָה וְיָשָׁר מִשְׁפָּטֶיךָ: יָדֶיךָ עָשׂוּנִי וַיְכוֹנְנוּנִי הֲבִינֵנִי וְאֶלְמְדָה מִצְוֹתֶיךָ: מַה נִּמְלְצוּ לְחִכִּי אִמְרָתֶךָ מִדְּבַשׁ לְפִי:

Tobillo

Traducción

«Observa mi aflicción y sálvame, porque no he olvidado Tu Torá.[568] Repara en mí y agráciame conforme a Tu juicio para los que aman Tu

---

565. Salmo 119:73. Versículo correspondiente a la letra *yud*.

566. Salmo 119:103. Versículo correspondiente a la letra *mem*.

567. Según la tradición ancestral sefaradí no se pronuncia la última letra «i», por eso, las personas de origen sefaradí que conocen meticulosamente la tradición pronuncian «ashré». Y lo mismo con muchas otras palabras que terminan con la letra *yud*, aunque hay excepciones.

568. Salmo 119:153. Versículo correspondiente a la letra *resh*.

Nombre.[569] Y venga a mí tu bondad, El Eterno; Tu salvación, conforme a tu palabra.[570] Bienaventurados quienes guardan Sus testimonios, y Lo buscan con todo el corazón.[571] He aquí he anhelado Tus preceptos; vivifícame con Tu justicia.[572] Jamás olvidaré Tus preceptos, porque con ellos me vivificas.[573] He clamado –a Ti– con todo el corazón, El Eterno, respóndeme y guardaré Tus prescripciones.[574] El Eterno, Tus misericordias son muchas, vivifícame conforme a Tus juicios.[575] Ayúdame y tendré salvación, y me ocuparé de Tus prescripciones siempre.[576] Y no quites jamás la palabra de verdad de mi boca, porque anhelo Tu juicio.[577] Tu fidelidad permanece de generación en generación; has fundado la Tierra y perdura».[578]

Fonética

Ree oní vejaltzeni, ki toratja lo shajajti. Pené elai vejaneni, kemishpat lehoavei shemeja. Vivouni jasadeja Adonai; teshuatja keimrateja. Ashrei[579] notzrei edotav; bejol leb idreshuhu. Hine tahavti lefikudeja; betzidkatja jaieni. Leolam lo eshkaj pikudeja; ki bam jiitani. Karati vejol lev; aneni Adonai, jukeja etzora. Rajameja rabim Adonai; kemishpateja jaieni. Seadeni veivashea, veesha vejukeja tamid. Veal tatzel mipi devar emet ad meod, ki lemishpateja ijalti. Ledor vador emunateja; konanta eretz, vataamod.

---

569. Salmo 119:132. Versículo correspondiente a la letra *pe.*
570. Salmo 119:41. Versículo correspondiente a la letra *vav.*
571. Salmo 119:2. Versículo correspondiente a la letra *álef.*
572. Salmo 119:40. Versículo correspondiente a la letra *he.*
573. Salmo 119:93. Versículo correspondiente a la letra *lámed.*
574. Salmo 119:145. Versículo correspondiente a la letra *kuf.*
575. Salmo 119:156. Versículo correspondiente a la letra *resh.*
576. Salmo 119:117. Versículo correspondiente a la letra *samej.*
577. Salmo 119:43. Versículo correspondiente a la letra *vav.*
578. Salmo 119:90. Versículo correspondiente a la letra *lámed.*
579. Según la tradición ancestral sefaradí no se pronuncia la última letra «i», por eso, las personas de origen sefaradí que conocen meticulosamente la tradición pronuncian «ashré». Y lo mismo con muchas otras palabras que terminan con la letra *yud,* aunque hay excepciones.

Hebreo

רְאֵה עָנְיִי וְחַלְּצֵנִי כִּי תוֹרָתְךָ לֹא שָׁכָחְתִּי: פְּנֵה אֵלַי וְחָנֵּנִי כְּמִשְׁפָּט לְאֹהֲבֵי שְׁמֶךָ: וִיבֹאֻנִי
חֲסָדֶךָ יְהוָה תְּשׁוּעָתְךָ כְּאִמְרָתֶךָ: אַשְׁרֵי נֹצְרֵי עֵדֹתָיו בְּכָל לֵב יִדְרְשׁוּהוּ: הִנֵּה תָּאַבְתִּי לְפִקֻּ־
דֶיךָ בְּצִדְקָתְךָ חַיֵּנִי: לְעוֹלָם לֹא אֶשְׁכַּח פִּקּוּדֶיךָ כִּי בָם חִיִּיתָנִי: קָרָאתִי בְכָל לֵב עֲנֵנִי יְהוָה
חֻקֶּיךָ אֶצֹּרָה: רַחֲמֶיךָ רַבִּים יְהוָה כְּמִשְׁפָּטֶיךָ חַיֵּנִי: סְעָדֵנִי וְאִוָּשֵׁעָה וְאֶשְׁעָה בְחֻקֶּיךָ תָמִיד:
וְאַל תַּצֵּל מִפִּי דְבַר אֱמֶת עַד מְאֹד כִּי לְמִשְׁפָּטֶךָ יִחָלְתִּי: לְדֹר וָדֹר אֱמוּנָתֶךָ כּוֹנַנְתָּ אֶרֶץ
וַתַּעֲמֹד:

Tráquea

Traducción

«Observa mi aflicción y sálvame, porque no he olvidado Tu Torá.[580]
Repara en mí y agráciame conforme a Tu juicio para los que aman Tu
Nombre.[581] Y venga a mí tu bondad, El Eterno; Tu salvación, conforme a tu palabra.[582] Bienaventurados quienes guardan Sus testimonios,
y Lo buscan con todo el corazón.[583] He aquí he anhelado Tus preceptos; vivifícame con Tu justicia.[584] Jamás olvidaré Tus preceptos, porque
con ellos me vivificas.[585] He clamado –a Ti– con todo el corazón, El
Eterno, respóndeme y guardaré Tus prescripciones.[586] Tu palabra es
lámpara para mis pies, y luz para mi sendero.[587] El Eterno, enséñame
el camino de Tus prescripciones, y lo guardaré hasta el final».[588]

Fonética

---

580. Salmo 119:153. Versículo correspondiente a la letra *resh*.
581. Salmo 119:132. Versículo correspondiente a la letra *pe*.
582. Salmo 119:41. Versículo correspondiente a la letra *vav*.
583. Salmo 119:2. Versículo correspondiente a la letra *álef*.
584. Salmo 119:40. Versículo correspondiente a la letra *he*.
585. Salmo 119:93. Versículo correspondiente a la letra *lámed*.
586. Salmo 119:145. Versículo correspondiente a la letra *kuf*.
587. Salmo 119:105. Versículo correspondiente a la letra *nun*.
588. Salmo 119:33. Versículo correspondiente a la letra *he*.

*Ree oní vejaltzeni, ki toratja lo shajajti. Pené elai vejaneni, kemishpat le-
hoavei shemeja. Vivouni jasadeja Adonai; teshuatja keimrateja. Ashrei*[589]
*notzrei edotav; bejol leb idreshuhu. Hine tahavti lefikudeja; betzidkatja
jaieni. Leolam lo eshkaj pikudeja; ki bam jiitani. Karati vejol lev; aneni
Adonai, jukeja etzora. Ner leragli devareja, veor lintivati. Oreni Adonai
derej jukeja; veetzarena ekev.*

Hebreo

רְאֵה עָנְיִי וְחַלְּצֵנִי כִּי תוֹרָתְךָ לֹא שָׁכָחְתִּי: פְּנֵה אֵלַי וְחָנֵּנִי כְּמִשְׁפָּט לְאֹהֲבֵי שְׁמֶךָ: וִיבֹאֻנִי חֲסָדֶךָ יְהֹוָה תְּשׁוּעָתְךָ כְּאִמְרָתֶךָ: אַשְׁרֵי נֹצְרֵי עֵדֹתָיו בְּכָל לֵב יִדְרְשׁוּהוּ: הִנֵּה תָּאַבְתִּי לְפִקֻּדֶיךָ בְּצִדְקָתְךָ חַיֵּנִי: לְעוֹלָם לֹא אֶשְׁכַּח פִּקּוּדֶיךָ כִּי בָם חִיִּיתָנִי: קָרָאתִי בְכָל לֵב עֲנֵנִי יְהֹוָה חֻקֶּיךָ אֶצֹּרָה: נֵר לְרַגְלִי דְבָרֶךָ וְאוֹר לִנְתִיבָתִי: הוֹרֵנִי יְהֹוָה דֶּרֶךְ חֻקֶּיךָ וְאֶצֹּרֶנָּה עֵקֶב:

Uñas

Traducción

«Observa mi aflicción y sálvame, porque no he olvidado Tu Torá.[590]
Repara en mí y agráciame conforme a Tu juicio para los que aman
Tu Nombre.[591] Y venga a mí tu bondad, El Eterno; Tu salvación, conforme a tu palabra.[592] Bienaventurados quienes guardan Sus testimonios, y Lo buscan con todo el corazón.[593] He aquí he anhelado Tus
preceptos; vivifícame con Tu justicia.[594] Jamás olvidaré Tus preceptos,
porque con ellos me vivificas.[595] El Eterno, Tú eres justo, y Tus juicios

---

589. Según la tradición ancestral sefaradí no se pronuncia la última letra «i», por
eso, las personas de origen sefaradí que conocen meticulosamente la tradición
pronuncian «ashré». Y lo mismo con muchas otras palabras que terminan con
la letra *yud*, aunque hay excepciones.
590. Salmo 119:153. Versículo correspondiente a la letra *resh*.
591. Salmo 119:132. Versículo correspondiente a la letra *pe*.
592. Salmo 119:41. Versículo correspondiente a la letra *vav*.
593. Salmo 119:2. Versículo correspondiente a la letra *álef*.
594. Salmo 119:40. Versículo correspondiente a la letra *he*.
595. Salmo 119:93. Versículo correspondiente a la letra *lámed*.

son rectos.[596] Tus misericordias vengan a mí y viviré, porque Tu Torá es mi regodeo.[597] Tus testimonios son maravillosos, por eso mi alma los ha guardado.[598] Y no quites jamás la palabra de verdad de mi boca, porque anhelo Tu juicio.[599] El Eterno, Tus misericordias son muchas, vivifícame conforme a Tus juicios.[600] Tu palabra es lámpara para mis pies, y luz para mi sendero.[601] Tus manos me han hecho y me han preparado; hazme entender, y aprenderé Tus preceptos.[602] Quiénes Te temen me verán y se alegrarán, porque he esperado Tu palabra.[603] Cuán agradables son Tus palabras para mi paladar, más que la miel en mi boca».[604]

Fonética

Ree oní vejaltzeni, ki toratja lo shajajti. Pené elai vejaneni, kemishpat lehoavei shemeja. Vivouni jasadeja Adonai; teshuatja keimrateja. Ashrei[605] notzrei edotav; bejol leb idreshuhu. Hine tahavti lefikudeja; betzidkatja jaieni. Leolam lo eshkaj pikudeja; ki bam jiitani. Tzadik ata Adonai, veiashar mishpateja. Ievouni rajameja veejié, ki toratja shashuai. Pelaot edoteja, al ken netzaratam nafshi. Veal tatzel mipi devar emet ad meod, ki lemishpateja ijalti. Rajameja rabim Adonai; kemishpateja jaieni. Ner leragli devareja, veor lintivati. Iadeja asuni, vaijonenuni; avineni, veelmedá mitzvoteja. Iereeja iruni veismaju; ki lidvarja ijalti. Ma nimletzu lejiki imrateja, midvash lefi.

---

596. Salmo 119:137. Versículo correspondiente a la letra *tzadi*.
597. Salmo 119:77. Versículo correspondiente a la letra *yud*.
598. Salmo 119:129. Versículo correspondiente a la letra *pe*.
599. Salmo 119:43. Versículo correspondiente a la letra *vav*.
600. Salmo 119:156. Versículo correspondiente a la letra *resh*.
601. Salmo 119:105. Versículo correspondiente a la letra *nun*.
602. Salmo 119:73. Versículo correspondiente a la letra *yud*.
603. Salmo 119:74. Versículo correspondiente a la letra *yud*.
604. Salmo 119:103. Versículo correspondiente a la letra *mem*.
605. Según la tradición ancestral sefaradí no se pronuncia la última letra «i», por eso, las personas de origen sefaradí que conocen meticulosamente la tradición pronuncian «ashré». Y lo mismo con muchas otras palabras que terminan con la letra *yud*, aunque hay excepciones.

רְאֵה עָנְיִי וְחַלְּצֵנִי כִּי תוֹרָתְךָ לֹא שָׁכָחְתִּי׃ פְּנֵה אֵלַי וְחָנֵּנִי כְּמִשְׁפָּט לְאֹהֲבֵי שְׁמֶךָ׃ וִיבֹאֻנִי
חֲסָדֶךָ יְהוָה תְּשׁוּעָתְךָ כְּאִמְרָתֶךָ׃ אַשְׁרֵי נֹצְרֵי עֵדֹתָיו בְּכָל לֵב יִדְרְשׁוּהוּ׃ הִנֵּה תָּאַבְתִּי לְפִקֻּ-
דֶיךָ בְּצִדְקָתְךָ חַיֵּנִי׃ לְעוֹלָם לֹא אֶשְׁכַּח פִּקּוּדֶיךָ כִּי בָם חִיִּיתָנִי׃ צַדִּיק אַתָּה יְהוָה וְיָשָׁר
מִשְׁפָּטֶיךָ׃ יְבֹאוּנִי רַחֲמֶיךָ וְאֶחְיֶה כִּי תוֹרָתְךָ שַׁעֲשֻׁעָי׃ פְּלָאוֹת עֵדְוֹתֶיךָ עַל כֵּן נְצָרָתַם נַפְשִׁי׃
וְאַל תַּצֵּל מִפִּי דְבַר אֱמֶת עַד מְאֹד כִּי לְמִשְׁפָּטֶךָ יִחָלְתִּי׃ רַחֲמֶיךָ רַבִּים יְהוָה כְּמִשְׁפָּטֶיךָ
חַיֵּנִי׃ נֵר לְרַגְלִי דְבָרֶךָ וְאוֹר לִנְתִיבָתִי׃ יָדֶיךָ עָשׂוּנִי וַיְכוֹנְנוּנִי הֲבִינֵנִי וְאֶלְמְדָה מִצְוֹתֶיךָ׃
יְרֵאֶיךָ יִרְאוּנִי וְיִשְׂמָחוּ כִּי לִדְבָרְךָ יִחָלְתִּי׃ מַה נִּמְלְצוּ לְחִכִּי אִמְרָתֶךָ מִדְּבַשׁ לְפִי׃

Uretra

Traducción

«Observa mi aflicción y sálvame, porque no he olvidado Tu Torá.[606]
Repara en mí y agráciame conforme a Tu juicio para los que aman Tu
Nombre.[607] Y venga a mí tu bondad, El Eterno; Tu salvación, conforme a tu palabra.[608] Bienaventurados quienes guardan Sus testimonios,
y Lo buscan con todo el corazón.[609] He aquí he anhelado Tus preceptos; vivifícame con Tu justicia.[610] Jamás olvidaré Tus preceptos, porque
con ellos me vivificas.[611] Yo me regocijo con Tu palabra, como quien
hallara un gran tesoro.[612] Tus testimonios son maravillosos, por eso mi
alma los ha guardado.[613] Mi alma anhela por Tu salvación; espero por
Tu palabra.[614] El Eterno, enséñame el camino de Tus prescripciones, y
lo guardaré hasta el final».[615]

---

606. Salmo 119:153. Versículo correspondiente a la letra *resh*.
607. Salmo 119:132. Versículo correspondiente a la letra *pe*.
608. Salmo 119:41. Versículo correspondiente a la letra *vav*.
609. Salmo 119:2. Versículo correspondiente a la letra *álef*.
610. Salmo 119:40. Versículo correspondiente a la letra *he*.
611. Salmo 119:93. Versículo correspondiente a la letra *lámed*.
612. Salmo 119:162. Versículo correspondiente a la letra *shin*.
613. Salmo 119:129. Versículo correspondiente a la letra *pe*.
614. Salmo 119:81. Versículo correspondiente a la letra *Caf*.
615. Salmo 119:33. Versículo correspondiente a la letra *he*.

Ree oní vejaltzeni, ki toratja lo shajajti. Pené elai vejaneni, kemishpat le-hoavei shemeja. Vivouni jasadeja Adonai; teshuatja keimrateja. Ashrei[616] *notzrei edotav; bejol leb idreshuhu. Hine tahavti lefikudeja; betzidkatja jaieni. Leolam lo eshkaj pikudeja; ki bam jiitani. Sas anoji al imrateja, kemotze shalal rav. Pelaot edoteja, al ken netzaratam nafshi. Kalta lishuatja nafshi; lidvarja ijalti. Oreni Adonai derej jukeja; veetzarena ekev.*

Hebreo

רְאֵה עָנְיִי וְחַלְּצֵנִי כִּי תוֹרָתְךָ לֹא שָׁכָחְתִּי: פְּנֵה אֵלַי וְחָנֵּנִי כְּמִשְׁפָּט לְאֹהֲבֵי שְׁמֶךָ: וִיבֹא־נִי חֲסָדֶךָ יְהוָה תְּשׁוּעָתְךָ כְּאִמְרָתֶךָ: אַשְׁרֵי נֹצְרֵי עֵדֹתָיו בְּכָל לֵב יִדְרְשׁוּהוּ: הִנֵּה תָּאַבְתִּי לְפִקֻּדֶיךָ בְּצִדְקָתְךָ חַיֵּנִי: לְעוֹלָם לֹא אֶשְׁכַּח פִּקּוּדֶיךָ כִּי בָם חִיִּיתָנִי: שָׂשׂ אָנֹכִי עַל אִמְרָתֶךָ כְּמוֹצֵא שָׁלָל רָב: פְּלָאוֹת עֵדוֹתֶיךָ עַל כֵּן נְצָרָתַם נַפְשִׁי: כָּלְתָה לִתְשׁוּעָתְךָ נַפְשִׁי לִדְבָרְךָ יִחָלְתִּי: הוֹרֵנִי יְהוָה דֶּרֶךְ חֻקֶּיךָ וְאֶצְּרֶנָּה עֵקֶב:

Útero

Traducción

«Observa mi aflicción y sálvame, porque no he olvidado Tu Torá.[617] Repara en mí y agráciame conforme a Tu juicio para los que aman Tu Nombre.[618] Y venga a mí tu bondad, El Eterno; Tu salvación, conforme a tu palabra.[619] Bienaventurados quienes guardan Sus testimonios, y Lo buscan con todo el corazón.[620] He aquí he anhelado Tus precep-

---

616. Según la tradición ancestral sefaradí no se pronuncia la última letra «i», por eso, las personas de origen sefaradí que conocen meticulosamente la tradición pronuncian «ashré». Y lo mismo con muchas otras palabras que terminan con la letra *yud*, aunque hay excepciones.

617. Salmo 119:153. Versículo correspondiente a la letra *resh*.

618. Salmo 119:132. Versículo correspondiente a la letra *pe*.

619. Salmo 119:41. Versículo correspondiente a la letra *vav*.

620. Salmo 119:2. Versículo correspondiente a la letra *álef*.

tos; vivifícame con Tu justicia.[621] Jamás olvidaré Tus preceptos, porque con ellos me vivificas.[622] El Eterno, Tus misericordias son muchas, vivifícame conforme a Tus juicios.[623] Imploré ante Ti con todo el corazón; ten misericordia de mí conforme a Tu palabra.[624] Cuán agradables son Tus palabras para mi paladar, más que la miel en mi boca».[625]

Fonética

Ree oní vejaltzeni, ki toratja lo shajajti. Pené elai vejaneni, kemishpat lehoavei shemeja. Vivouni jasadeja Adonai; teshuatja keimrateja. Ashrei[626] *notzrei edotav; bejol leb idreshuhu. Hine tahavti lefikudeja; betzidkatja jaieni. Leolam lo eshkaj pikudeja; ki bam jiitani. Rajameja rabim Adonai; kemishpateja jaieni. Jiliti faneja bejol lev; janeni keimrateja. Ma nimletzu lejiki imrateja, midvash lefi.*

Hebreo

רְאֵה עָנְיִי וְחַלְּצֵנִי כִּי תוֹרָתְךָ לֹא שָׁכָחְתִּי: פְּנֵה אֵלַי וְחָנֵּנִי כְּמִשְׁפָּט לְאֹהֲבֵי שְׁמֶךָ: וִיבֹאֻנִי חֲסָדֶךָ יְהוָה תְּשׁוּעָתְךָ כְּאִמְרָתֶךָ: אַשְׁרֵי נֹצְרֵי עֵדֹתָיו בְּכָל לֵב יִדְרְשׁוּהוּ: הִנֵּה תָּאַבְתִּי לְפִקֻּדֶיךָ בְּצִדְקָתְךָ חַיֵּנִי: לְעוֹלָם לֹא אֶשְׁכַּח פִּקּוּדֶיךָ כִּי בָם חִיִּיתָנִי: רַחֲמֶיךָ רַבִּים יְהוָה כְּמִשְׁפָּטֶיךָ חַיֵּנִי: חִלִּיתִי פָנֶיךָ בְּכָל לֵב חָנֵּנִי כְּאִמְרָתֶךָ: מַה נִּמְלְצוּ לְחִכִּי אִמְרָתֶךָ מִדְּבַשׁ לְפִי:

---

621. Salmo 119:40. Versículo correspondiente a la letra *he*.
622. Salmo 119:93. Versículo correspondiente a la letra *lámed*.
623. Salmo 119:156. Versículo correspondiente a la letra *resh*.
624. Salmo 119:58. Versículo correspondiente a la letra *jet*.
625. Salmo 119:103. Versículo correspondiente a la letra *mem*.
626. Según la tradición ancestral sefaradí no se pronuncia la última letra «i», por eso, las personas de origen sefaradí que conocen meticulosamente la tradición pronuncian «ashré». Y lo mismo con muchas otras palabras que terminan con la letra *yud*, aunque hay excepciones.

Vejiga

Traducción

«Observa mi aflicción y sálvame, porque no he olvidado Tu Torá.[627] Repara en mí y agráciame conforme a Tu juicio para los que aman Tu Nombre.[628] Y venga a mí tu bondad, El Eterno; Tu salvación, conforme a tu palabra.[629] Bienaventurados quienes guardan Sus testimonios, y Lo buscan con todo el corazón.[630] He aquí he anhelado Tus preceptos; vivifícame con Tu justicia.[631] Jamás olvidaré Tus preceptos, porque con ellos me vivificas.[632] Yo me regocijo con Tu palabra, como quien hallara un gran tesoro.[633] Tu fidelidad permanece de generación en generación; has fundado la Tierra y perdura.[634] Tus testimonios son maravillosos, por eso mi alma los ha guardado.[635] Y no quites jamás la palabra de verdad de mi boca, porque anhelo Tu juicio.[636] Imploré ante Ti con todo el corazón; ten misericordia de mí conforme a Tu palabra.[637] Tus misericordias vengan a mí y viviré, porque Tu Torá es mi regodeo.[638] Aproxímese mi plegaria delante de Ti, El Eterno, otórgame entendimiento conforme a Tu palabra.[639] El Eterno, enséñame el camino de Tus prescripciones, y lo guardaré hasta el final.[640] Hay mucha paz para quienes aman Tu Torá, y para ellos no hay tropiezo.[641] Venga mi ruego delante de Ti, sálvame con-

---

627. Salmo 119:153. Versículo correspondiente a la letra *resh*.
628. Salmo 119:132. Versículo correspondiente a la letra *pe*.
629. Salmo 119:41. Versículo correspondiente a la letra *vav*.
630. Salmo 119:2. Versículo correspondiente a la letra *álef.*
631. Salmo 119:40. Versículo correspondiente a la letra *he*.
632. Salmo 119:93. Versículo correspondiente a la letra *lámed*.
633. Salmo 119:162. Versículo correspondiente a la letra *shin*.
634. Salmo 119:90. Versículo correspondiente a la letra *lámed*.
635. Salmo 119:129. Versículo correspondiente a la letra *pe*.
636. Salmo 119:43. Versículo correspondiente a la letra *vav*.
637. Salmo 119:58. Versículo correspondiente a la letra *jet*.
638. Salmo 119:77. Versículo correspondiente a la letra *yud*.
639. Salmo 119:169. Versículo correspondiente a la letra *tav*.
640. Salmo 119:33. Versículo correspondiente a la letra *he*.
641. Salmo 119:165. Versículo correspondiente a la letra *shin*.

forme a Tu palabra.[642] Tu palabra es lámpara para mis pies, y luz para mi sendero».[643]

Fonética

Ree oní vejaltzeni, ki toratja lo shajajti. Pené elai vejaneni, kemishpat lehoavei shemeja. Vivouni jasadeja Adonai; teshuatja keimrateja. Ashrei[644] notzrei edotav; bejol leb idreshuhu. Hine tahavti lefikudeja; betzidkatja jaieni. Leolam lo eshkaj pikudeja; ki bam jiitani. Sas anoji al imrateja, kemotze shalal rav. Ledor vador emunateja; konanta eretz, vataamod. Pelaot edoteja, al ken netzaratam nafshi. Veal tatzel mipi devar emet ad meod, ki lemishpateja ijalti. Jiliti faneja bejol lev; janeni keimrateja. Ievouni rajameja veejié, ki toratja shashuai. Tikrav rinati lefaneja Adonai; kidvarja avineni. Oreni Adonai derej jukeja; veetzarena ekev. Shalom rav leohavei torateja, veein lamo mijshol. Tavo tejinati lefaneja; keimratja atzileni. Ner leragli devareja, veor lintivati.

Hebreo

רְאֵה עָנְיִי וְחַלְּצֵנִי כִּי תוֹרָתְךָ לֹא שָׁכָחְתִּי: פְּנֵה אֵלַי וְחָנֵּנִי כְּמִשְׁפָּט לְאֹהֲבֵי שְׁמֶךָ: וִיבֹא־נִי חֲסָדֶךָ יְהוָה תְּשׁוּעָתְךָ כְּאִמְרָתֶךָ: אַשְׁרֵי נֹצְרֵי עֵדֹתָיו בְּכָל לֵב יִדְרְשׁוּהוּ: הִנֵּה תָּאַבְתִּי לְפִקֻּדֶיךָ בְּצִדְקָתְךָ חַיֵּנִי: לְעוֹלָם לֹא אֶשְׁכַּח פִּקּוּדֶיךָ כִּי בָם חִיִּיתָנִי: שָׂשׂ אָנֹכִי עַל אִמְרָתֶךָ כְּמוֹצֵא שָׁלָל רָב: לְדֹר וָדֹר אֱמוּנָתֶךָ כּוֹנַנְתָּ אֶרֶץ וַתַּעֲמֹד: פְּלָאוֹת עֵדְוֹתֶיךָ עַל כֵּן נְצָרָתַם נַפְשִׁי: וְאַל תַּצֵּל מִפִּי דְבַר אֱמֶת עַד מְאֹד כִּי לְמִשְׁפָּטֶךָ יִחָלְתִּי: חָלִיתִי פָנֶיךָ בְּכָל לֵב חָנֵּנִי כְּאִמְרָתֶךָ: יְבֹאוּנִי רַחֲמֶיךָ וְאֶחְיֶה כִּי תוֹרָתְךָ שַׁעֲשֻׁעָי: תִּקְרַב רִנָּתִי לְפָנֶיךָ יְהוָה כִּדְבָרְךָ הֲבִינֵנִי: הוֹרֵנִי יְהוָה דֶּרֶךְ חֻקֶּיךָ וְאֶצְּרֶנָּה עֵקֶב: שָׁלוֹם רָב לְאֹהֲבֵי תוֹרָתֶךָ וְאֵין לָמוֹ מִכְשׁוֹל: תָּבוֹא תְחִנָּתִי לְפָנֶיךָ כְּאִמְרָתְךָ הַצִּילֵנִי: נֵר לְרַגְלִי דְבָרֶךָ וְאוֹר לִנְתִיבָתִי:

---

642. Salmo 119:170. Versículo correspondiente a la letra *tav*.

643. Salmo 119:105. Versículo correspondiente a la letra *nun*.

644. Según la tradición ancestral sefaradí no se pronuncia la última letra «i», por eso, las personas de origen sefaradí que conocen meticulosamente la tradición pronuncian «ashré». Y lo mismo con muchas otras palabras que terminan con la letra *yud*, aunque hay excepciones.

Vesícula biliar

Traducción

«Observa mi aflicción y sálvame, porque no he olvidado Tu Torá.[645] Repara en mí y agráciame conforme a Tu juicio para los que aman Tu Nombre.[646] Y venga a mí tu bondad, El Eterno; Tu salvación, conforme a tu palabra.[647] Bienaventurados quienes guardan Sus testimonios, y Lo buscan con todo el corazón.[648] He aquí he anhelado Tus preceptos; vivifícame con Tu justicia.[649] Jamás olvidaré Tus preceptos, porque con ellos me vivificas.[650] Mi alma anhela por Tu salvación; espero por Tu palabra.[651] Tus misericordias vengan a mí y viviré, porque Tu Torá es mi regodeo.[652] Ayúdame y tendré salvación, y me ocuparé de Tus prescripciones siempre.[653] El Eterno, enséñame el camino de Tus prescripciones, y lo guardaré hasta el final.[654] Cuán agradables son Tus palabras para mi paladar, más que la miel en mi boca.[655] El Eterno, Tus misericordias son muchas, vivifícame conforme a Tus juicios.[656] Dame entendimiento y cuidaré Tu Torá; y la guardaré con todo el corazón».[657]

Fonética

Ree oní vejaltzeni, ki toratja lo shajajti. Pené elai vejaneni, kemishpat lehoavei shemeja. Vivouni jasadeja Adonai; teshuatja keimrateja. As-

---

645. Salmo 119:153. Versículo correspondiente a la letra *resh.*
646. Salmo 119:132. Versículo correspondiente a la letra *pe.*
647. Salmo 119:41. Versículo correspondiente a la letra *vav.*
648. Salmo 119:2. Versículo correspondiente a la letra *álef.*
649. Salmo 119:40. Versículo correspondiente a la letra *he.*
650. Salmo 119:93. Versículo correspondiente a la letra *lámed.*
651. Salmo 119:81. Versículo correspondiente a la letra *caf.*
652. Salmo 119:77. Versículo correspondiente a la letra *yud.*
653. Salmo 119:117. Versículo correspondiente a la letra *samej.*
654. Salmo 119:33. Versículo correspondiente a la letra *he.*
655. Salmo 119:103. Versículo correspondiente a la letra *mem.*
656. Salmo 119:156. Versículo correspondiente a la letra *resh.*
657. Salmo 119:34. Versículo correspondiente a la letra *he.*

hrei[658] *notzrei edotav; bejol leb idreshuhu. Hine tahavti lefikudeja; betzidkatja jaieni. Leolam lo eshkaj pikudeja; ki bam jiitani. Kalta lishuatja
nafshi; lidvarja ijalti. Ievouni rajameja veejié, ki toratja shashuai. Seadeni veivashea, veesha vejukeja tamid. Oreni Adonai derej jukeja; veetzarena ekev. Ma nimletzu lejiki imrateja, midvash lefi. Rajameja rabim Adonai; kemishpateja jaieni. Avineni veetzra torateja, veeshmerena bejol lev.*

Hebreo

רְאֵה עָנְיִי וְחַלְּצֵנִי כִּי תוֹרָתְךָ לֹא שָׁכָחְתִּי: פְּנֵה אֵלַי וְחָנֵּנִי כְּמִשְׁפָּט לְאֹהֲבֵי שְׁמֶךָ: וַיבֹאֻנִי
חֲסָדֶךָ יְהֹוָה תְּשׁוּעָתְךָ כְּאִמְרָתֶךָ: אַשְׁרֵי נֹצְרֵי עֵדֹתָיו בְּכָל לֵב יִדְרְשׁוּהוּ: הֵנֵּה תָּאַבְתִּי לְפִ־
קֻּדֶיךָ בְּצִדְקָתְךָ חַיֵּנִי: לְעוֹלָם לֹא אֶשְׁכַּח פִּקּוּדֶיךָ כִּי בָם חִיִּיתָנִי: כָּלְתָה לִתְשׁוּעָתְךָ נַפְשִׁי
לִדְבָרְךָ יִחָלְתִּי: יְבֹאוּנִי רַחֲמֶיךָ וְאֶחְיֶה כִּי תוֹרָתְךָ שַׁעֲשֻׁעָי: סְעָדֵנִי וְאִוָּשֵׁעָה וְאֶשְׁעָה בְחֻקֶּיךָ
תָמִיד: הוֹרֵנִי יְהֹוָה דֶּרֶךְ חֻקֶּיךָ וְאֶצְּרֶנָּה עֵקֶב: מַה נִּמְלְצוּ לְחִכִּי אִמְרָתֶךָ מִדְּבַשׁ לְפִי: רַחֲ־
מֶיךָ רַבִּים יְהֹוָה כְּמִשְׁפָּטֶיךָ חַיֵּנִי: הֲבִינֵנִי וְאֶצְּרָה תוֹרָתֶךָ וְאֶשְׁמְרֶנָּה בְּכָל לֵב:

---

658. Según la tradición ancestral sefaradí no se pronuncia la última letra «i», por
eso, las personas de origen sefaradí que conocen meticulosamente la tradición
pronuncian «ashré». Y lo mismo con muchas otras palabras que terminan con
la letra *yud*, aunque hay excepciones.

ÍNDICE